| 개 정 판 |

투표행태의 이해

| 개 정 판 |

INTRODUCTION TO VOTING BEHAVIOR

투표행태의 이해

전용주 · 임성학 · 이동윤 · 최준영 · 한정택 · 엄기홍 · 이소영 · 조진만 · 조성대 지음

한울 아카데미

개정판 머리글

7년 만에 개정판을 출간하게 되었다. 저자 모두의 게으름 외에 다른 어떤 이유도 없다. 초판 이후 적지 않은 분들이 격려와 질책을 주셨다. 물론 질책이 더 무거웠다. 충분하지 않지만 부족함을 메우고자 했다.

두 가지가 달라졌다. 첫째, 각 장의 이론적인 설명 부분을 수정하거나 보강했다. 특히 제2장 '사회균열과 투표행태'와 제3장 '정당일체감과 투표행태'는 완전히 새로 썼다. 둘째, 각 장 후반부에 편성되어 있는 한국 사례를 최근 선거 결과로 대체해 설명했다.

2016년 제20대 국회의원선거는 많은 정치학자들을 당혹게 했다. 다수 학자들의 예측이 어긋났기 때문이다. '이론'의 생명은 '설명'과 '예측'의 힘에 있다. 선거 결과의 원인을 설명할 수 있어야 한다. 그리고 미래의 선거 결과를 예측할 수 있어야 한다. 그러나 예측은 여전히 힘든 영역이다. 투표행태에 관한 견고한 이론이 아직 없다는 증거일 것이다. 그런 이론을 발전시킬 책임은 물론 정치학자들에게 있다.

하지만 그러한 작업도 기본으로부터 시작해야 한다고 믿는다. 여기서 소개하고 있는 여러 가지 이론은 기초적인 것들이다. 그리고 끊임없이 수정되고 발전하고 있다. 이 분야에 관심을 가지고 입문하고자 하는 이들에게 이

책이 좋은 출발점이 되었으면 한다.

출판에 도움을 주신 한울엠플러스(주)의 모든 분들, 그리고 관심과 비판을 아끼지 않으신 선배, 동료, 후배 학자들께 감사의 마음을 전한다.

2017년 1월

저자 일동

초판 머리글

이 책은 선거에서 '누가, 왜, 어떻게 투표하는가?'라는 문제, 즉 유권자의 '투표행태'에 관한 교과서이다. 민주주의 국가에서 선거와 투표의 중요성은 아무리 강조해도 지나치지 않다. 정치학계에서도 이 문제는 중요한 연구 주제였다. 이 책은 그 연구 성과를 소개하고 있다.

이 책의 출간은 두 가지 점에서 의미가 있다고 생각한다. 첫째, 한국에서 '투표행태'에 관한 '최초의 교과서'라는 점이다. 선거와 투표라는 주제는 정치학에서 비교적 발전된 분야로 인정받고 있으나, 한국에서 이를 소개하는 교과서는 전무한 실정이다. 둘째, 이 책은 '집단적 노력'의 결과라는 점이다. 이 책은 그동안 한국에서 선거와 투표행태에 관한 연구 성과를 축적해온 학자들이 각 장을 맡아 집필했다. 저자 모두가 대학 강단에서 이 주제와 관련한 강의를 해왔고, 그 경험은 이 책의 내용과 형식을 교과서에 걸맞게 만드는 데 큰 보탬이 되었다. 상호 토론과 의견 교환을 통해 전체적인 통일성을 기했음은 물론이다.

이 책의 구성에도 특징이 있다. 각 장별로 투표행태 분석과 관련한 여러 이론의 주요 개념과 내용을 정리해서 소개하고 있다. 더불어 한국의 학자들이 그 이론을 동원해 한국의 선거와 유권자의 투표행태를 어떻게 분석하고 있는지도 소개한다. 여러 독자층이 관심을 가질 수 있음을 고려해 기획했다. 그중에서도 가장 중요한 독자는 선거와 정당을 공부하는 학생들이다. 그들은 이 책을 통해 투표행태를 설명하는 다양한 이론을 접하고 정리할 기회를 누릴 수 있다. 학자들이 이론을 한국적 사례에 적용하는 방법을 확인하는 것도 학생들의 지적 훈련에 길잡이가 되리라 기대한다. 여론조사에 관심 있는 사람에게도 이 책의 내용은 유익할 것이다. 투표행태에 관한 이론은 사회적 쟁점이나 정치인에 대한 유권자의 생각, 즉 '여론'의 형성과 변화를 설명하는 이론이기도 하다. 정당인이나 정치인도 독자가 될 수 있을 것이다. 이론은 현상의 원인과 결과를 '설명'할 수 있게 해준다. 원인을 알게 되면 '예측'도 할 수 있다. 이것이 이론의 역할이며, 이는 이 책에서 소개되는 투표행태에 관한 이론들에서도 마찬가지이다. 정치인은 유권자의 표심을 움직이고 되도록 많은 표를 얻어야 한다. 그렇기에 여기서 소개된 이론들이 지닌 '예측'의 힘을 무시할 수는 없을 것이다.

이 책이 투표행태를 설명하는 모든 이론과 연구 노력을 빠짐없이 소개하고 있다고 생각하지는 않는다. 한국 학자들의 최근 연구 경향과 그 결과를 미처 반영하지 못했을 수도 있다. 이는 전적으로 저자들의 책임이며 많은 비판이 있기를 기대한다. 마지막으로 집필 기간에 여러모로 채근했는데도 성심성의껏 각 장의 원고를 작성해주신 집필진 여러분께 감사드린다. 그리고 이 자리를 통해 책이 나올 수 있도록 도와주신 도서출판 한울 관계자 여러분께도 감사의 말씀을 드린다.

2009년 2월

저자를 대신하여 전용주

차례

서문 투표행태, 어떻게 이해할 것인가

전용주

갑 이번 대통령선거에서 누구한테 투표했니?

을 난 A후보한테 한 표 줬지.

병 그래? 난 B후보 찍었는데.

정 난 아예 투표하러 가지도 않았어.

선거에서 을은 왜 A후보를 선택했을까? 병은 왜 B후보를 지지했을까? 정은 왜 투표하러 가지 않았을까? 이러한 의문을 풀기 위해 학자들은 많은 노력을 기울여왔다. 결실도 있었지만, 아직 정답을 내놓지는 못했다. 서로 다른 관점이나 이론에 의지해 서로 다른 답을 제시하고 있기 때문이다. 논쟁은 아직도 진행 중이다. 그렇다면 학자들은 '누가, 왜, 어떻게 투표하는가?'라는 문제, 즉 '투표행태'를 어떻게 이해하고 있는가?

1. 선거와 투표

투표(voting)의 사전적 의미는 '사적 모임이나 선거에서 한 개인이나 집단에 의해 이루어지는 선택(choice)'이다. 여기서 우리의 관심은 공직자를 선출하는 선거(election)에서 유권자들이 행하는 선택행위이다. 대통령선거, 국회의원선거, 지방선거가 그러한 종류의 선거이다. 민주주의와 선거는 떼려야 뗄 수 없는 관계이다. 선거가 민주주의를 발전시키고 유지하는 데 모든 문제를 해결해주지는 않지만, 없어선 안 되기 때문이다. 자유로운 선거 없이 민주주의를 생각할 수 없다.

선거를 바라보는 시각은 다양하다. 우선 **긍정적 시각**(positive perspective)은 선거가 현대 대의민주주의를 유지해주는 결정적 제도라고 생각한다. 선거는 권력을 획득하기 위해 뛰어든 정치인에게 경쟁의 장(場)을 제공하고, 유권자는 자신의 선호도에 따라 이들 중 특정 정치인을 대표로 선택한다. 당선된 공직자는 다음 선거에서 '재선'하기 위해 공직에 있는 동안 유권자의 마음을 살핀다. 이러한 방식으로 유권자가 공직자를 감시하고 통제한다. 즉, 선거는 유권자와 정부를 연결해주는 일종의 제도적 장치인 것이다. 그뿐 아니라 선거는 정부에 정당성을 부여하며, 정치 변화나 갈등이 평화적으로 해결될 수 있도록 유도한다. 이러한 시각에서 바라보는 유권자의 모습은 매우 합리적이다. 후보나 정책에 대해 많은 것을 알고 있을 뿐 아니라 신중한 선택을 하는 존재이다.

그러나 **부정적 시각**(negative perspective)의 생각은 다르다. 이러한 관점을 가진 학자들은 선거가 '상징적(symbolic)' 역할만을 수행한다고 주장한다. 선거는 민주주의를 유지해주는 일종의 '이벤트'라는 것이다. 이들에게 유권자의 한 표는 선거 결과에 아무런 영향을 주지 못할 뿐 아니라 누가 당선되든 정책에도 별다른 차이가 없다. 유권자도 이러한 사실을 알고 있지만, 투표에 참여해 시민으로서의 의무에 충실했다는 일종의 만족감만을 얻는다. 이런 관점에서 보면 유권자는 선거에 출마한 후보자나 정당, 각종 쟁점에 대해 잘 알지 못하는 존재이다.

두 시각 모두 일리가 있다. 그러나 선거가 민주주의에서 중요한 기능을 수행하며, 선거 결과에 따라 사회에 적지 않은 변화가 생긴다는 것만은 분명하다. 바로 '투표'가 갖는 다음과 같은 특성 때문이다. 첫째, 투표행태는 정치적 행위이다. 정치(politics)는 '정부가 정책을 결정하는 과정'이라고 정의할 수 있다. 즉, 투표를 함으로써 정책 결정 권한을 가진 후보자를 선출하거나 공약을 선택하게 되는데, 이는 간접적으로 정책 결정 과정에 참여하는 것으로 일종의 정치행위라고 할 수 있다. 둘째, 투표행태는 정치적 갈등의 표현이자 결과이다. 정치의 본질적 특성은 갈등(conflict)이다. 정부 정책은 그 혜택을 받는 집단과 그렇지 못한 집단을 만들게 된다. 따라서 정부 정책에 영향을 미치려는 집단 간의 갈등은 필연적이며, 이는 곧 정치의 속성이다. 투표행위도 이러한 갈등의 표현인 것이다. 셋째, 투표 결과는 '집합적' 성격을 띤다. 다수 유권자의 개별적 선택이 합쳐져 '집합적 결과'로 나타나고, 새로운 정부나 정책의 성격을 결정한다. 선거에 의해 새로 구성된 정부는 공약했던 정책이나, 자신들을 지지했던 유권자들이 선호하는 정책을 추진하게 된다. 즉, 선거 결과 승리한 정당이나 후보자를 지지했던 다수 유권자에게는 혜택을 제공하고, 패배한 정당이나 후보자를 선택한 소수 유권자에게는 비용이나 피해를 부가한다.

이러한 특성 때문에 투표는 우리가 일상생활에서 행하는 '선택행위'와 공통점 및 차이점을 동시에 갖는다. 우리는 가게에서 물건을 살 때, 대학에서 전공을 선택할 때, 배우자를 고를 때에도 선택을 한다. 여러 대안을 두고 이런저런 사항을 따져본 뒤에 결정한다. 투표도 마찬가지이다. 선거에 출마한 정당이나 후보를 놓고 그중 하나를 선택한다. 그러나 투표는 일상생활의 선택과 본질적으로 다르다. 일상생활에서 내려진 개인의 선택과 그 결과는 대부분 자신의 만족 같은 개인적 차원에 그친다. 반면 투표는 민주주의 체제를 유지할 뿐 아니라 '정치적 행위'라는 점에서 중요한 사회적 결과를 초래한다.

2. 경쟁하는 이론들

'유권자는 정당과 후보자를 어떻게 선택하는가?'라는 질문은 정치학의 중요한 연구 대상이었다. 그러나 그 해답을 구하려는 정치학자들의 노력은 20세기 이후에야 본격적으로 시작되었다. 그때가 되어서야 일반 유권자에게까지 투표권이 확대되었고, 투표행태에 대한 연구 필요성을 절감했기 때문이다. 이후 많은 학자가 유권자의 투표행태에 대한 연구를 시도해 성과를 축적해왔다.

그러나 현실은 그렇게 긍정적이지만은 않다. 모두가 받아들일 수 있는 명쾌한 해답을 아직 내놓지 못했기 때문이다. 서로 상이한 해답을 내놓으면서 경쟁하고 있지만, 뚜렷한 승자가 없는 상태이다. 하나의 이론과 그것에 근거를 둔 분석은 다른 이론의 비판을 받고 있다. 그러나 비관적인 것만도 아니다. 이론 간의 경쟁은 자체 수정과 발전을 가져오며, 이는 결국 진실을 찾아가는 과정이 될 수 있다. 그러한 과정을 통해 정답에 가까운 해답, 즉 '일반이론'을 찾을 수 있을 것이다.

이 책은 유권자 투표행태를 설명하는 다양한 이론을 소개한다. 여러 이론이 서로 다른 관점에서 투표행태를 이해하려 하고 있다. 그러나 주목할 점은 이론의 내용이 서로 배타적이지 않다는 사실이다. B이론은 A이론을 비판하면서 등장하지만, A이론의 내용을 보완하고 발전시키는 모습을 보여준다. 따라서 투표행태를 설명하는 다양한 이론을 충분히 이해하기 위해서는 전체를 '이론의 발전사'라는 관점에서 접근해야 한다. 즉, B이론이 A이론의 어떤 내용을 비판하고 있고 어떤 부분을 받아들이고 있는지, 혹은 비판을 받은 A이론은 이후 어떻게 자체적으로 수정되고 발전되는지를 이해해야 한다는 것이다.

1) 투표행태 연구의 효시: 컬럼비아 학파

본격적인 투표행태에 대한 연구는 '컬럼비아 학파(Columbia School)'에서 시작되었다. 미국 컬럼비아 대학교(Columbia University)의 라자스펠드(Paul F. Lazarsfeld)와 그의 동료들은 1940년 미국 대통령선거에서 대중매체나 선거운동이 유권자의 선호도 형성에 어떤 영향을 미쳤는지를 연구했고, 그 결과를 『국민의 선택(The People's Choice)』(Lazarsfeld, Berelson and Gaudet, 1944)이라는 책을 통해 발표했다. 이들의 연구는 계속되어 10년 뒤 '패널연구'라는 방법을 활용해 분석 결과를 담아낸 『투표(Voting)』(Berelson, Lazarsfeld and McPhee, 1954)라는 책이 출판되었다. **사회학적 접근법**(sociological approach)에 근거한 이들의 연구에 의하면 유권자의 선호는 그들이 어떤 **사회집단**이나 **사회네트워크**(인종, 계층, 종교, 지역 등)에 소속되어 있는가에 주요한 영향을 받는다. 즉, 유권자가 동일한 사회집단이나 사회네트워크에 소속되어 있다면, 투표 결정에서 동일한 선호를 가질 가능성이 높다는 것이다. 결국 한 유권자의 투표행태를 이해하기 위해서는 그 유권자가 어떤 사회집단에 속해 있는지를 살펴보면 된다.

이처럼 집단을 강조하는 양상은 **사회균열**(social cleavage) 개념의 등장과 적용으로 나아간다. 투표행태에 영향을 주는 사회집단은 국가마다 다르며, 또 한 국가 내에서도 시기별로 다르다. 이를 이해하려면 '정치사회학적 관점' 혹은 '비교사회학적 관점'이 필요하다. 이 관점은 한 사회 주요 집단의 형성과 변화를 규정하는 '사회균열'이라는 사회구조적 문제와 그에 따른 정당체제 편성에 주목하고 있다(Lipset and Rokkan, 1967; Rae and Taylor, 1970).

컬럼비아 학파의 투표행태 연구는 유권자의 '투표행태'를 본격적인 학문적 관심의 대상으로 삼았다는 점에서 이론적 발전의 선구적 의미를 갖는다. 그러나 한계도 있다. 이들의 연구는 뉴욕 주의 한 마을만을 대상으로 했다는 점에서 일반화 문제가 있었다. 즉, 이들이 발견한 유권자 투표행태의 결정 요인을 다른 지역이나 국가에도 일반적으로 적용할 수 있는지에 대해서는 의문의 여지가 있었던 것이다. 이러한 한계를 극복한 것이 바로 미국 미시간 대학교(University of Michigan)의 학자들이었다.

2) 정당일체감: 미시간 학파

'미시간 학파(Michigan School)'라고 불리는 이들의 연구는 미국 전체 유권자를 대상으로 한 여론조사 프로젝트인 '연방선거연구(National Election Studies: NES)' 덕분에 이루어질 수 있었다. 전국의 유권자를 대상으로 투표 선택의 이유를 직접 물어본 실증적 자료가 생김으로써 본격적인 연구가 시작될 수 있었던 것이다. 이 자료를 활용해 미시간 대학교의 캠벨(Angus Campbell)과 그의 동료들은 자신들의 연구 결과를 정리한 『미국 유권자(The American Voter)』(Campbell et al., 1960)를 발간했다. 그리고 이 책은 현재까지 거의 모든 투표행태 연구에 큰 영향을 미치면서 가장 중요한 저작으로 평가 받고 있다.

이들이 여론조사 자료를 토대로 정립한 투표행태 이론은 **사회심리학적 접근법**(socio-psychological approach)으로 지칭된다. 이들의 이론적 모형 안에는 유권자의 세 가지 태도가 포함된다. 첫째, 정당에 대한 귀속감. 둘째, 쟁점에 대한 태도. 셋째, 후보자에 대한 태도이다. 그리고 이 세 가지 태도를 연결해 주는 가장 중요한 개념이 **정당일체감**(party identification)이다. 정당일체감은 '유권자 개인이 하나의 정당에 대해 느끼는 애착심'으로 정의되며, 후보자나 쟁점에 대한 유권자의 평가에 영향을 미친다. 예를 들어 후보나 공약을 선택할 때 번거로운 평가 과정을 거치지 않고 어느 정당의 후보인지, 또 어느 정당의 공약인지를 보고 지지 여부를 결정한다는 것이다. 즉, 자신이 선호하는 정당이 선택 기준이며, 복잡한 정치적 현실을 바라보는 일종의 인지 지도(cognitive map) 혹은 선택을 위한 '지름길(shortcut)' 역할을 한다. 이러한 정당 일체감은 한 개인이 성장하면서 정치사회화 과정을 통해 습득한 결과이며 성인이 된 후에도 지니는 '감정'이기에 쉽게 변하지도 않는다.

컬럼비아 학파의 '사회학적 이론'이나 미시간 학파의 '사회심리학적 이론'에는 공통점이 있다. 먼저 유권자의 투표행태를 분석하기 위해서는 그가 속한 '집단'에 대한 이해관계가 가장 중요하다는 점이다. 그리고 두 이론에서 그리는 유권자는 쟁점이나 후보자를 객관적이고 합리적으로 평가하고 선택하지 않는다. 그렇게 할 충분한 '정보'나 '능력'도 없다. 이 이론에서 바라보는 유권자는 매우 수동적 존재인 것이다.

3) 유권자는 바보가 아니다: 합리적 선택 이론

앞의 두 이론은 곧 비판에 직면했다. 키(V. O. Key)의 비판이 대표적이다. "유권자는 바보가 아니다"라는 주장이다. 키는 유권자의 투표 선택에서 쟁점(issue)의 중요성을 강조하고, 투표행태를 전망적 투표(prospective voting)와 회고적 투표(retrospective voting)로 구분했다. 전자는 선거에 출마한 정당이나 후보자의 집권 이후 미래에 대한 평가를 토대로 투표하는 것이며, 후자는 현 정부나 현직자의 과거 실적에 대한 평가를 토대로 투표하는 것을 의미한다. 이러한 분류를 기초로 삼아 연구한 결과, 그는 유권자가 '회고적 투표'를 하는 경향이 있다고 주장한다(Key, 1966).

앞서 소개했듯 컬럼비아 학파나 미시간 학파의 이론은 유권자가 합리적 판단을 할 만큼 충분한 정보나 관심이 없으며 '집단소속감'이나 '정당일체감'이라는 정서적 요소에 의해 투표한다고 주장한다. 반면 키는 유권자가 '과거'에 대한 '평가'를 통해 합리적 선택을 한다고 주장한다. 그의 주장은 투표행태 연구의 강조점을 '집단'에서 '개인'으로 옮겼다는 점에서 큰 의미가 있다.

이러한 학문적 관심의 일대 전환은 경제학에서 발전된 이론과 방법론의 도움으로 더욱 진전되었다. 그중에서도 경제학자인 다운스(Anthony Downs)의 저작 『경제 이론으로 본 민주주의(An Economic Theory of Democracy)』(1957)는 이후 투표행태 연구에 큰 영향을 미쳤다. 그가 제기한 **합리적 선택 이론**(rational choice theory)에서 유권자는 정당의 이념, 공약, 쟁점, 후보자에 대해 합리적 수준의 '정보'를 지닌 것으로 묘사된다. 그리고 자신의 투표 결과가 가져올 '혜택(benefit)'과 '비용(cost)'에 대한 평가에 근거해서 '효용성(utility)'을 극대화하고자 하는 존재이다. 특히 유권자는 '쟁점'에 대해 자신과 '가장 가까운(closest)' 견해를 가진 정당이나 후보자를 지지한다.

합리적 선택 이론의 가장 큰 공헌은 '개인'의 선택과 '쟁점'의 중요성을 부각시켰다는 점이다. 컬럼비아 학파나 미시간 학파에게 '쟁점'은 중요한 요소가 아니었다. 그리고 합리적 선택 이론은 투표행태를 설명하고 예측할 수 있는 명확한 이론을 구축하고, 이를 실증적으로 검증할 수 있는 토대를 제공해 주었다. **수리모형**(formal model)을 구축하고 공간 **이론**(spatial theory) 같은 이론적 모형을 지속적으로 발전시켜 오면서 현재까지 투표행태 연구의 주류로 자리 잡고 있다.

4) 생각의 구조를 밝히다: 인지심리학 이론

이러한 합리적 선택 이론도 안팎의 비판에서 자유롭지 못했다. 대표적 비판은 **인지심리학**(cognitive psychology)의 도움으로 여론이나 투표행태를 연구한 학자들이 제기했다. 현대 심리학은 인지심리학의 발전을 통해 인간의 뇌에서 일어나는 사고 과정과 구조를 밝히는 데 큰 성과를 거두어왔다. 인지심리학적 접근을 활용한 학자들은 유권자 개인이 투표를 결정하기까지 이루어지는 생각의 과정에 주목한다. 이들에 의하면 유권자는 합리적 선택 이론에서 묘사하는 것처럼 충분한 정보를 지니고 선택 결과에 대한 비용과 혜택을 계산하지 않는다. 그 대신 투표 결정을 위한 판단의 '인지 지도(cognitive map)'나 '인지 지름길(cognitive shortcut)' 같은 기준을 사용한다. 이 점에서는 정당 일체감과 유사하지만, 그렇게 간단한 것은 아니라고 주장한다.

인지심리학 이론에 근거한 연구는 크게 두 가지로 분류된다. 첫째, 인간의 사고 과정에 주목해 **스키마**(schema), **정보의 메모리프로세싱**(memory-based information processing), **휴리스틱스**(heuristics) 등의 복잡한 개념을 통해 유권자의 정치적 태도나 신념의 형성, 그리고 투표 선택에 이르는 과정을 설명하고자 한 연구가 있다. 둘째, **커뮤니케이션 이론**(communication theory)을 동원해 개인의 인식 과정에 미치는 외부의 영향력을 분석하는 연구 경향이다. 특히 텔레비전이나 신문과 같은 '대중매체(mass media)'의 의제 설정(agenda setting) 역할에 주목하면서 이들이 유권자의 정치적 태도나 투표 선택에 어떤 영향을 미치는지를 밝힌다. 즉, 인지심리학적 이론은 이전의 합리적 선택 이론과 사회심리학적 이론을 모두 비판하는 동시에 그 토대 위에서 두 이론을 수정하고 발전시켰다고 할 수 있다.

5) 제도도 중요하다: 신제도주의

유권자의 투표행태 이해를 위한 또 다른 연구 경향으로 **신제도주의**(new institutionalism)를 기초로 한 접근법이 있다. 앞의 이론들이 투표행태를 이해하기 위해서는 '집단'의 영향이나 '개인'의 심리 과정을 봐야 한다고 주장한 반면, 이 관점을 취하고 있는 학자들은 환경적 요소로서 '제도'의 중요성을 강조한다. 신제도주의에 의하면 '게임의 법칙', 즉 정치제도는 인간의 '개별적 행동(individual action)'을 제약하면서 '집합적 행동(collective action)'을 만들어

낸다(Commons, 1961; March and Olson, 1984). 즉, 선거제도가 유권자의 개별적 행동인 투표행태를 결정하며, 따라서 투표행태를 이해하려면 먼저 제도를 이해해야 한다는 주장이다. 예를 들어 한 국가의 선거제도가 다수대표제인지 비례대표제인지에 따라, 혹은 한 선거구에서 1명의 대표를 선출하는지 아니면 2명 이상의 대표를 선출하는지에 따라 유권자의 선택이 달라질 수 있다. 또한 유권자가 몇 표를 행사할 수 있는지에 따라 그의 선택은 달라질 수도 있다(Farrell, 1997; Taagepera and Shugart, 1989). 투표 참여 문제에서는 더욱 그렇다. 만약 참여를 강제하는 의무투표제를 두고 있다면 유권자의 기권 가능성은 매우 낮아질 것이다.

3. 이 책의 구성

이 책은 앞에서 간략히 소개한 투표행태의 이해를 위한 이론들을 각 장에서 자세히 소개하고 있다. 그 이론이 어떻게 발전해왔으며 주요 내용은 무엇인지, 그 이론을 적용한 한국 유권자의 투표행태 연구 결과는 어떤 내용이 있는지를 정리한다. 제1장에서는 투표행태 연구의 시발점으로 평가되는 컬럼비아 학파의 사회학적 이론을 정리하며, 제2장에서는 이를 심화·발전시킨 사회균열론에 근거한 투표행태 분석을 소개한다. 제3장에서는 미시간 학파의 사회심리학적 이론, 특히 정당일체감과 투표행태의 관계에 관한 내용을 정리한다. 제4장에서는 합리적 선택 이론을 다룬다. 집단을 강조한 이전의 논의에서 학문적 관심을 개인으로 전환시킨 합리적 선택 이론의 주요 내용과 투표행태에 적용한 사례를 소개한다. 제5장에서는 선거에서 쟁점이 유권자 투표행태에 어떤 영향을 미치는지에 대한 논의를 정리한다. 합리적 선택 이론에서부터 발전한 공간 이론이나 방향성 이론 등을 소개한다. 제6장에서는 인지심리학적 이론을 다룬다. 스키마나 휴리스틱스 같은 인지심리학적 개념에 기초를 둔 투표행태의 이해를 소개하고, 대중매체의 영향력에 대한 연구 성과를 정리한다. 제7장에서는 투표행태를 설명하기 위한 신제도주의적 접근과 그 연구 성과를 요약한다. 선거제도에 의해 투표행태가 어떻게 영향을 받는지를 논의한 주요 학자의 주장과 사례를 소개한다. 마지막으로 제8장에서는 '투표 참여와 기권'의 문제를 다룬다. 이 장은 유권자들이 어떻게 선택하는지의 문제가 아니라 왜 투표장에 가는지 혹은 왜 기권하게 되는지를 살펴본다. '참여와 기권'이라는 질문에 대해 앞의 장들에서 소개된 각각의 이론이 서로 다른 해답을 제시하고 있음을 보여준다.

제1장

유권자의 사회경제적 배경과 투표행태

사회학적 관점

임성학

4·13 총선 갑 선거구에서 후보별 지지도 조사 결과 A후보와 B후보가 치열한 선두 경쟁을 벌이고 있는 것으로 나타났다. A후보는 연령별로 40대(48.2%), 30대(44.4%), 19세 및 20대(42.4%) 등 젊은 층과 남성(40.4%)에서 상대적으로 높은 지지를 얻었다. 직업별로는 화이트칼라(49.7%), 블루칼라(41.0%) 지지도가 가장 높게 나타났다. B 후보는 60대(55.0%)와 50대(45.8%) 등 고연령층에서 가장 높은 지지를 얻었고, 남성(36.9%)의 지지도가 상대적으로 높았다. 직업별로는 농·림·수산업(61.5%)과 주부(42.5%)의 지지율이 상대적으로 높게 나타났다.

ㅇㅇ일보 2016년 ㅇ월 ㅇ일

1. 들어가며

선거 기간 최대 관심사는 '유권자가 어떤 후보나 정당에 투표할 것인가?'이다. 또한 투표가 끝난 이후에는 유권자들이 이러한 투표 결정을 어떻게 하게 되었는지에 대해 많은 사람이 궁금해한다. 투표행태나 투표 결정에 대한 분석 중에서 사회적 요인에 따른 분석을 쉽게 발견할 수 있다. 특정 후보나 정당을 지지하고 여기에 투표한 사람 중에는 여성, 젊은 층, 고소득자, 특정 지역 출신이 많다는 식의 분석이 그 예이다. 사회집단의 구성원을 결정하는 성별, 세대, 소득, 지역 등과 같은 사회적 요인은 투표 결정에 중요한 영향을 미친다. 사회경제적 계층을 구성하는 요소인 직업, 소득, 학력, 종교, 인종 등이 투표행태와 매우 밀접한 관계를 갖는다는 점은 우리 모두가 아는 사실이다. 이러한 사회적 요소가 투표행태와 투표 결정에 가장 중요한 영향을 미친다는 시각이 투표행태의 **사회학적 접근법**(sociological approach)이다. 투표행태에 대해 다양한 이론과 시각이 있지만, 이러한 사회학적 관점은 투표행태 분석의 기본적인 토대를 제공했으며 현재까지도 많이 이용되고 있다.

현실적으로 유권자의 투표행태를 사회학적 관점에서 연구한 미국의 **컬럼비아 학파**(Columbia School)는 선거에 대한 근대적 분석의 효시라는 평가를 받고 있다. 이들은 1940년대 미국 대통령선거를 체계적이고 동태적인 방법으로 분석해 투표행태 연구를 한 단계 끌어올리는 데 공헌했다. 특히 선거 기간에 유권자의 정치적 태도가 형성되고 변화하며 발전하는 과정, 그리고 최종적인 투표 결정에 이르기까지의 과정을 분석한 동태적인 연구 방법이라는 점에서 선거 및 투표행태 연구에 큰 의미를 지닌다. 이러한 과정상의 변화를 분석하기 위해 사회학적 접근법은 기존의 단편적인 설문조사에서 벗어나 유권자의 태도 변화를 파악할 수 있는 **패널조사 방법**(panel analysis)[1]을 도입함으로써 정치학 방법론의 발전에도 크게 기여했다.

사회학적 관점은 새로운 사회역사적 환경이 도래한 데 따른 변화를 설명하기 위해 등장했다. 컬럼비아 학파의 사회학적 관점은 "미국 정부가 유럽에서의 전체주의 등장과 라디오의 대중적 보급으로 인해 미국 내에서 전체주의의 등장 가능성을 우려"했고, 그러한 상황 속에서 "대중의 태도가 어떻게, 얼마나 빨리 변화하고, 이 과정에서 대중매체를 중심으로 한 선거운동의 효

1 동일한 사람을 정기적이고 지속적인 방법으로 조사하는 것을 의미한다.

과를 검증"하려는 배경 속에서 탄생했다(김장수, 2007: 6). 대중의 정치행태와 급변하는 여론의 발전 과정을 과학적으로 파악해 급진적 정치체제의 변화 가능성과 선동의 위험성을 낮추기 위한 대안을 모색하는 과정에서 사회학적 접근법이 출발했던 것이다. 그러나 연구 초기의 예상과 연구 결과는 매우 다르게 나타났다. 선거운동 기간의 '투표자의 의도(voter intention)' 변화와 전개 과정을 살펴보려고 했지만, 투표 의도가 변한 유권자는 매우 적었기 때문이다. 이런 결과는 선거운동이 대중의 투표행태에 아무런 영향을 주지 못한다는 것을 의미했기에 커다란 충격을 불러일으켰다.

사회집단을 분석하는 사회학적 관점은 개인을 분석 대상으로 삼는 '정치심리학적 접근법'의 비판을 받는다. 미시간 학파(Michigan School)가 주장한 사회심리학적 관점은 유권자의 사회적 특성이 정치적 선호와 항상 동일하게 나타나지는 않기 때문에 한계를 갖는다며 사회학적 관점을 비판한다. 이들은 사회적 계층이 유권자의 정치적 결정에 영향을 미칠 수 있지만, 계층과 관계없는 쟁점들은 설명할 수 없으며, 후보나 정당 혹은 쟁점에 대한 개인의 태도가 가장 중요한 투표 결정 요인이라고 주장한다(제3장 참조).

이러한 비판에도 사회학적 관점은 다음과 같은 이유로 여전히 투표행태 분석에서 매우 유용하게 사용되고 있다. 첫째, 사회계층적 특성은 유권자의 투표 결정에 많은 영향을 주고 있으며, 투표행태 분석의 기초를 제공한다. 둘째, 투표 선호도는 매우 안정적이고, 이런 현상은 사회적 환경에 의해 강화된다는 사회학적 관점의 발견이 사회심리학적 연구의 기본 전제가 되었다. 마지막으로 사회학적 관점은 사회적 균열과 정당체제, 사회적 균열과 투표행태를 연결해 투표행태를 연구하는 '정치사회학적 관점'으로 발전하는 기초를 제공했다(제2장 참조).

2. 사회학적 접근법의 주요 이론적 내용과 방법론

사회학적 관점의 시초인 컬럼비아 학파의 연구 결과에 초점을 맞추어 투표행태에 대한 사회학적 관점의 기본 이론과 내용을 설명하고자 한다. 첫 번째로 투표행태에서 사회적 특성이 왜 중요한지에 대해 논의하고, 두 번째로 이러한 사회적 특성이 어떻게 정치행태로 이어지는지를 확인한 정치사회화(political socialization) 이론을 살펴본다. 세 번째로 정치적 정보가 유권자에게 전달되는 과정을 연구하는 선거 커뮤니케이션(electoral communication)에 대한 내용을 다룬다. 마지막으로 이론적 내용과 더불어 사회학적 관점의 독특한 투표행태 연구 방법인 패널조사 방법에 대해 설명하고자 한다.

1) 투표행태에서 사회적 특성의 중요성과 정치사회화

투표행태에 영향을 미치는 요인은 다양하다. 특정 정당에 일체감을 지니고 있어 정당을 보고 투표하거나, 어떤 정당 혹은 후보가 나에게 가장 유리한지를 계산해 '기대효용(expected utility)'이 높은 후보나 정당에 투표하는 경우도 있다. 선거운동이나 대중매체에 영향을 받아 기존의 선호도가 바뀌기도 한다. 또한 특정 직업집단이나 지역집단 같은 사회집단에 대한 일체감이 투표행태를 결정하기도 한다. 사회적 관점에서는 사회집단에 대한 일체감이 투표행태와 같은 정치적 선택에서 가장 중요한 요소라고 주장한다.

그렇다면 투표행태에서 사회적 요인과 사회집단이 중요한 이유는 무엇인가? 두 가지 측면에서 중요성이 강조된다. 첫째로 사회집단이 투표행태에 영향을 미치거나, 둘째로 정당 등의 정치적 기구가 사회집단을 동원하는 과정에서 사회집단의 중요성이 나타나기 때문이다.

먼저 사회집단이 투표행태에 영향을 미치는 이유를 살펴보자. 투표행태에서 사회집단은 유권자의 신념, 가치체계, 태도를 형성하는 데 영향을 미친다. 이는 같은 집단에 속한 사람과 같은 경험을 하거나 서로 교류하면서 유사한 신념 혹은 가치체계가 형성되기 때문이다. 이러한 일련의 과정을 **정치사회화**라고 지칭할 수 있다. 정치사회화는 정치적 선택과 행위가 선천적으로 주어지는 것이 아니라 일련의 과정을 통해 습득되고, 사람들이 어떤 집단에 소속되는지에 따라 그들의 정치적 태도와 행태가 결정된다고 설명한다.

유권자는 의식적이든 무의식적이든 하나의 거대한 사회공동체 속에서 서로 다른 하위의 사회집단에 소속되어 있다. 비슷한 나이 혹은 세대집단, 성별 차이로 구분되는 집단, 교육·직업·인종·종교 등에 따른 집단 등 다양한 사회집단에 속해 있고, 이러한 사회집단의 유형이 유권자를 구분하는 기준이 되기도 한다. 유권자는 자신과 같은 집단에 속한 사람들과 같은 경험을 나누거나 서로 교류한다. 이러한 과정을 통해 이들의 신념이나 가치체계는 유사한 방식으로 발전한다. 집단에 속한 개인은 특정 이슈에 대해 공동의 태도를 보이며, 이러한 공동의 태도는 이 집단을 다른 집단과 구분하는 기준이 된다(Evans, 2004: 43).

사회학적 관점은 투표행동이 사회경제적 지위, 종교, 기타 사회적 속성과 밀접하게 관련되며, 이는 이러한 요소가 오랫동안 상호작용해 투표 선택이 이루어지기 때문이라고 설명한다. 사회학적 관점은 이를 **정치적 선택의 사회적 전달**(the social transmission of political choice) 현상으로 보며, 세 가지 과정을 통해 형성된다고 설명한다.

먼저 집단의 '차별화(differentiation)'이다. 개인은 공동의 목적을 추구하며, 자기가 속해 있는 집단의 가치와 행동을 공유한다. 이러한 가치와 행동의 공유는 개인의 정치적 시각과 행태에도 영향을 미친다. 차별화는 가치와 행동의 공유 과정에서 발생하는데, 다른 집단의 가치와 행동의 차이를 인지하면서 종종 이들과 입장이 대립함에 따라 차별화 현상도 강화된다. 두 번째는

‘전달(transmission)’이다. 일반적으로 가치와 태도는 부모로부터 자식에게 전달되고, 이러한 가치와 태도는 정치적 결정에 중요한 영향을 미치는 것으로 알려져 있다. 이러한 세대 간 가치 전달체제는 어느 정도 사회구조의 지속성을 높여주는 역할을 한다. 마지막으로 ‘접촉(contact)’이다. 개인은 자기가 속하지 않은 집단의 사람들보다 자기가 속한 집단의 사람들과 더 자주 접촉하게 되고, 이런 접촉을 통해 자기가 속한 집단의 가치와 태도가 점차 강화된다. 그러나 다른 집단의 사람과 접촉해 다른 시각과 행동을 봄에 따라 이미 형성된 가치체계가 약화되기도 한다. 이를 ‘교차압력(cross-pressure)’이라고 하는데, 심해지면 투표에 기권하기도 한다(Berelson, Lazarsfeld and Mcphee, 1954: 73~75).

이러한 요소는 사회화 과정에서 지속적으로 반복되고 ‘확인(affirmation)’되면서 ‘강화(reinforcement)’된다. 젊은 층이 투표권을 획득할 나이에 도달할 즈음 그들이 드러내는 정치적 가치와 태도의 대부분은 부모에게 물려받은 것이다. 부모의 가치 전달을 제외하더라도 이들은 비슷한 사회경제적 배경과 종교적 신념을 가진 사람과 결혼하고, 부모의 직업과 유사한 직종에 종사하며, 친구와 직장 동료도 같은 사회계층에 속할 가능성이 높다. 따라서 부모님의 영향에서 벗어나 성인이 되더라도 청소년기에 형성된 가치와 정향은 사회생활 속에서 반복되고 확인되며 지속된다. 정치에 대한 가치나 신념체계도 같은 방식으로 유지되며 투표행태에도 영향을 미친다.

투표행태에는 다양한 ‘정치사회화 기구’가 영향을 미친다. 가장 중요한 기구로 가족, 학교, 동료집단, 이익집단, 대중매체 등이 있다. 먼저 ‘가족’은 최초로 접하는 동시에 가장 강력한 사회화 기구로 알려져 있다. 특히 아동기에는 다른 어떤 집단보다 가까이에서 지속적으로 접촉한다. 가족생활을 통해 권위나 질서 등을 배우고, 부모와 형제자매의 정치적 신념이나 행태에서 많은 영향을 받는다. 둘째로 ‘학교’는 가족보다 더 구체적이고 체계적으로 정치제도와 가치를 가르친다. 셋째로 '정부'는 학교교육을 통해 모든 국민이 공유할 수 있는 정치적 가치나 태도를 학습시키고, 정부가 원하는 정치적 태도나 행태를 주입하기도 한다. 넷째로 '동료집단(peer groups)'도 개인의 정치적 가치 형성에 많은 영향을 미친다. 아동기를 지나 청년기에 접어들면 가족보다는 동료집단과의 접촉이 많아지면서 이들의 영향력은 더욱 커진다. 동료집단으로는 학교 친구, 직장 동료, 동아리나 클럽 같은 친목단체의 회원을 들 수 있다. 다섯째로 '이익집단'도 중요한 사회적 기구이다. 일반적으로 취직을 하면 취업자의 이익을 대변하는 노동조합에 가입하고, 이를 통해 정치에 대한 정보와 가치를 습득한다. 직장에서 같이 일하고, 임금 문제나 작업환경 개선 등의 관심사를 공유하면서 파업 같은 집단행동을 통해 집단에 대해 강한 일체감이 형성된다. 마지막으로 '대중매체'를 꼽을 수 있다. 유권자는 신문, 잡지, 라디오, 텔레비전 같은 대중매체의 급속한 발전으로 매일같이 다양한 정보를 얻으면서 사회의 가치와 태도를 습득한다. 최근에는 정보혁명으로 인해 인터넷 매체가 발전하면서 일방적인 가치와 태도의 습득에서 벗어나 사회적 가치와 태도를 스스로 만들어 전파하는 쌍방향 커뮤니케이션이 발전하기도 한다.[2]

투표행태에서 사회적 요인과 사회집단이 중요한 또 다른 이유는 정치제도나 기관이 사회적 균열을 전략적으로 동원하는 과정에서 사회집단을 이용하고, 정치에 동원된 다른 집단과의 갈등과 경쟁을 통해 집단적 속성이 강화된다는 사실이다. 정당은 '선거 승리'라는 정치적 목적을 위해 유권자가 속해 있는 사회집단을 동원한다. 정당은 제한된 자원을 가지고 있기 때문에 개별

2 그러나 컬럼비아 학파는 대중매체가 선거운동에 미치는 효과가 매우 제한적이라고 설명한다. 이들은 선거운동 기간의 캠페인이 유권자 태도를 변화시키기보다는 기존 태도를 보강하는 데 그친다고 주장한다. 이 절의 다음 항에 등장하는 '선거 커뮤니케이션의 2단계 정보흐름 이론'을 참조.

유권자 모두를 위한 맞춤형 정책을 제공할 수 없다. 따라서 비슷한 이념과 가치체계를 가진 사회집단에 정치적 지지를 호소한다. 마지막으로 핵심적 사회집단은 부족한 경제적·사회적·문화적 자원을 놓고 다른 집단과 경쟁한다. 정당은 이러한 사회집단을 동원하기 위해 정당의 핵심 의제를 특정 사회집단에 맞추고 '영합적(zero-sum)' 성격을 지닌 정치게임에 참여한다(Evans, 2004: 43). 정당은 정치적 동원을 위해 사회의 중요한 균열구조를 이용하고, 이러한 균열을 중심으로 재편된다(제2장 참조).

2) 선거 커뮤니케이션: 2단계 정보흐름 이론과 최근 연구

2단계 정보흐름 이론(two-step flow theory of communication)은 컬럼비아 학파가 미국 대통령선거에서 유권자의 투표 결정 행태를 조사하다가 예상과 달리 선거 커뮤니케이션의 2단계 유통 현상을 발견하면서 논의되었다. 이 이론은 대중매체가 유권자에게 직접적이고 즉각적으로 영향을 미친다는 기존의 '탄환 이론'과 대치되는 이론이다. 라자스펠드와 그의 동료들은 미국 이리카운티(Erie County)의 패널조사에서 선거운동 기간에 다양한 쟁점이 제기되고 선거운동이 진행되었는데도 이 기간에 응답자의 53%가 지지 후보에 대한 투표 의도를 더욱 강화했으며, 다른 후보로 투표 의사를 바꾼 사람은 14%에 불과하다는 점에 착안해 대중매체의 영향은 기존의 생각과 다르게 작용한다는 이론을 제시한다. 이들은 1944년 『국민의 선택』이라는 책에서 이러한 현상을 선거 커뮤니케이션의 '2단계 정보흐름 이론'이라고 명명했다(Lazarsfeld, Berelson and Gaudet, 1944).

2단계 정보흐름 이론은 대부분의 사람이 선거운동 과정에서 대중매체에 직접 설득되는 것이 아니라 개인의 사회적 관계, 이를테면 가족, 친구, 직장 동료 등의 비공식적 '여론 주도층(opinion leader)'을 따르게 된다고 주장한다.

정보 수용자 중에는 대중매체에서 정보를 적극적으로 구해 그것을 다시 다른 사람에게 전파하는 여론 주도층과 이들과의 개인적 접촉을 통해 수동적으로 정보를 얻는 '청중 집단(mass audience)'이 있다. 이때 대중매체의 정보는 여론 주도층을 거쳐 그 추종자인 청중 집단에게 흘러들어 가는 두 단계를 밟게 된다. 따라서 대중매체의 영향은 여론 주도층을 거쳐 간접적으로 수용자인 청중 집단으로 흐르며, 선거운동이 실질적으로는 유권자의 투표 의사를 전환하는 데 큰 효과를 나타내지 못하고 있는 점을 들어 투표 결정 과정에서 대중매체의 영향력은 매우 약하다는 주장이 나오게 된다. 이와 더불어 대중매체는 집단 구성원이 여론 주도층과의 상호작용을 통해 그들의 모호한 느낌을 확실한 방향으로 '활성화(activation)'하고 '강화(reinforcement)'하는 역할은 하지만 유권자의 투표행태를 '변화(conversion)'시키지는 못한다는 한계가 있다(이강형, 2007).

라자스펠드와 그의 동료들은 이 사실 외에도 유권자가 마음에 드는 정보는 받아들이고, 그렇지 않은 정보는 거부하는 선택적 접촉행태를 표출한다고 주장한다. 그러나 이들은 유권자가 자신이 속한 사회집단의 기본 속성과 다른 정보를 접하거나 신념과 가치체계가 다른 사회집단과의 교류나 접촉을 통해 또 다른 정보를 얻었을 때 '교차압력(cross-pressure)'에 사로잡히며, 심할 경우 투표에 기권하기도 한다는 사실을 밝혀냈다(Lazarsfeld, Berelson and Gaudet, 1968).

그러나 이처럼 정치 커뮤니케이션의 효과가 미미하다는 컬럼비아 학파의 주장은 비판을 받는다. 최근 연구는 유권자의 투표행태에 결정적 작용을 하는 대중매체가 정치사회화에 많은 영향을 미치고 있다고 주장한다(Iyenger and Kinder, 1987). 후보자의 자질이나 정당 못지않게 유권자가 후보자를 어떤 입장과 방향에서 인식하는지도 매우 중요하다. 그러므로 유권자에게 후보자나 정당의 이미지를 형성시켜 인지 지도를 만들고 선거의 의미와 성격을 규정하는 기능을 하는 대중매체는 투표 결정에 많은 영향을 미친다(제6장 참조).

3) 사회학적 접근법의 연구 방법론

사회학적 관점을 발전시킨 컬럼비아 학파는 무작위로 추출된 표본에 대한 기존의 일회성 설문조사를 비판했다. 그 대신 같은 사람을 여러 번 조사하는 '패널조사(panel analysis)'를 도입해 유권자의 투표 의도와 투표 결정의 변화를 연구했다. 이로써 정치학에 처음 도입된 패널조사를 이용해 투표행태를 분석할 수 있게 되었다.

기존 여론조사 방법의 문제점은 다음과 같다. 일반인이나 심지어 학자들도 잡지나 신문에 게재된 여론조사 결과를 보고 특정 쟁점에 대한 일반인의 태도를 파악하며 이에 만족한다. 그러나 이런 방식으로는 다양한 여론이 의회의 의사결정에 어떻게 영향을 미치는지, 특정 이슈에 대한 사람들의 태도가 어떻게 형성되는지를 구체적으로 알 수 없다. 여론의 형성, 변화, 발전을 살펴보기 위해서는 다른 방식을 사용해야 한다는 것이다.

컬럼비아 학파는 『국민의 선택』(1968)에서 사회과학의 연구 방법론이 갖는 문제점을 아래와 같이 지적하며, 새로운 방식의 해결책을 제시한다.

① 사실과 이론의 통합 문제이다. 과학의 발전은 사실적 요소와 이론적 공식화의 적절한 통합에 달렸다. 체계적으로 검증된 이론이 아니라면, 무관한 사실의 조합에서 나온 추측(speculation)으로 사회적 행동을 설명하는 것은 옳지 않다.

② 다양한 사회과학적 연구 결과의 통합 문제이다. 많은 표본조사가 실시되고 다양한 실험이 진행되었지만, 불행하게도 이 결과들이 연결되지 못한

채 각각의 연구로만 남아 있는 실정이다. 또한 연구에 대한 검증과 재검증이 필요하지만, 이미 연구된 분야를 기피하는 경향이 있다. 복잡한 사회현상 속에서 기초적인 규칙성을 발견하기 위해서 같은 문제를 반복 연구해야 한다.

③ 원인과 변화에 대한 조사가 이루어지지 못하고, 사회적 현상은 그저 단순히 묘사되고만 있다. 이러한 경향으로 연구는 정적(static)이었고, 표본조사를 이용한 인구조사(census) 방식에 만족해 결국 사회적 행동을 가져오는 원인을 제대로 발견하지 못했다(Lazarsfeld, Berelson and Gaudet, 1968: xx~xxi).

이러한 문제의 해결책은 몇 개월 혹은 몇 년 동안 진행되는 사회적 사건에 대한 잘 조직된 '동태적(dynamic)' 연구를 실시하는 것이다. 선거운동, 위기상황, 새로운 공동체의 발전 과정 등에 관한 체계적 분석이 그 예이다. 이를 위해서는 사회경제적 환경 변화나 특정 사건·이슈가 개인에게 어떤 영향을 미쳤는가를 파악해야 하므로 일시적인 여론조사가 아닌 시간에 따른 변화를 보여주는 자료가 필요하다. 패널조사는 이러한 한계를 극복하기 위해 고안된 사회조사 방법으로 조사 대상자인 패널에게 일정 기간에 같은 질문을 반복해 이들의 변화 과정을 살펴볼 수 있다는 특징이 있다.[3] 선거 기간에 특정 이슈나 사건(부패 관련 추문이나 경제위기 등)이 발생한 경우 유권자가 자신의 지지 후보나 정당을 바꾼다면, 패널조사의 경우 패널자료를 이용해 특정 사건이나 이슈가 선거 과정에서 유권자의 투표 결정에 미치는 영향을 살펴볼

3 그러나 패널조사 응답자에게 동일한 질문을 계속할 경우, 지난 조사에 의해 영향을 받기 쉽고(예를 들어 지난번과 다른 응답을 하면 일관성이 없는 사람으로 평가받을 수 있다는 두려움 때문에 같은 응답을 하는 경우), 동일한 질문에 응답하면서 조사에 싫증을 느껴 응답자의 수가 감소하는 문제 등이 발생할 수 있다는 단점이 있다.

〈그림 1-1〉 제4차와 제5차 패널조사 간 후보별 유지·이탈·유입 비교

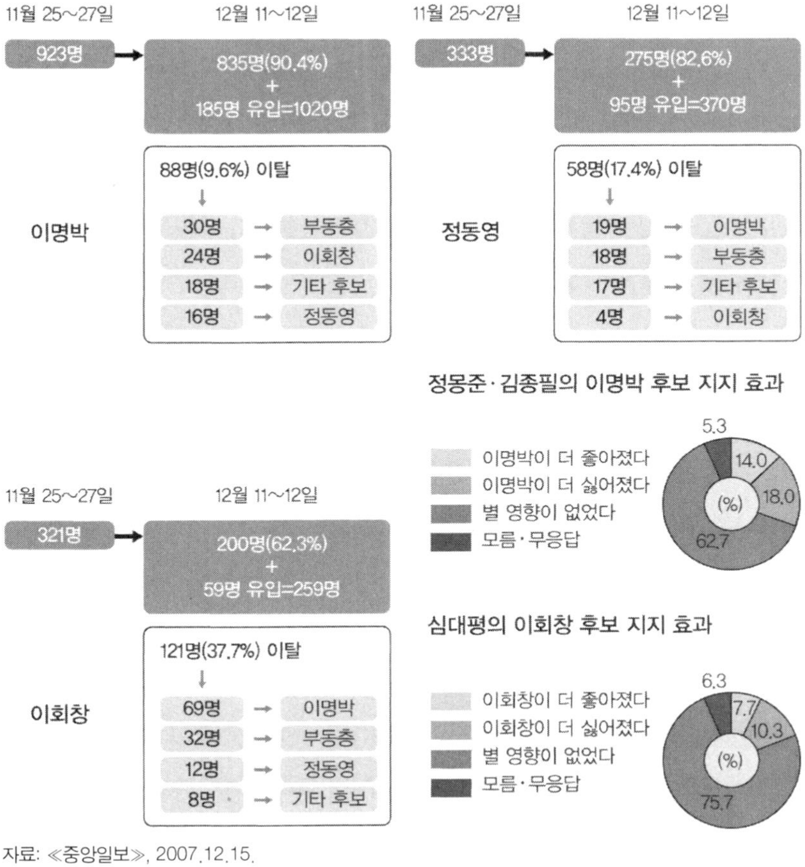

자료: ≪중앙일보≫, 2007.12.15.

수 있다는 장점이 있다.

패널조사의 장점은 한국의 제17대 대통령선거를 패널조사로 분석한 연구를 통해서도 알 수 있다(〈그림 1-1〉 참조). 동일 표본을 조사 대상으로 실시한 패널조사에서 제4차와 제5차의 후보별 지지자를 비교 분석해보면, 후보별 지지자의 유지·이탈·유입 추세를 자세히 알 수 있다. 예를 들면 개별 응답자가 기존 후보에 대한 지지를 철회하고 새로운 후보를 지지하는 것으로 전환

한 경우, 새롭게 지지하는 후보는 누구인지를 쉽게 알 수 있다. 이명박 후보는 제4차 조사 시기에 90.4%(835명)의 지지자를 유지했지만, 기존 지지자 중 88명(9.6%)이 이탈했다. 그러나 이들을 대신해 185명의 지지자가 새로 유입되어 전반적인 지지율은 올랐다. 이회창 후보의 경우 같은 기간에 37.7%의 지지자가 이탈했고, 이탈한 지지자 중 69명이 이명박 후보 지지로 전환했다. 이와 같이 패널조사를 이용하면 선거 과정 중 유권자의 지지 후보 변화를 살펴볼 수 있는 이점이 있다.

3. 한국에서의 사회학적 접근법 적용

한국에서의 초기 선거 연구는 컬럼비아 학파의 연구 모형이 적용되었지만 오래가지 못했고, 미시간 학파의 정치심리학적 접근법이 주를 이루면서 순수한 사회학적 접근에 의한 연구가 이루어지지 않았다. 현실적으로 미국이나 유럽의 경우에도 최근 선거 분석에서 미시간 학파의 연구가 주를 이루고 있다(Thomassen, 1994: 242). 한국의 투표행태 연구도 미시간 학파의 모형에 많은 영향을 받았지만, 사회학적 관점의 컬럼비아 학파 전통은 정치 커뮤니케이션 측면에서 정보의 흐름과 그 효과를 분석한 연구에 더 많은 영향을 미쳤다(김종림·이남영, 1997).

그럼에도 아직까지 사회학적 접근법은 유권자의 투표행태 분석을 위한 가장 기초적인 연구 방법으로 여겨지며, 선거 기간에는 이를 기초로 한 행태 분석을 쉽게 접할 수 있다. 이 절에서는 사회학적 접근을 통한 투표행태 분석을 소개한다. 미국의 경우 유권자의 투표 결정에 노동조합이나 인종집단 같은 공식적 집단과 사회경제적 지위가 미치는 영향력이 매우 큰 것으로 나타난 바 있다. 이와 더불어 비공식 집단 중 가족집단 일원과의 개인적인 관계가 영향을 미치는 것으로 알려져 있다. 반면 한국의 경우 종교나 인종 같은 사회적 변수는 영향력이 약한 대신, 지역주의가 투표 결정에 영향을 미치는 주요 요인으로 알려져 있다. 최근에는 지역의 영향력이 줄면서 세대가 중요한 요소로 자리를 잡아간다는 주장이 많아지고 있다(강원택, 2003; 최준영·조진만, 2005). 한국의 대표적인 사회균열과 투표행태는 제2장에서 자세히 다루기에 여기서는 중요한 사회적 요소로 부각되고 있는 세대(generation)와 성(gender)이 한국 유권자의 투표 결정에 미치는 영향을 살펴본다.

1) 세대에 따른 투표행태

일반적으로 세대는 공동의 경험을 통해 의식이나 전통을 공유하는 일정 범위의 연령층을 의미한다. 세대가 투표 결정에 영향을 미치는 경우는 다음 두 가지로 나타낼 수 있다. 첫 번째는 **연령 효과**(age effect)이다. 연령 효과는 생물학적 연령에 따라 의식과 행동의 차이를 보이는 것을 의미한다. 보통 젊은 층은 진보적인 성향을 보이는 반면, 노년층은 보수적인 성향을 보인다는 것이 지배적인 견해이다. 사회적으로 아직 성취해놓은 것이 없고 기존 세대의 특권을 거부하는 젊은 세대는 진보적인 성향을 갖기 쉽고, 사회적으로 성취한 업적이 있고 기존 질서에 익숙한 기성세대는 변화보다는 현상유지를 선호하기에 젊은 세대보다 보수적인 성향을 나타내는 것이 일반적이다. 한국은 제16대 대통령선거부터 연령별 지지 후보 차이가 뚜렷하게 나타났다. 진보적 성향을 보인 노무현 후보는 젊은 층의 지지를 받은 반면, 보수적 이미지가 강한 이회창 후보는 노년층에게 높은 지지를 얻었다(강원택, 2003).

두 번째는 **세대 효과**(generation effect)이다. 이는 생물학적 연령보다는 역사적 사건이나 사회화 경험의 공유에 의해 형성되는 동일 연령대, 즉 같은 '세대'가 유사한 정치적 가치나 태도를 가질 가능성이 높다는 것이다. 한국의 대표적인 세대는 386세대인데, 이들은 나이가 30대이며 1960년대에 태어나 1980년대 민주화운동에 참여해 진보적인 이념을 공유하는 세대이다. 386세대는 진보 정권의 등장과 한국 사회개혁에 중요한 역할을 수행했으나, 노무현 정부에 대한 비판적 시각이 증가하면서 준비가 안 된 '이상적 개혁세대'라는 비판을 받기도 했다.

2007년 제17대 대통령선거는 386세대가 소위 486세대로 전환하는 시기에 실시되었다. 2007년 기준 386세대는 37세부터 46세에 해당한다. 과거 30대의 민주화 세대가 같은 세대로서의 유사한 속성을 계속 유지할 수 있을지, 아니면 점차 노령화되면서 연령 효과로 인해 보수적으로 변화할지를 살펴볼 수 있는 선거였다. 연령 효과와 세대 효과를 비교하기 위해 2002년 대통령선거, 2004년 국회의원선거, 2006년 지방선거, 2007년 대통령선거에서 386세대의 투표행태를 분석해보자.

2002년 이후부터 386세대의 투표 성향을 조사해보면, 〈표 1-1〉에서 보듯 전체적으로 일반 국민에 비해 진보적인 세력을 더 지지한 것으로 나타난다. 일반 국민에 비해 상대적으로 진보 진영의 후보나 열린우리당 혹은 민주노동당에 대한 지지율이 높게 나타났다. 그러나 이런 386세대는 2002년 대통령선거 이후 점차 보수화되는 경향을 보이고 있는데, 2006년 광역단체장선거에서 386세대의 거의 절반(47.5%)이 한나라당 후보를 선택했다. 이 조사에서 386세대는 대다수 질문 항목에 대해 일반 국민과 비슷한 답변 형태를 보이고 있으며, 2007년 대통령선거에서는 44.9%가 이명박, 20.1%가 박근혜를 지지함으로써 보수 이미지의 한나라당을 지지하는 투표 성향을 표출했다. 다만 박근혜에 대한 지지는 일반 국민보다 낮은 반면 손학규에 대한 지지는 일반 국민의 5.7%보다 높은 8.6%를 기록했다. 이러한 현상은 386세대가 경제적으로 많은 지출을 부담해야 하는 세대가 되면서 좀 더 현실적으로 변모해 과거의 민주적·개혁적 성향이 약해졌음을 의미하며, 점진적으로 세대 효

〈표 1-1〉 전체 유권자와 386세대의 지지 후보 및 정당 비교(2002~2007년) (단위: %)

2002년 대통령선거			2004년 국회의원선거		
지지 후보	전체 유권자	386세대	지지 정당	전체 유권자	386세대
이회창	34.5	30.0	열린우리당	30.6	35.8
노무현	50.6	60.3	한나라당	38.7	37.1
이한동	0.2	0.3	민주당	5.6	4.3
권영길	2.1	3.7	민주노동당	4.5	6.3
다른 후보	1.0	0.9	국민중심당	1.1	1.4
기권	5.4	4.1	다른 정당	0.4	0.6
			기권	9.7	6.7
2006년 지방선거(광역단체장)			2007년 대통령선거		
지지 정당	전체 유권자	386세대	지지 후보	전체 유권자	386세대
열린우리당	23.7	24.6	이명박	44.4	44.9
한나라당	44.5	47.5	박근혜	22.2	20.1
민주당	5.0	4.5	손학규	5.7	8.6
민주노동당	3.4	4.9	정동영	3.4	2.6
국민중심당	1.0	0.9	강금실	1.6	1.7
다른 정당	0.3	0.6	유시민	1.6	0.6
기권	14.9	11.0	정운찬	1.3	1.5

자료: 임성학(2007).

과보다 연령 효과가 강해지고 있음을 의미한다(임성학, 2007).

2) 성에 따른 투표행태

일반적으로 한국에서 여성은 남성보다 정치적 관심도가 낮고, 가족이 미치는 영향력이 컸다. 보수적인 성향으로 안정 지향적 모습을 보여 여당 후보를 지지하는 경향을 보였다는 점이 한국 여성 유권자의 투표행태 특징이다(최영진, 2004). 그러나 최근 연구에서는 여성의 투표행태가 점차 뚜렷한 특징

〈그림 1-2〉 최근 선거에서의 성별 투표율 (단위: %)

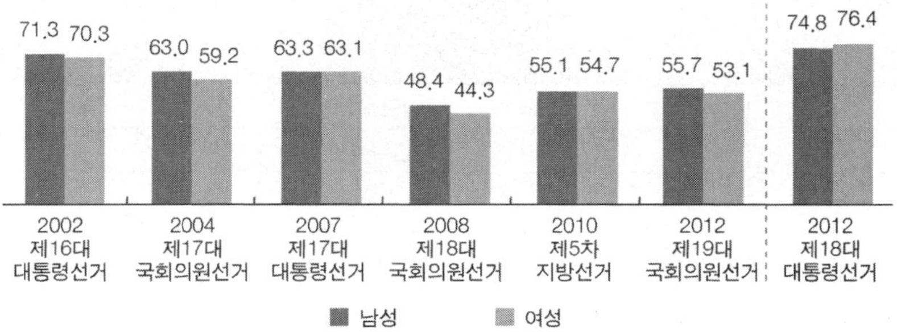

자료: 중앙선관위 홈페이지 보도자료(중앙선관위, 제18대 대통령선거 투표율 분석 결과 공개).

을 보이기 시작했다. 특히 여성 후보가 있는 경우나 성과 연령이 복합되어 영향을 미치는 경우에는 과거와 다른 행태를 보이고 있다.

2012년에 실시된 제18대 대통령선거는 성정치의 측면에서 매우 중요한 선거이다. 유교적 권위주의 문화가 강한 한국에서 최초로 여성인 박근혜 후보가 대통령으로 당선되었다. 제18대 대통령선거의 특징은 대통령이 여성이라는 점뿐만 아니라 일반 유권자의 성별 투표행태도 변했다는 점이다. 과거 남성의 투표율이 여성의 투표율보다 항상 높았었지만 〈그림 1-2〉에서 보듯이 제18대 대통령선거에서는 여성의 투표율이 76.4%로 남성 투표율 74.8%보다 높았다. 또 다른 특징은 젊은 여성들의 투표율이 상승하고 있다는 점이다. 제17대 대통령선거와 비교하면 여성 20대 전반의 투표율의 경우 46.2%였지만 제18대 대통령선거에서는 70.1%로 급격히 상승했고 20대 후반의 투표율도 제17대 46.0%에서 제18대는 69.2%로 올라갔다. 이런 추세가 지속된다면 여성의 정치 참여도 확대될 것이고 성이 중요한 정치적 이슈로 떠오를 것이다(강원택·임성학, 2013: 234). 20~40대 투표행태의 성별 차이는 고등교육을 받은 젊은 여성 세대가 점차 정치적 의식을 형성해 차후 성이 서구 선진사회와 같이 중요한 사회적 균열로 등장할 가능성이 높다.

4. 나오며

사회학적 접근법은 선거 과정 속에서 유권자의 정치적 태도 형성과 변화, 그리고 발전 과정을 체계적이고 동태적인 방법으로 분석했다. 일반적으로 사회학적 관점은 사회적 집단에 대한 일체감이 투표행태와 같은 정치적 선택에서 가장 중요한 요소라고 주장한다. 투표행동이 사회경제적 지위, 종교, 기타 사회적 속성과 깊은 상관관계를 갖는데, 이는 투표 선택이 오랫동안 이러한 요소와 상호작용한 결과이기 때문이라는 것이다. 사회집단은 유권자의 신념체계, 가치체계, 태도 형성에 영향을 미치고, 같은 집단에 속한 사람들과 동일한 경험을 하거나 서로 교류하면서 유사한 신념 혹은 가치체계를 형성한다. 유권자는 의식적이든 무의식적이든 사회공동체 내의 서로 다른 사회집단에 소속되어 있다. 비슷한 나이 혹은 세대집단, 성별 차이로 구분되는 집단, 교육·직업에 따른 사회집단 등 다양한 집단에 소속되며, 이러한 사회집단이 유권자를 구분하는 기준이 되기도 한다. 특정 집단에 속한 유권자는 같은 집단에 속한 사람들과 같은 경험을 하거나 서로 교류한다. 이런 과정을 통해 이들의 신념 혹은 가치체계는 유사한 방식으로 발전되며, 일련의 사회화 과정 속에서 반복되고 확인되며 강화된다. 청소년기에 형성된 가치와 정향은 사회생활 속에서 반복·확인·지속되면서 정치에 대한 가치나 신념체계도 같은 방식으로 유지되어 결과적으로 투표 결정에 영향을 미친다.

사회학적 접근법의 단점으로 지적되는 것은 다음과 같다. 첫째, 방법론적인 문제이다. 패널조사를 통한 조사 결과를 토대로 귀납적 방식을 사용해 밝혀낸 사실이 일정한 개연성을 가진 일반적 가설로 그칠 수 있다는 점이다. 둘째, 사회학적 접근에 따른 초기 연구의 경우 패널조사가 매우 한정된 지역(군 수준의 도시)에서 실시되어 전체 선거의 유권자 행태를 일반화해 설명하기 어렵다는 점이다. 셋째, "사회적 특성이 정치적 선호를 결정한다고 주장함으로써 투표행위를 단순히 개인의 다양한 사회경제적 및 인구학적 속성의 함수로 설정하는 데 그치고 있다. 따라서 개인의 사회적 특성이 사회집단이나 범주를 형성해나가는 구체적인 과정이나 관계 등"을 외면한 것도 문제점으로 지적된다(정병은, 2005: 87). 마지막으로 사회학적 관점의 한국적 적용에 따른 문제점이다. 한국은 사회적 집단의 발전 정도가 다원주의가 발달한 서구 민주국가보다 훨씬 더 낮기 때문에 투표 결정 과정에서 사회집단의 영향력이 상대적으로 낮을 수밖에 없다.

이러한 문제점이 있지만 사회학적 접근법은 선거 과정을 체계적이고 동태적인 방법으로 분석해 투표행태 연구를 한 단계 발전시켰다. 특히 선거 과정 속에서 유권자의 정치적 태도 형성과 변화, 발전 과정, 그리고 이것이 최종적으로 투표 결정에 이르기까지의 과정을 분석한 동태적 연구이기에 여전히 유권자의 투표행태 분석을 위한 가장 기초적인 접근법으로 활용된다.

핵심 주제어

사회학적 접근법(Sociological Approach)

사회집단의 구성원을 결정하는 성별, 세대, 소득, 지역 등과 사회경제적 계층을 형성하는 직업, 소득, 학력, 종교, 인종 등의 사회적 요인이 유권자의 투표행태와 결정에 중요한 영향을 미친다고 보는 시각이다.

2단계 정보흐름 이론(Two-Step Flow Theory of Communication)

대부분의 사람은 선거 과정에서 대중매체에 의해 직접 설득되는 것이 아니라 가족, 친구, 직장 동료 등 개인의 사회적 관계를 통한 비공식적 '여론 주도층(opinion leader)'의 영향을 받는다. 이에 따라 대중매체의 정보는 여론 주도층을 거쳐 그 추종자인 청중 집단에게 흘러가는 두 개의 단계를 밟게 되는데, 이를 2단계 정보흐름 이론이라 한다.

정치사회화(Political Socialization)

사회집단 구성원이 행하는 정치적 태도, 선택, 행위 등은 선천적으로 주어지는 것이 아니라 일련의 사회적 학습 과정을 통해 습득되고, 어떤 집단에 소속되어 있는지에 따라 그들의 태도와 행태가 결정된다.

컬럼비아 학파(Columbia School)

미국 컬럼비아 대학교의 학자들은 『국민의 선택(The People's Choice)』(1944)과 『투표(Voting)』(1954) 등의 저서를 통해 사회학적 접근법을 활용한 유권자의 투표행태 연구를 발표했다. 이들은 유권자의 투표행태가 종교, 계급, 인종, 지역 등 그들이 어떤 사회집단과 사회네트워크에 소속되어 있는지에 영향을 받는다고 주장했다.

패널조사(Panel Analysis)

동일한 사람을 정기적이고 지속적인 방법으로 조사하는 것을 의미한다.

📖 추천 문헌

Berelson Bernard, Paul Lazarsfeld and William McPhee. 1954. *Voting*. Chicago: University of Chicago Press. 사회학적 접근법에 입각해 유권자의 투표행태를 이해할 수 있는 기초적인 학습서이다.

라자스펠드(Paul F. Lazarsfeld)·베렐슨(Bernard Berelson)·고뎃(Helen Gaudet). 2015. 『국민의 선택: 대통령 선거 캠페인 기간에 유권자는 지지 후보를 어떻게 결정하는가』. 백영민 옮김. 커뮤니케이션북스. 사회학적 접근법의 시초이자 대표적인 저작으로 유권자의 투표행태 요인을 사회적 집단에서 찾았다. 방법론으로 패널조사를 도입해 투표 결정 과정의 변화를 분석했으며, '2단계 정보흐름 이론'으로 정치 커뮤니케이션 이론에 많은 영향을 주었다.

이내영·이현우·김장수 엮음. 2007. 『변화하는 한국유권자: 패널조사를 통해 본 5·31 지방선거』. 서울: 동아시아연구원. 한국의 선거 연구 최초로 패널 여론조사를 실시해 2006년 지방선거에서 유권자의 정치적 태도 및 지지 후보 결정 요인이 변화하는 모습을 분석했다.

토론 주제

1. 투표를 한 경험이 있다면, 어떤 요인이 가장 큰 영향을 미쳤는지를 생각해보자.
2. 사회학적 관점에서 주장하는 것과 같이 사회적 특성을 공유하는 사람들은 비슷한 투표행태를 보이는가? 자신이 소속된 집단의 경우 비슷한 정치적 태도와 가치를 공유하는지 생각해보자.
3. 일반적으로 우리는 다양한 집단에 속해 있다. 자신이 소속된 집단들이 서로 상충된 정치적 가치를 주장하는 경우에는 어떤 집단의 가치를 따르게 되는가? 사회학적 관점이 언급한 '교차압력(cross-pressure)' 상황 속에서 어떤 정치적 선택을 할 것인지 생각해보자.

제2장

사회균열과 투표행태

정치사회학적 관점

전용주·이동윤

한국의 지역주의 구도가 달라지고 있다. 지역주의란 특정 지역공동체에 대한 일체감을 뜻하는 말. 정치적으로는 영호남 간 지역감정이 한국의 지역주의를 상징해왔다. 그러나 영호남에서 '깃발만 꽂으면 당선된다'는 말은 이제 옛말이 되고 있다. 영호남 간 지역감정은 지역의 실리를 우선시하는 수도권·비수도권의 구도로 옮겨 가는 모양새다. 여기에 세대 간 차이가 두드러지면서 출신 지역과 상관없이 노·장년층은 여당을, 청년층은 야당을 지지하는 '여노야소(與老野少)' 현상이 뚜렷해지고 있다.

≪중앙 SUNDAY≫, 2015년 10월 4일 자

1. 들어가며

제1장에서 투표행태를 설명하는 사회학적 관점을 살펴보았다. 사회학적 관점에 따르면 유권자의 투표행태를 설명하거나 예측하기 위해서는 그가 어떤 집단의 구성원인지를 살펴봐야 한다. 같은 집단에 속해 있다면, 유사한 정치적 성향을 가질 가능성이 높다. 한국 유권자의 투표행태를 이해하고자 할 때도 이러한 주장은 유용하다. 왜냐하면 '지역'이라는 사회집단 요인이 상당 기간 많은 사람들의 정치적 선택을 결정해왔기 때문이다. 출신지, 거주지,

혹은 고향에 따라 투표행태가 달랐다. 특히 영남과 호남, 그리고 때로는 충청으로 대표되는 지역 요인은 투표행태와 선거 결과를 좌우해왔다고 해도 과언이 아니다.

그러나 최근 들어 이런 지역 요인의 영향력이 약화되는 징후들이 나타나고 있다. 그리고 그에 대신해 다른 사회집단 요인(세대와 이념 등)이 유권자의 선택에 영향을 주고 있다. 예를 들어 영남의 경우 다수 유권자들이 세대와 관계없이 보수정당을 지지해왔다. 그러나 최근에는, 이 지역 젊은 세대는 진보정당에, 연령이 높은 세대는 보수정당에 표를 주는 현상이 나타나고 있다. 즉, 젊은 세대의 경우, 지역이라는 사회집단에의 소속감은 약화되고 세대라는 집단이 투표 선택에서 더 중요한 기준이 되고 있다.

컬럼비아 학파의 사회학적 관점은 유권자의 투표 선택에서 왜 소속집단이 중요한지를 알려주었다. 그러나 그들 주장은 한계도 있다. 첫째, 나라마다 투표행태에 영향을 주는 집단은 다르며, 따라서 이러한 국가 간 차이를 설명해주지 못한다는 점이다. 그들의 연구 대상은 미국이었고, 미국 유권자에게는 사회계층, 종교, 그리고 인종이 주요한 사회집단이었기 때문이다. 둘째, 같은 나라라도 시기마다 주요한 사회집단은 변화한다. 한국이 대표적인 예이다. 사회집단의 중요성이 지역에서 세대 혹은 이념으로 바뀌고 있다. 그러나 사회학적 관점은 이러한 변화를 설명하기에 부족하다.

그렇다면 이런 현상을 어떻게 이해하고 설명할 수 있을까? 컬럼비아 학파의 연구는 유권자 개인과 사회집단 간 연결 고리에 초점을 두는 일종의 '미시적 관점(micro perspective)'에 기초한 것이다. 그러나 나라마다 각 사회집단의 중요성이 왜 다른지, 그리고 같은 국가 내에서 시기별로 중요한 집단이 왜 변화하는지를 이해하기 어렵다. 즉, 국가별 비교, 시기별 비교가 힘들다. 이 문제를 설명하기 위해서는 그 국가의 역사와 사회구조를 분석해야 한다. 즉, '거시적 관점(macro perspective)', '역사적 관점(historical perspective)', 혹은 '비교사회학적 접근(comparative sociology)'이 필요하다는 것이다.

이 장에서 설명하고자 하는 '정치사회학적 관점'은 이런 문제의식을 일정 부분 해결해준다. 전반부에서는 먼저 정치사회학적 관점의 주요 내용을 간략히 정리할 것이다. 그리고 후반부에서는 이 관점에 기초할 때, 한국 유권자의 투표행태와 그 변화를 어떻게 이해할 수 있는지를 실제 선거 결과와 함께 알아볼 것이다.

2. 정치사회학적 관점의 주요 이론적 내용

정치사회학적 관점의 대표 학자는 립셋(Seymour M. Lipset)과 로칸(Stein Rokkan)이다. 이들은 저서 『정당체제와 유권자 편성: 비교국가관점(Party Systems and Voter Alignment: Cross-National Perspectives)』(Lipset and Rokkan, 1967)에서 사회구조의 변화, 그리고 그에 따른 정당체제와 유권자와의 관계를 역사적이고도 거시적인 관점에서 분석했다. 연구 대상은 유럽의 국민 국가 형성 과정과 민주화 과정이었다. 립셋과 로칸은 국가가 중앙집권화되고 세속화되면서 어떠한 사회집단들이 자신들의 경제적·영토적·문화적 이익을 지키기 위해 경쟁했는지 보았다. 이들에 의하면 이 과정에서 특정 집단 간 정치적 경쟁과 대결이 일어났고, 때로는 연합이 형성되었다. 이 같은 정치적 과정은 그 사회의 특정 집단과 정당 간 관계, 그리고 '정당체제(party system)' 형성과 변화에 큰 영향을 미치게 된다.

립셋과 로칸의 연구는 이후 정당체제와 투표행태에 관한 많은 연구의 이론적 밑거름이 되었다. 국가별 비교, 혹은 한 사회에서의 시기별 비교도 가능하게 되었다. 다수 학자들은 그들이 발전시킨 이론적 관점에 기초해 특정 사회의 정당체제 형성과 유권자 투표행태를 설명하고자 했다. 이제 립셋과 로칸의 연구와 후속 연구들을 통해 정립된 정치사회학적 관점의 주요 개념과 주장을 정리해보자.

1) 사회균열과 정당체제

첫째, 정치사회학적 관점에서 가장 중요한 개념은 '**사회균열**(social cleavage)'이다. 립셋과 로칸에 의하면 사회균열은 사회경제적 특성에 의해 구분되는 각 집단의 구성원들이 소속집단에 대한 정체성을 가지면서 집단 간 차별화되는 현상이다(Lipset and Rokkan, 1967). 이것은 상이한 정치적 선호를 가진 유권자집단으로 나누어지는 현상이기도 하다. 레(Douglas W. Rae)와 테일러(Michael Taylor)도 사회균열을 "공동체 구성원들을 중요한 정치적 차이를 지닌 집단들로 분리하는 기준"으로 정의한다. 즉, 한 사회는 사회균열 축을 따라 정치적 이해를 달리하는 집단으로 나누어진다. 예를 들어 경제적 기준으로 하면 자본가와 노동자, 지역일 경우 남부와 북부, 인종일 경우 백인과 흑인 등이 그것이다. 이 외에도 다양한 기준으로 정치적 이익이 상충하는 집단으로 구분할 수 있다(Rae and Taylor, 1970: 1).

둘째, '**정당 편성**(party alignment)' 개념이다. 사회균열에 따라 차별화되고 대립하는 집단들의 정치적 요구는 선거를 통해 정치체계로 투입된다. 그리고 이를 매개하는 것이 정당이다. 그 결과 사회균열 축을 따라 특정 유권자 집단과 특정 정당 간 연대관계가 만들어진다. 이를 '정당 편성'이라 한다. 예를 들어 어떤 사회가 경제적 기준으로 사회균열이 형성되어 있다고 가정해보자. 이 균열에서 가장 기본적인 대립 구도는 자본가와 노동자이다. 이때 자본가 집단은 갑 정당, 노동자 집단은 을 정당을 지지하면서 선거 결과도 마찬가지로 나타난다. 그 결과 정당체제는 갑 정당과 을 정당 간 경쟁 구도로 편성된다. 그리고 이러한 유권자와 정당 간 연대로 형성된 정당체제는 '오랜 기간' 지속된다.

립셋과 로칸의 연구 결과를 예로 들어보자. 그들은 사회균열 개념을 통해 유럽 정당체제의 형성과 변화를 설명했다. 이들에 의하면 16세기 국가 형성 과정과 18세기 산업혁명은 투표행태와 정당체제에 영향을 미친 사회균열을 낳게 된다. 우선 전자에서 중앙과 지방, 국가와 교회라는 균열 축이, 후자를 통해 공업과 농업, 자본과 노동 간 균열 축이 만들어졌던 것이다.

후자를 조금 더 설명해보자. 18세기 산업혁명으로 인해 1차 산업인 농업과 2차 산업인 공업 간에 분할이 형성되었다. 이로 인해 한편에서는 산업화를 주도하는 중앙의 정치 엘리트들과 도시 지역의 경제 엘리트 간 정치적 제휴가 형성된다. 다른 한편으로는 이러한 산업 주도 성장 세력에 위협을 느낀 지방의 농업 이익을 대변하기 위한 정당이 생겨난다. 또한 자본과 노동 간 균열 축에 따라 형성된 두 집단 중 노동자계급은 좌파 정당, 자본가계급은 우파 정당과 연대하게 된다.

립셋과 로칸은 이 균열 축을 따라 형성된 유권자와 정당 간 정치적 연대에 기초한 정당체제가 1960년대에도 그대로 유지되고 있다는 '**동결**(freezing)' 명제도 제시한다. 분명히 현대까지도 유럽에서는 우파 정당과 좌파 정당 간 경쟁 구도의 정당체제를 형성하고 있다. 영국의 보수당과 노동당이 대표적인 예이다.

셋째, '정치 엘리트'와 정당의 역할이다. 보통 한 사회의 사회균열은 대체로 계급(class), 성(gender), 종교(religion), 인종(race), 그리고 지역(region)등을 축으로 형성된다. 그러나 사회균열이 존재한다고 해서 그 자체로 유권자와 정당 간 연대를 형성하는 것은 아니다. 이 중 어떤 사회균열은 유권자 선택이나 정당 편성에 영향을 주지만 어떤 균열은 그렇지 않다. 예를 들어 어떤 사회는 경제적 계급을 축으로, 또 어떤 사회는 종교나 지역을 기준으로 형성된 사회균열이 정당과 유권자 연대에 강하게 작용한다. 동일한 사회에서도 마찬가지이다. 한 사회에서 어떤 시기에는 종교균열이 중요할 수 있지만 또 다른 시기에는 인종균열이 유권자 선택과 정당 편성에 더 강한 영향을 미칠 수 있다.

왜 그럴까? 립셋과 로칸은 그 이유로 정치 엘리트와 정당의 선거 전략과 조직적 동원 노력이 중요하다는 점을 강조했다. 즉, 잠재해 있는 사회균열 중 어떤 균열이 활성화되어 정치적으로 표현되는가, 달리 말하면 어떤 사회균열이 유권자의 정당 선택에 영향을 미치는가는 정치 엘리트와 정당이 어떤 사회균열 축에 기초해서 특정 집단을 자신들의 지지집단으로 동원하는가에 달려있다는 것이다.

이와 더불어 립셋과 로칸은, 새로운 정치적 요구가 정치체제에 반영되기 위해서는 그러한 요구를 담은 '운동(movement)'이 일련의 네 가지 '진입 문턱(threshold)'을 넘어야 한다고 주장했다. 첫째, '정당화(legitimation)' 문턱이다. 이는 그 운동이 사회에서 정당한 요구로 받아들여지는 것과 관련된다. 즉, 새로운 요구가 음모적인 것으로 간주되어 거부되는지, 혹은 정당한 비판이나 반대의 권리로 인정되는지 여부다. 둘째, '통합(incorporation)' 문턱이다. 새로운 운동의 지지자들이 의회 같은 대의 기구 구성원인 대표를 선택할 권리를 거부당하는지, 혹은 지지자들이 반대자들과 마찬가지로 동등한 정치적 시민권을 부여받고 있는지 여부다. 셋째, '대표(representation)' 문턱이다. 새로운 운동이 대의 기구에 대표될 수 있기 위해서는 기존의 규모가 큰 다른 운동에 합류해야 하는지, 아니면 독자적으로도 가능한지 여부다. 넷째, '다수 권력(majority power)' 문턱이다. 정치체제에 수적 다수를 견제할 수 있는 제도적 장치가 있는지, 아니면 선거에서 승리한 정당이나 연합 권력(다수 권력)이 국가체제의 중대한 구조적 변화를 가져올 수 있는 힘을 가지고 있는지 여부이다. 이 네 가지 진입 문턱은 제도 등 다양한 요인으로 인해 국가별로 그 높낮이가 다를 것이다. 이 때문에 립셋과 로칸은 나라마다 다른 사회균열이 전면에 등장하고 그 결과 해당 국가 특유의 정당체제를 만든다고 보았다.

2) 사회균열의 변화

앞서 설명했듯이, 한 사회에서 정당과 유권자 간 연대에 영향을 주는 사회균열은 변화한다. 다수 학자들은 립셋과 로칸이 밝힌 전통적 사회균열과 그에 기초해 형성되고 '동결'된 정당체제는 현대사회로 오면서 상당히 약화되고 있다고 주장한다. 그 이유는 다음과 같다.

첫째, 전후 1970년대까지 지속되었던 경제적 풍요로 인해 노동자계급의 경제적 지위가 안정되었다. 둘째, 농업 부분이 쇠퇴하고 서비스 산업이 발전했으며, 계층적·사회적·지역적 이동성(mobility)이 증대되었다. 지방에 기반을 둔 전통적 산업이 쇠퇴하면서 블루칼라 계층이 축소되었다. 또한 서비스 산업의 발전으로 화이트칼라 노동자 직업이 확대되었고, 그 같은 직업을 찾아 농촌에서 도시로의 이동이 크게 일어났다. 이로 인해 전통적인 계급균열, 즉 자본과 노동이라는 균열 축은 약화되기 시작했다. 셋째, 교육 확대로 인해 많은 사람이 화이트칼라 부분으로 진출할 수 있는 기회가 생겼다. 넷째, 전후 세속화 과정이 가속화되고 교회에 참여하는 유권자들이 감소하면서 전통적인 '종교균열'의 중요성도 약화되고 있다.

전통적 사회균열 중 계급균열의 약화는 특히 주목할 만하다. 좌파 정당과 노동자간 유대관계가 약화되기 시작한 것이다. 제2차 세계대전 후 경제성장과 사회구조의 변화는 노동자계급의 분화를 가져왔다. 노동자계급의 부르주아화, 서비스 산업의 발전으로 인한 육체 노동자와 비육체 노동자의 분리, 그리고 공공 부분과 민간 부분의 분리 등이 원인이라고 할 수 있다.

예를 들어 보자. 공공기업은 경제 정책에서 국가의 개입을 선호할 것이다. 반면 민간기업은 국가 개입을 반대하고 시장 중심 정책을 선호할 것이다. 공공기업에 종사하는 노동자와 민간기업에 종사하는 노동자 간 정치적 선호가 달라질 수 있다는 것이다. 즉, 과거에는 동질적이던 노동자계급의 이익이 분화하고 때로는 서로 대립하게 된 것이다. 이로부터 노동자계급 일부는 좌파 정당과의 연대에서 이탈하는 현상도 나타나게 된다.

이와 같이 전통적 사회균열은 약화되고 있는 반면, 새로운 균열이 등장하고 있다. 일례로 전후 세대 가치관이 **탈물질적 가치**(post-materialist value)를 중시하는 방향으로 변화하는 현상을 들 수 있다(Inglehart, 1987). 경제적 풍요와 교육의 확대로 인해 젊은 세대들은 그들 부모와는 다른 가치관을 내면화하게 되었다. 금전 등 물질적 가치보다는 삶의 질을 향상시킬 수 있는 것에 관심을 갖기 시작한 것이다. 대표적으로 환경, 성 평등, 반전(反戰), 인권 등과 같은 가치가 그것이다.

그 결과, 새로운 사회균열이 등장하고, 그에 따라 정당체제도 변화하고 있다. 물질적 가치의 중요성이 낮아지면서 전통적인 계급균열을 축으로 한 특정 집단과 특정 정당 간 연대관계가 지속되기가 어려워졌다. 반면 탈물질적 가치와 관련된 쟁점을 중심으로 집단들이 정치적으로 동원되는 현상이 나타나기 시작했다. 현대 유럽에서 환경보호를 기치로 내세우며 등장한 녹색당(Green Party), 정보보호와 표현의 자유와 같은 시민 권리를 강조한 해적당(Pirate Party) 등이 대표적 예다.

이 같이 현대의 많은 민주주의 국가들은 사회구조의 변화와 함께 나타나는 사회균열의 변화를 경험하고 있다. 그러나 주의할 것은 하나의 사회균열이 기존의 사회균열을 완전히 대체하고 있는 것은 아니라는 점이다. 여러 사회균열이 '**중첩**(overlapping)'되기도 하고, 때로는 '**교차**(cross-cutting)'하기도 한다. 그 결과 사회균열에 따른 정당과 유권자집단 간 연대, 그리고 정당체제는 상당히 복잡한 형태로 나타난다.

3) 정당체제와 유권자 연대관계의 변화: 이탈, 해체, 정당 재편성

정치사회학적 관점이 설명하는 바와 같이, 한 사회에서 특정 사회균열에 따라 유권자와 정당 간 연대가 형성(정당 편성)되어 있다면, 우리는 어떤 유권자집단이 어느 정당을 지지하는지 설명하고 예측할 수 있다. 그러나 때때로 선거 결과를 보면 그렇지 않은 경우도 있다. 이는 사회균열의 변화에 의해 일어난 결과일 수도 있고, 그러한 변화가 아닌 일시적 현상일 수도 있다. 이를 어떻게 이해할 수 있을까? 정치사회학적 관점은 이와 같은 현상을 이해하기 위한 몇 가지 개념을 발전시켜왔다. 대표적으로는 '이탈(deviation)', '해체(dealignment)', 그리고 '재편성(realignment)'을 들 수 있다.

먼저 '이탈' 개념에 대해 알아보자. 앞서 설명한 바와 같이, 하나의 사회균열과 그에 기초해 형성된 정당체제는 상당 기간 지속된다. 그러나 특정 선거에서는 예측한 바와 다른 결과를 낳을 수도 있다. 어떤 사건이나 쟁점이 '일시적으로' 유권자 판단에 영향을 미쳐, 오랫동안 지지해오던 정당이 아닌 다른 정당을 지지하는 경우다. 그러나 이러한 '이탈'은 사회균열의 변화에 의한 것이 아니라 일시적 현상이기에 지속되지 않는다. 그래서 가까운 미래의 선거에서 유권자들은 원래 지지했던 정당으로 다시 돌아간다. 이 같이 유권자와 정당 간의 일시적 변화를 보여준 선거를 '이탈 선거(deviating election)'라고 부른다.

다음은 '해체'를 알아보자. 기존의 사회균열을 반영해 형성된 정당체제가 지속되는 기간이 길어질수록 그 사회균열이 약화되고 새로운 사회균열이 등장할 가능성이 높아진다. 사회변화에 따라 나타나는 새로운 사회균열은 그 사회가 해결해야 할 새로운 문제를 낳는다. 그런데 기존 정당들이 이러한 문제에 대해 대응하지 않거나 해법을 제시하지 못한다면, 기존 정당들과 지지집단 간 연대의 강도는 약해진다. 그 결과 지지할 정당을 찾지 못하고 쟁점에 따라 지지 정당을 바꾸는 '부동 투표자(floating voter, swing voter)'가 증가한다. 또한 투표할 대상을 찾지 못한 무당파층이나 무관심층도 늘어나게 된다. 이러한 상태를 '해체'라고 부른다. 이 기간은 다음에 설명할 정당 재편성으로 이어질 수도 있으나, 그렇지 않을 수도 있다.

마지막으로 '재편성' 개념에 대해 알아보자. 재편성은 기존의 사회균열이 새로운 사회균열로 대체되고 그에 따라 정당체제가 재편되는 현상을 말한다. 특정 집단이 과거에 지지하던 정당이 아닌 다른 정당을 지지하게 됨으로써 유권자와 정당 간 연대관계의 변화가 일어난다. 그리고 이 같은 변화된 정당체제는 일시적 현상이 아니며, 이후 상당 기간 지속된다.

〈그림 2-1〉을 통해 좀 더 자세히 설명해보자. 〈그림 2-1〉에 의하면 어떤 사회의 사회균열이 특정 시점(t)에서는 경제적 계급(자본가와 노동자)에 따라 형성되어 있다. 그리고 자본가 집단은 갑 정당, 노동자 집단은 을 정당과 연대관계를 구축하고 있다. 그런데 미래 어느 시점(t+n)에서 흑인 인권 보장과 같은 인종 문제가 사회적 문제로 대두되면서 첨예한 이슈가 되었다고 가정해보자. 또한 갑 정당이 흑인 등 소수민족 인권 보장에 우호적인 입장을 견지하고 을 정당은 그 반대의 입장에 섰다고 해보자.

이러한 상황에서 자본가집단 중 백인은 을 정당을 지지하게 되고, 반대로 을 정당을 지지했던 노동자집단 중 흑인은 갑 정당을 지지하게 된다. 같은 정당을 지지했던 집단이 인종 문제를 계기로 내부적으로 다른 정당을 지지하는 집단으로 분화하게 된 것이다. 즉, 인종에 따라 새로운 균열(백인과 흑인)과 정당체제가 형성된 것이다.

이와 같이 각각 다른 정당을 지지했던 자본가와 노동자집단 중 일부가 인종균열 축을 중심으로 서로 연합하며, 그 결과 각 정당의 지지 기반도 달라진다. 〈그림 2-1〉에서 보는 바와 같이, 갑 정당의 과거 지지 기반은 인종 구분 없는 전체 자본가집단이었다. 그러나 이제는 흑인 자본가와 흑인 노동자가

〈그림 2-1〉 사회균열 변화와 재편성

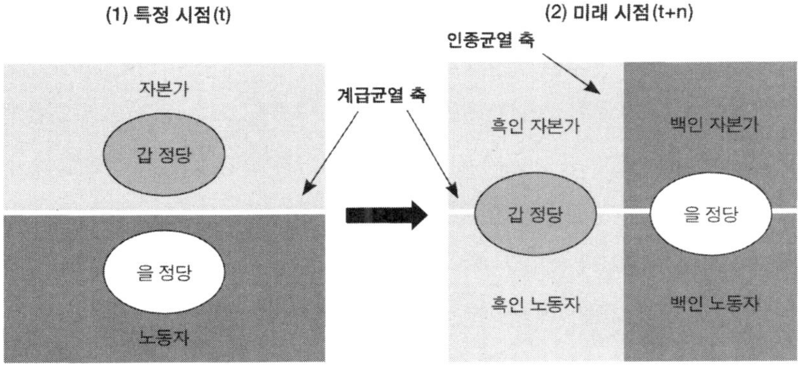

지지집단이다. 그리고 이러한 연합은 이후에도 오랜 기간 유지된다. 즉, 정당과 지지집단 연합에 변화가 발생하는 정당 재편성이 일어난 것이다.

여기서 두 가지 개념을 더 알아보자. '정당과 유권자 간 연대관계가 변화(정당 재편성)'했다는 결과를 보여준 선거를 **'중대 선거**(critical election)'라고 한다. 그러나 많은 경우 정당 재편성은 한 번의 선거가 아닌 장기간에 걸쳐 완성된다. 이를 **'장기 재편성**(secular realignment)'이라 한다(Key, 1955; 1959b).

그렇다면 어떤 조건에서 정당 재편성이 이루어질까? 플래니건(William H. Flanigan)과 진게일(Nancy H. Zingale)은 미국 정당체제의 재편성 과정을 예로 들면서 다음과 같이 설명한다. 먼저 대공황과 같은 '국가적 위기'가 발생하게 된다. 위기 상황에서 집권당 지지자 일부를 포함한 상당수 유권자들은 집권당을 심판하기 위해 반대당에 표를 던져 정권을 교체한다(대통령 및 의회 다수당 포함). 이때 새 집권당이 이전 집권당과 차별화되는 정책으로 국가적 위기를 극복하게 된다면, 이전 집권당을 지지했던 유권자 중 일부가 새집권당과의 연대 세력에 합류하게 된다. 그리고 이러한 지지집단의 변화는 이후 오랜 기간 여러 번의 선거에서 나타난다. 즉, 정당체제가 재편성된 것이다. 반면 새 집권당이 국가 위기 극복에 실패했을 경우, 잠시 변심했던 구집권당 지지자들은 다시 원래의 지지 정당에 표를 던지게 된다. 즉, 일시적인 '이탈'이 되는 것이다(Flanigan and Zingale, 2010).

미국에서 정당 재편성이 발생했던 두 가지 사례를 보자. 먼저 뉴딜연합이 대표적 예이다. 1929년 대공황은 세계적 경제위기였다. 당시는 대통령 소속 정당과 의회 다수당은 공화당이었고 이들은 위기를 극복하는 데 실패했다. 1932년 대통령선거 후보로 나선 민주당의 루스벨트(Franklin D. Roosevelt)는 '뉴딜 정책'을 제시하면서 당선된다. 뉴딜 정책은 대공황으로 인해 상대적으로 더 많은 경제적 고통을 받고 있던 유권자집단을 지지 세력으로 만들게 된다. 예를 들어 당시까지 공화당에게 지지를 보냈던 도시 지역의 노동자들, 그리고 농촌 지역의 영세한 농민들에게 호소력을 가졌던 것이다. 대공황으로 인해 일종의 계층균열이 형성되었고, 정치 지도자가 이를 성공적으로 동원한 것이라고도 해석할 수 있는 것이다. 결국 뉴딜 정책의 성공으로 인해 기존의 유권자와 정당 간 유대관계는 변화를 겪게 된다. 새롭게 형성된 '뉴딜연합'에는 그때까지 서로 다른 정당을 지지했던 보수적인 남부 중산층, 북부의 백인과 흑인 자유주의자들이 포함된다.

또 다른 미국 정당 재편성은 1960년대 인종 문제를 둘러싸고 일어난다. 남북전쟁 이후 남부의 백인들은 민주당을 줄곧 지지해왔다. 그러나 1960년대 민주당은 인종 문제에 대해 진보적 입장을 보였고, 공화당은 보수적 입장을 보였다. 그러자 남부 백인들은 공화당을 지지하기 시작한다. 반면 흑인들은 과거 공화당의 지지 세력이었으나 이 시기 인권운동을 거치면서 민주당 지지로 돌아선다. 이러한 정당과 유권자 연대의 변화된 구성은 최근까지 지속되고 있다.

3. 한국에서의 정치사회학적 접근의 적용

지금까지 사회균열 개념에 근거한 정치사회학적 관점의 주요 내용을 살펴보았다. 다수 연구들은 이 관점을 적용해 한국의 유권자 투표행태와 선거 결과, 그리고 정당체제 변화를 설명하고 있다(강원택, 2011; 김수진, 2008; 마인섭, 2003; 성경륭, 2015; 정기진·이훈영, 2008; 최준영·조진만, 2005). 한국도 산업화와 민주화를 거치면서 급속한 사회구조 변화를 겪었다. 이 과정에서 다양한 사회균열이 나타났다. 대표적으로 도시와 농촌 혹은 권위주의와 민주주의 간 균열, 지역균열, 세대균열, 이념균열, 그리고 계층균열을 들 수 있다. 물론 시기에 따라 투표행태와 정당체제에 영향을 준 지배적인 사회균열도 바뀌었다. 다음에서는 중요한 사회균열을 시기순으로 정리해보자.

1) 도시와 농촌 균열 혹은 권위주의와 민주주의 균열

한국 사회는 1960~1970년대 권위주의 정치체제하에서 압축된 고도 경제성장과 산업화를 겪었다. 그 과정에서 농촌의 경우 전근대적 문화가 여전히 남아있던 반면, 도시의 근대화는 급속히 진행되었다. 이 같은 산업화와 근대화에 따른 도시와 농촌 간 균열로 인해 여촌야도(與村野都) 현상이 선거 결과에 나타나기 시작했다. 전통적 가치관이 지배적인 농촌 지역 유권자들은 권위주의 정치체제를 지탱하고 있던 여당에 투표했다. 반면 상대적으로 교육 수준이 높아지면서 인권과 같은 민주주의 가치를 중시하게 된 도시 유권자들은 야당을 지지하게 된다.

예로 1978년 12월 치러진 제10대 국회의원선거 결과를 보자. 제10대 국회의원선거는 한 선거구에서 2명을 선출하는 중선거구제로 실시되었다. 〈표 2-1〉은 선거 결과이다. 당시 여당이었던 민주공화당은 다른 지역에 비해 서

〈표 2-1〉 제10대 국회의원선거 결과

지역	민주공화당		신민당		민주통일당		무소속	
	득표율	의석수	득표율	의석수	득표율	의석수	득표율	의석수
서울	27.0	9	50.5	11	9.2	1	13.3	1
부산	29.8	4	39.6	5	12.4	-	18.2	1
경기	35.7	8	33.0	7	5.0	-	26.3	1
강원	39.1	5	23.6	3	2.9	-	34.3	2
충북	36.5	3	33.4	4	12.8	1	17.3	-
충남	40.1	7	23.2	5	8.4	-	28.2	2
전북	29.4	6	31.0	4	8.3	-	31.2	2
전남	34.3	8	24.1	7	12.9	1	28.7	4
경북	27.8	9	23.6	8	3.0	-	45.6	5
경남	31.1	8	26.8	7	2.4	-	39.7	3
제주	23.9	1	8.8	-	-	-	67.2	1
평균 | 합계	31.7	68	32.8	61	7.4	3	28.1	22

자료: 중앙선거관리위원회 선거통계시스템.

울(27.0%)과 부산(29.8%) 등 대도시에서 약세였던 반면, 야당이었던 신민당은 각각 50.5%와 39.6%로 이 지역에서 상대적으로 많은 지지를 얻었다. 경기 지역은 민주공화당이 신민당보다 많이 득표한 것으로 나타났으나 대도시인 인천의 경우는 달랐다. 인천에서 민주공화당 후보는 31.8%, 신민당 후보는 34.9%를 득표했다. 이 같은 여촌야도 현상은 1980년대까지 선거 결과에 나타난다. 즉, 1987년 민주화 이전 한국사회를 양분했던 균열은 도시와 농촌, 혹은 권위주의와 민주주의 구도로 설명할 수 있다(김수진 1997).

2) 지역균열

1987년 6월 민주항쟁으로 촉발된 민주화와 같은 해 12월 치러진 제13대

〈표 2-2〉 제13대 국회의원선거 결과

지역		민주정의당		평화민주당		통일민주당		신민주공화당	
		득표율	의석수	득표율	의석수	득표율	의석수	득표율	의석수
서울·경기·인천		30.3	32	22.3	18	23.7	15	16.7	9
부산·경남		36.1	13	1.5	0	45.7	23	8.6	0
대구·경북		49.9	25	0.8	0	26.0	2	14.9	2
광주·전남·전북		23.0	0	69.1	36	0.9	0	1.6	0
충남		30.2	2	3.8	0	15.0	2	46.5	13
강원·충북·제주		42.5	15	3.2	0	20.1	4	23.2	3
평균	합계	34.0	87	19.3	54	23.8	46	15.6	27

자료: 중앙선거관리위원회 선거통계시스템(기타 정당과 무소속 제외).

대통령선거는 사회균열 축을 변화시킨 것으로 평가된다. 당시 대통령선거 후보들은 지역균열을 '동원'했다. 민주정의당의 노태우, 평화민주당의 김대중, 통일민주당의 김영삼, 공화당의 김종필 후보는 각각 자신의 출신 지역 정체성 혹은 지역주의를 유권자 투표 선택으로 전환시켰다. 그 결과 이전의 권위주의와 민주주의 균열을 대체해 '지역균열'이 본격적으로 등장하게 된다. 이와 같은 이유로, 1987년 대통령선거를 정당 재편성을 가져온 '중대 선거'라고 평가하기도 한다. 이후 유권자들의 정치적 태도와 선택, 그리고 정당체제에 최근을 포함해 상당 기간 지속적인 영향을 미쳤기 때문이다.

그다음 해에 치러진 1988년 제13대 국회의원선거 결과를 보자. 〈표 2-2〉에 의하면 민주정의당은 대구·경북(49.9%), 평화민주당은 호남 지역(69.1%), 통일민주당은 부산·경남(45.7%), 공화당은 충남(46.5%)에서 압도적 지지표를 얻는다. 특정 지역의 유권자와 특정 정당 간 연대관계가 형성된 것이다.

1990년의 3당합당은 지역균열을 더욱 강화시킨 사건이었다. 민주정의당, 통일민주당, 공화당 간 3당합당으로 탄생한 민주자유당(민자당)의 등장으로 호남 대 영남 간 지역균열이 한국 정치에서 지배적 사회균열로 자리 잡게 된 것이다. 예를 들어 1992년 실시된 제14대 국회의원선거에서 민자당은 영남 지역인 대구·경북의 32석 중 22석을, 부산·경남에서는 39석 중 31석을 차지한다. 반면 호남(광주·전남·전북)에서는 39석 중 2석만을 얻는 데 그친다. 당시 제1야당이었던 민주당은 호남에서 37석을 차지하나 영남에서는 한 석도 얻지 못한다. 즉, 영남 유권자와 보수정당, 그리고 호남 유권자와 진보정당 간 연대관계가 형성된 것이다. 이와 같은 지역균열은 이후 거의 모든 선거에서 유권자 다수의 선택에 영향을 미치는 주요 요인이 된다.

3) 세대균열과 이념균열

1987년 이후 큰 영향을 미쳐왔던 지역균열도 2002년 제16대 대통령선거에서 약화 조짐을 보였다. '세대균열'이라는 새로운 사회균열의 도전을 받게 된 것이다(강원택, 2003; 김욱, 2006; 어수영, 2006). 물론 지역균열이 여전히 강하게 작용하고 있었다. 그럼에도 특히 20대와 30대는 진보적 성향을 띠면서 노무현 후보를 지지했다. 반면 50대 이상은 보수적 성향을 강하게 보이면서 이회창 후보를 선택했다.

주목할 만한 현상은 지역균열의 강도가 강했던 지역에서 세대균열이 중요한 변수로 동시에 작용('교차') 했다는 사실이다. 예를 들어 영남 지역의 경우 세대별 지지 후보의 차이가 나타났다. 특히 과거에는 한나라당(민자당의 후신)을 지지했던 영남 유권자 중 상당수의 젊은 세대가 노무현 후보를 선택했다(강원택, 2003: 241~242; 최준영, 2007; 최준영·조진만, 2005).

이 같은 새로운 사회균열의 등장에는 정치 엘리트들의 전략적·조직적 동원과 정치적 사건이 큰 역할을 했다. '낡은 정치 청산'과 같은 노무현 후보의 진보적인 쟁점 제기, 그리고 미군 장갑차에 의한 여중생 사망 사건으로 촉발된 촛불 시위 등으로 인해 잠재해 있던 사회균열이 전면에 등장한 것이다.

〈그림 2-2〉 한국 정치에서의 정당 재편성: 2002년 이후

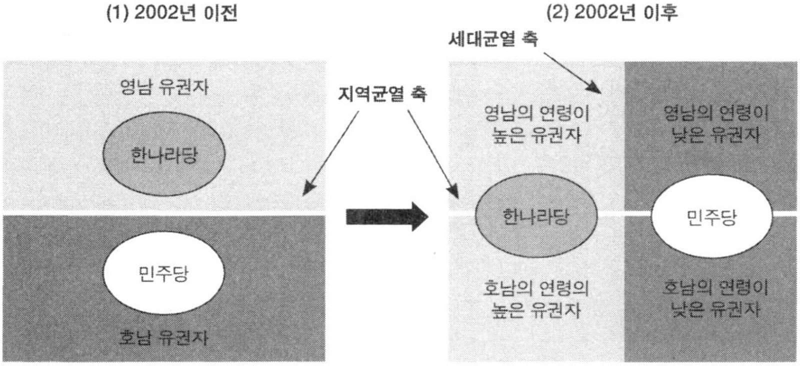

〈그림 2-2〉는 한국 정치를 지배해왔던 지역균열이 약화되고 세대균열이 이를 대체하는 현상을 극단적으로 단순화해 도식화한 것이다. 과거 지지 정당이 달랐던 영남의 젊은 세대와 호남의 젊은 세대가 이제는 동일한 정당을 지지하게 된다. 즉, 각 정당의 지지 기반이 변화하면서 '정당 재편성'의 단초를 보여준 것이다.

2002년 대통령선거에서 나타난 정당과 유권자 연대관계의 변화는 일시적 현상이 아니었다. 예를 들어 2004년 제17대 국회의원선거는 지역균열과 세대균열이 동시에 나타난 선거였다(어수영, 2006; 조진만·최준영, 2006; 최준영·조진만, 2005). 특히 노무현 대통령에 대한 국회의 탄핵은 이러한 새로운 균열을 동원하는 '정치적 사건'으로 작용한다. 국회의 탄핵 결정에 대해 20대와 30대가 가장 많은 반대 비율을 보였고, 연령이 높을수록 찬성 입장을 보였다. 그리고 이러한 쟁점에 대한 태도는 선거에서의 정당 지지와 상당한 관련성을 갖고 있었다(윤종빈, 2006). 세대균열은 최근까지도 여러 사회적 쟁점에 대한 태도, 그리고 선거 결과에 지속적으로 반영되고 있다.

최근의 예를 더 들어보자. 〈표 2-3〉은 2016년 제20대 국회의원선거에서의

〈표 2-3〉 제20대 국회의원선거 결과

지역		새누리당		더불어민주당		국민의당		정의당	
		득표율	의석수	득표율	의석수	득표율	의석수	득표율	의석수
서울·경기·인천		32.2	35	26.1	82	27.6	2	7.9	1
부산·울산·경남		40.6	27	24.6	8	19.6	0	7.1	1
대구·경북		55.6	21	14.6	1	16.1	0	5.6	0
광주·전남·전북		5.4	2	30.3	3	48,0	23	7.1	0
대전·세종·충남·충북		33.8	14	27.8	12	24.4	0	6.9	0
강원·제주		39.2	11	26.8	4	20.9	0	6.4	0
전체 득표율	합계	33.5	105	25.5	110	26.7	25	7.2	2

자료: 중앙선거관리위원회 선거통계시스템.

정당 투표 득표율과 지역구 선거 당선자 수를 정당별로 정리한 것이다. 이를 보면 두 가지 사실을 알 수 있다. 첫째, 지역균열이 여전히 투표 결과에 반영되고 있다. 먼저 새누리당의 경우, 호남 지역에서 한 자리 수의 득표를 하고 있다. 더불어민주당과 국민의당의 경우도 대구·경북 지역에서 10% 중반의 득표를 했다. 둘째, 지역균열이 약화되고 있음도 동시에 발견할 수 있다. 예를 들어 새누리당은 호남 지역 지역구 선거에서 2명이 당선되었다. 특히 부산·울산·경남 지역에서 더불어민주당과 국민의당 정당 득표율을 합하면 새누리당의 득표율을 넘어선다. 더불어민주당은 이 지역 지역구 선거에서도 8명의 당선자를 배출했다. 즉, 영남과 호남 지역 중 부산·울산·경남의 지역균열 약화 현상이 나타나고 있다.

또한 제20대 국회의원선거는 세대균열이 한국 사회의 주요균열로 자리 잡았다는 것을 보여주었다. 〈그림 2-3〉을 보자. 40대 이하와 50대 이상 유권자들의 지지 정당이 확연히 다르다는 사실을 알 수 있다. 젊은 세대일수록 더불어민주당을, 연령이 높을수록 새누리당을 지지했다.

다음은 '이념균열'에 대해 알아보자. 지금까지 살펴보았듯이 한국 사회에

〈그림 2-3〉 제20대 국회의원선거 세대별 정당 지지율

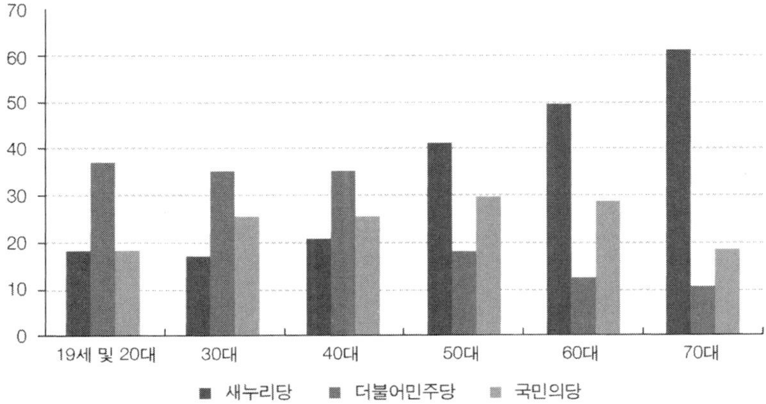

자료: 방송3사 출구조사 결과(2016).

서는 2002년을 기점으로 세대균열이 전면에 등장했다. 그런데 세대균열과 이념균열은 '중첩'되어 나타나고 있다. 왜 그럴까? 이념균열은 보통 진보와 보수 혹은, 좌와 우 간 대립으로 정의한다. 진보의 경우 '평등주의'에 가까우며 사회질서도 그에 따라 변화되길 원한다. 반면 보수는 이에 대해 신중한 입장 내지 반대 입장을 가진다(김욱, 2006: 79). 이러한 이념 차이는 연령과 밀접한 관련을 갖는다. 예를 들어 '연령 효과'에 의하면, 한 개인은 생물학적으로 나이가 들어감에 따라 개인적으로 지켜야 할 것들이 많아지면서 '보수적' 성향을 갖게 된다. 또한 젊은 세대는 '탈물질적 가치관'을 가진 세대로서 물질적 가치에 의해 성립된 기존 질서에 대한 변화를 바란다는 점에서 진보적일 수 있다(김욱, 2006). 이와 같이 볼 때, 젊은 세대는 진보적, 연령이 높은 세대는 보수적 정치 성향을 가지게 된다.

이념균열과 관련한 한국적 특수성을 알아둘 필요가 있다. 그것은 '북한' 변수의 존재이다. 연령이 높은 세대는 북한에 대해 부정적 인식을 강하게 갖고 있는 반면, 젊은 세대는 상대적으로 그렇지 않다. 이는 '세대 효과'와도 관련

〈그림 2-4〉 연령별 이념 지수

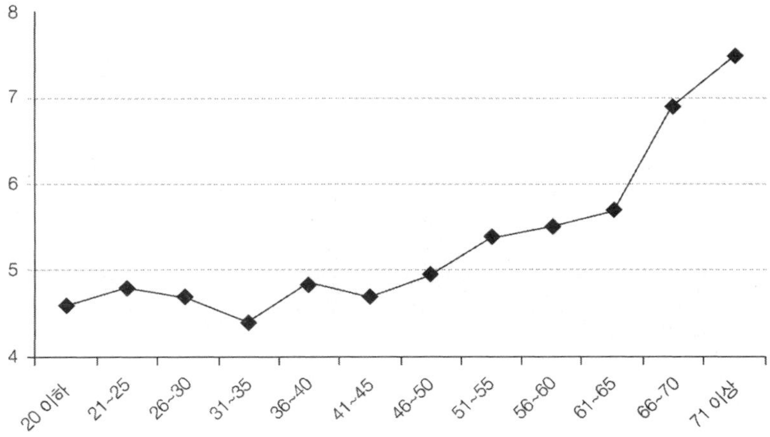

주: 가로축은 연령을 나타내며 세로축의 0은 매우 진보, 10은 매우 보수를 의미한다.
자료: 박원호(2013a).

이 있다. 세대 효과는 특정 세대는 그들만의 역사적 경험을 공유하며, 그 결과 유사한 정치적 성향을 갖는다는 것이다. 즉, 한국 전쟁을 직접 겪거나 전쟁의 후유증을 체감한 세대는 북한에 대해 적대적 감정을 가지고 있을 가능성이 높다. 반면 젊은 세대에게 한국 전쟁은 상대적으로 먼 과거이다.

〈그림 2-4〉는 연령별 이념 지수를 보여준다. 20대 이하부터 40대까지는 이념 지수가 5를 넘지 않아 진보적인 성향을 가지고 있다. 반면 50대 이상의 이념 지수는 5를 넘음으로써 보수적 성향을 가지고 있다. 즉, 한국 사회에서 세대균열과 이념균열이 '중첩'되어 있다는 것을 알 수 있다.

이념균열과 관련해 흥미로운 점은 세대균열과 '중첩'되어 있을 뿐만 아니라, 일부 지역(호남)과도 '중첩'되어 있다는 사실이다. 호남 유권자들은 지금까지의 선거에서 연령과 상관없이 진보적 정당을 지지한 경향을 보였다.

4) 계층균열

한국 사회에서도 경제적 기준에 따른 계층균열이 나타나고 있는가? 그동안 한국에서는 지역균열과 세대균열이 워낙 강하게 작용해 계층균열은 힘을 발휘하지 못했다. 소득이 낮거나 노동자 계층이라도 진보정당이 아닌 보수정당을 지지한 경우가 많았다. 영남 출신 혹은 연령이 높은 유권자의 경우, 소득이 낮더라도 보수정당을 지지했다. 반면 소득이 높은 전문직 종사자의 경우 보수정당이 아닌 진보정당을 지지하는 경향을 보이기도 했다(이갑윤, 2011). 이른바 '계급 배반' 투표행태가 더 많이 발견되었던 것이다.

그러나 최근 들어 몇몇 연구는 계층균열 등장 가능성을 주장하고 있다. 이용마(2014)는 한국의 경우 전통적 계층균열(자본가 대 노동자)이 아닌 독특한 형태의 계층균열이 나타나고 있다고 한다. 그는 직업, 소득, 학력을 종합한 지수로 유권자를 상층, 신 중산층, 구 중산층, 하층 네 계층으로 분류해 1997년 이후의 네 차례 대선 결과를 분석했다. 연구 결과 상층은 보수, 신 중산층은 진보 후보를 일관되게 지지했다. 반면 구 중산층과 하층은 일관된 투표성향을 보여주지 못했다.

장승진(2013a)은 소득수준이나 직업 등 객관적 지표로 정의된 계층 요인은 영향을 미치지 않으나, 주관적인 계층 의식은 투표 선택에 반영된다고 주장한다. 즉, 중하위 혹은 하위 계층에 속한다고 인식하는 유권자는 중간 계층 이상이라고 생각하는 유권자보다 보수정당을 지지할 확률이 낮다는 것이다.

이 같은 연구 결과에도 전통적인 계층균열, 즉 경제적 상층과 하층, 혹은 자본가와 노동자 같은 균열이 한국 사회에서 유권자 투표행태와 정당체제를 결정하는 사회균열로 나타나고 있다고 결론 내리기는 조심스럽다. 지역균열과 세대·이념균열의 영향력이 상대적으로 크기 때문이다. 그러나 향후 경제적 양극화가 심화된다면 계층균열의 등장 가능성도 배제할 수 없을 것이다.

국가적인 경제적 위기가 발생하거나, 정당이나 정치 엘리트들이 계층균열을 동원할 수 있는 이슈를 쟁점화해 갈등을 확산시킨다면 계층균열이 주요한 사회균열로 나타날 가능성이 있다.

5) 소결론

지금까지 정치사회학적 관점을 한국에 적용한 연구 결과들을 정리했다. 현재 한국에서 유권자의 선택과 정당체제에 영향을 미치고 있는 사회균열은, 지역균열, 세대균열 그리고 이념균열이라고 할 수 있다. 유의할 점은 한국이 2002년 이후 점진적인 '장기 재편성 과정'을 겪고 있다는 사실이다. 각 사회균열의 영향력이 시기별로 변화하고 부침을 거듭하고 있으며, 그 변화는 지역마다 다른 속도로 나타나고 있기 때문이다.

그리고 현재는 세 가지 균열이 중첩, 교차하고 있다. 먼저 세대균열은 이념균열과 '중첩'되어 나타나고 있다. 연령이 낮은 세대는 진보적, 연령이 높은 세대는 보수적 선택을 하는 경향을 보이고 있다. 지역은 젊은 세대에게 더 이상 투표 선택을 결정하는 요인이 아니다.

그렇다고 지역균열의 영향력이 사라진 것은 아니다. 예를 들어 영남의 경우 젊은 세대를 제외한 나머지 유권자들은 여전히 보수정당을 지지하고 있다. 반면 호남의 경우 연령이 높은 유권자들은 여전히 진보정당을 지지한다. 즉, 세대·이념균열은 영남에서 지역균열과 '교차'하고 있으며, 호남에서는 중첩되어 나타나고 있다.

4. 나오며

앞서 제1장에서는 유권자의 투표행태가 그들이 소속된 집단에 의해 영향을 받는다는 컬럼비아 학파의 사회학적 관점을 소개했다. 그러나 이 관점은 왜 나라마다 투표 선택에 영향을 미치는 사회집단이 다른지, 혹은 같은 나라라도 왜 시기에 따라 유권자의 정치적 성향을 결정하는 집단이 달라지는지를 설명하지 못했다.

이 장에서 정리한 정치사회학적 관점은 좀 더 거시적이고 역사적인 접근을 함으로써 이 같은 질문에 답하고 있다. 이 관점의 주요 내용을 정리하면 다음과 같다. 첫째, 특정 사회의 구조 변화는 사회균열을 형성한다. 둘째, 사회균열 축을 따라서 형성된 대립하는 집단들은 상이한 정치적 선호를 갖게 되고 그 요구를 표출한다. 셋째, 이 경쟁하는 집단들은 특정 정당과 유대관계를 형성한다. 그리고 유대관계를 토대로 편성된 정당체제는 상당 기간 지속된다. 넷째, 한 사회의 변화와 발전으로 기존 사회균열은 새로운 사회균열로 대체될 수 있다. 그 결과 특정 집단의 정당 지지도 변화함으로써 정당 재편성이 일어난다. 다섯째, 어느 사회에나 다양한 사회경제적 기준에 의해 분류되는 사회균열이 존재할 수 있다. 그러나 투표행태를 결정하는 지배적 사회균열로 발전하는지는 정당과 정치 엘리트들의 조직적 동원의 성공 여부에 달려있다. 마지막으로, 한 사회에서 유권자 선택에 영향을 미치는 지배적 사회균열은 하나일 수도 있고, 여러 개가 동시에 존재할 수도 있다.

사회균열에 기초한 정치사회학적 관점에 대해 비판이 없는 것은 아니다. 첫째, 정당의 역할을 수동적으로 바라보고 있다는 것이다. 이 관점은 정당을 사회균열이라는 하부구조에 의해 특성이 결정되는 상부구조에 지나지 않은 것으로 보고 있다는 비판이다. 둘째, 유권자를 매우 수동적 존재로 파악하고 있다는 것이다. 이 시각에서 본 유권자는 쟁점과 같은 여러 요인을 고려하지 않는다. 다만 사회균열에 의해 형성된 소속집단의 영향을 받는 존재다. 이와 같은 비판은 앞 장에서 살펴본 컬럼비아 학파의 관점에도 적용될 수 있다.

마지막으로 논란이 되는 것은 이 관점이 갖는 '예측력'이다. 즉, 이 시각이 사후 설명력은 있으나, 예측력은 부족하다는 사실이 단점으로 지적되기도 한다. 과연 사회균열의 변화와 그에 따라 이루어지는 정당 재편성을 미리 예측할 수 있을까? 가까운 미래에 '중대 선거'가 있을 것을 예측할 수 있을까? 어떤 선거에서 유권자와 정당 간 연대관계가 이전 선거와는 다른 결과가 나타났을 때, 이를 중대 선거로 보아야 할 것인가, 아니면 이탈 선거로 간주해야 할 것인가? 중대 선거로 평가되기 위해서는 그 이후 치러지는 여러 차례 선거 결과를 보아야 하는 것 아닌가? 사회과학 이론의 예측력이 떨어진다는 것은 간과하기 힘든 결함이다.

핵심 주제어

사회균열(Social Cleavage)

사회경제적 특성에 의해 구분되는 집단의 구성원들이 그 집단에 대한 정체성을 가지고 서로 다른 정치적 선호를 가진 유권자집단으로 나누어지는 현상.

동결(Freezing) **명제**

립셋과 로칸이 제시한 것으로 서구 유럽에서 1920년대 사회균열구조에 기초해 형성된 정당체제가 1960년대에서도 거의 변화 없이 유지되고 있다는 내용.

정당 재편성(Party Realignment)

새로운 사회균열의 등장으로 특정 유권자집단의 지지 정당이 바뀌는 현상이며, 이 같은 정당과 유권자집단 간 변화된 연대관계가 이후 오랜 기간 지속된다.

중대 선거(Critical Election)

특정 유권자집단이 기존에 지지했던 정당이 아닌 다른 정당을 지지하는 결과를 보여준 선거로서, 이를 통해 정당 재편성이 이루어진다.

장기 재편성(Secular Realignment)

특정 유권자집단과 정당 간의 연대관계의 변화, 즉 정당 재편성이 중대 선거와 같이 한 번의 선거가 아니라 여러 번의 선거에 걸쳐 점진적으로 나타나는 과정.

이탈 선거(Deviating Election)

특정 유권자집단의 정당 지지가 일시적으로 바뀌는 결과를 낳은 선거. 사회균열의 변화가 아닌 사건이나 쟁점에 의한 것이기 때문에 이후 선거에서는 원래대로 돌아간다.

정당 해체(Party Dealignemnt)

기존의 사회균열이 약화되고 새로운 사회균열의 등장 가능성이 높아지나, 정당들이 이에 대응하지 못해 기존 정당들과 유권자집단 간 연대의 강도가 약해지는 현상. 그 결과 쟁점에 따라 투표하는 부동 투표자, 무당파층, 그리고 무관심층이 증가한다.

📖 **추천 문헌**

Lipset, Seymour Martin and Stein Rokkan. 1967. *Party System and Voter Alignment: Cross-National Perspectives*. New York: Macmillan. 유럽 국가들의 사회균열구조 변화와 정당체제를 비교 연구한 정치사회학적 관점의 고전적인 저서.

Rae, Douglas W. and Michael Taylor. 1970. *The Analysis of Political Cleavage. New Haven: Yale University Press*. 사회균열에 대한 좀 더 정교한 개념화와 한 사회에서 나타날 수 있는 여러 사회균열 간의 관계를 체계적으로 유형화한 연구.

Key, V. O. 1955. "A Theory of Critical Elections." *Journal of Politics*. Vol.17, No.1.

Key, V. O. 1959. "Secular Realignment and the Party System." *Journal of Politics*. Vol.21, No.2. 키의 논문 두 편으로 중대 선거와 정당 재편성, 그리고 장기 재편성 개념을 미국 사례를 통해 발전시킨 대표적 연구.

토론 주제

1. 한 선거에서 이전 선거 결과와는 다른 정당 지지 경향이 나타났다고 가정해보자. 이는 일시적인 '이탈 선거'일 수도 있으며, 정당 재편성을 알리는 '중대 선거'일 수도 있다. 우리는 어떤 객관적 기준으로 이를 판단할 수 있을까?
2. 향후 한국에서 세대·이념균열은 지역균열을 대체할 것인가? 아니면 세대·이념균열과 함께 지역균열의 영향력은 지속될 것인가?
3. 향후 한국에서 새로운 사회균열의 등장 가능성은 있는가? 만약 가능성이 있다면 어떤 성격의 사회균열일까?

제3장

정당일체감과 투표행태*

사회심리학적 관점

최준영·한정택

갑 이번 대통령선거에서 누구한테 투표했니?

을 홍길동 후보.

갑 그래? 공약이 마음에 들었어?

을 솔직히 공약 같은 것은 잘 살펴보지 않았어. 그렇지만 홍길동 후보는 내가 오래전부터 지지해왔던 A 정당의 후보잖아. A 정당의 후보라면 당연히 모든 면에서 뛰어난 후보 아니겠어? 그래서 주저 없이 홍길동 후보를 찍었지.

1. 들어가며

을이 대통령선거에서 홍길동 후보에게 투표한 이유는 무엇일까? 을이 투표를 결정하는 데 홍 후보가 제시한 공약이나 홍 후보의 인물됨은 그리 중요하지 않았다. 아니 중요하지 않았다기보다는 당연히 뛰어난 것으로 인식되

* 이 장의 일부 내용은 저자의 다음 글에서 발췌했다. 최준영, 「정당일체감의 기능주의적 모델: 한국의 경우」, ≪오토피아≫, 31권 1호.

었기 때문에 신중하게 고려할 필요가 없었다고 보는 것이 더 정확할 것이다. 그럼 홍 후보의 공약이나 인물됨이 왜 을에게는 다른 정당의 후보보다 더 뛰어난 것으로 생각되었을까? 그 이유는 을이 오랜 기간 A 정당을 지지해왔다는 사실에 연결되어 있다. A 정당에 대해 심리적으로 일체감을 지니고 있는 을은 A 정당이 다른 그 어떤 정당보다 뛰어난 정당이라고 느끼고 있다. 그런 훌륭한 정당의 후보인 홍길동은 다른 정당의 후보보다 당연히 모든 면에서 뛰어날 수밖에 없지 않겠는가? 만약 A 정당의 후보가 홍길동이 아니라 임꺽정이었다 하더라도 을은 홍 후보를 지지했던 것과 마찬가지로 임 후보를 지지했으리라. 결국 을은 A 정당에 대해 **정당일체감**(party identification)을 지니고 있었기 때문에 홍 후보에게 투표했다고 할 수 있다.

여러분들은 이와 같은 을의 투표 결정 방식에 얼마나 공감할 수 있는가? 을과 마찬가지로 특정 정당에 대해 강한 일체감을 지니고 있는 사람이라면 을의 투표행태에서 자신의 모습을 발견하고 고개를 끄떡거리고 있을지도 모르겠다. 만약 정당에 대한 일체감이 없는 사람이라면 자신이 응원하는 프로야구팀이나 축구팀을 떠올려보는 것이 도움이 될 수 있다. 내가 응원하는 팀의 선수들이 다른 팀의 선수들보다 더 뛰어나 보이지 않는가? 객관적인 실력이 떨어진다 하더라도 우리 팀이 반드시 이겼으면 하는 강렬한 욕구가 마음속에서 분출되고 있지 않는가? 우리 팀이 매번 지고 있다하더라도 내가 우리 팀을 응원해야만 하는, 정확히 무엇인지 말로 표현하기는 어렵지만, 수없이 많은 이유들이 머릿속을 휘젓고 있지 않은가? 그리고 매년 하위권에 머물고 있음에도 한화 이글스를 끊임없이 응원하고 있는 한화의 팬들에 대해 격하게 공감하고 있는가? 그렇다면 여러분들이 응원하고 있는 스포츠 팀을 살짝 정당으로 대체해보라. 마치 스포츠 팀을 응원하고 있는 것처럼 정당을 응원하고 있는 여러분들을 머릿속에 그려본다면 을의 투표행태가 완전히 낯선 것으로 느껴지기는 어려울 것이다.

정당일체감은 1960년 미국 미시간 대학교의 일군의 학자들이 『미국 유권자(The American Voter)』라는 저서에서 제시한 개념으로, 유권자가 상당 기간에 걸쳐 내면적으로 형성시켜 온 특정 정당에 대한 심리적 애착심(psychological attachment)으로 정의된다(Campbell et al., 1960). 이 저서에서 정당일체감은 그 어떤 요인들보다 유권자의 투표행태에 많은 영향을 미치는 중추적 요인으로 확인되었으며, 이후 정당일체감은 유권자의 투표행태를 설명하는 데 결코 간과할 수 없는 요인으로 그 위상을 유지해오고 있다.

이 장은 정당일체감과 투표 결정 사이의 관계를 규명하는 핵심적 논의를 소개하는 것이 주된 목적이다. 이를 위해 이 장은 다음과 같은 순서로 이루어졌다. 우선 제2절에서는 정당일체감에 대한 모든 논의의 출발점이라고 할 수 있는 『미국 유권자』의 주된 내용을 살펴본다. 이는 투표행태 이론에서 소위 미시간 모델(Michigan Model)로 호명되는데, 정당일체감이 어떻게 형성되며 투표행태에서 어떠한 역할을 하고 있는지 살펴본다. 제3절에서는 미시간 모델이 제시한 정당일체감에 대한 수정주의적 비판을 살펴본다. 이 절은 두 부분으로 나누어지는데, 첫 번째 부분은 정당일체감이 다른 변수들의 영향을 받지 않고 안정적으로 유지되면서도 다른 변수들에게는 많은 영향을 미침으로써 **추동되지 않는 추동자**(unmoved mover)로 기능한다는 미시간 모델의 주장에 대한 비판을 다룬다. 두 번째 부분은 정당일체감을 지니고 있지 않은 **무당파**(Independents)에 대한 수정주의적 시각을 정리한다. 제4절에서는 한국의 선거에서 정당일체감이 지니고 있는 의미를 최근의 연구 결과를 소개함으로써 살펴본다. 제5절은 결론으로서 한국의 정당일체감에 대한 향후 연구 과제를 간략히 제시하도록 한다.

2. 정당일체감: 사회심리학적 미시간 모델

정당일체감을 투표 결정에 영향을 미치는 궁극적인 요인으로 간주하는 미시간 학파의 입장은 1950년대에 진행된 일련의 연구들을 집약해 1960년에 출간한 『미국 유권자』를 통해 널리 알려지게 되었다. 전술한 것처럼 미시간 모델에서 정당일체감은 유권자가 안정적으로 지니고 있는 특정 정당에 대한 심리적 애착심으로 정의된다. 이 정의에서 우리가 특히 관심을 가져야 하는 부분은 정당일체감이 '심리적인' 태도라는 점이다. 다시 말해 미시간 모델에서 얘기하고 있는 정당일체감은 머릿속에서 합리적(rational)이고 인지적(cognitive)으로 계산되어 형성되는 것이 아니라(예를 들어 특정 정당이 나한테 구체적으로 어떤 혜택을 주었고 어떤 손해를 입혔는지 계산하는 것을 통해 형성되는 것이 아니다), 마음속에서 특정 정당에 대한 정서적(affective) 유대감이 형성될 때 만들어지는 것으로 파악된다.

그렇다면 이와 같은 정당에 대한 심리적 애착심은 어떻게 만들어지는가? 미시간 모델은 유권자가 유년기에 가족이나 자신을 둘러싸고 있는 사회적 준거집단[1] 속에서 생활하면서 정치사회화 과정을 거치게 되며, 이 과정을 통해 특정 정당에 대한 심리적이고 정서적인 소속감이 형성된다고 보고 있다(Campbell et al., 1960; Greenstein, 1965; Hess and Toney, 1967). 공화당 일체감을 지닌 부모 밑에서 태어난 미국의 한 아이를 예로 들어보자.

아이가 의사소통이 가능할 정도로 나이가 들었을 무렵 식탁에서 부모님과 부모님의 친구들이 모여 정치에 대한 얘기를 나누고 있고, 아이는 제대로 내

1 정당일체감의 형성에서 사회적 집단의 중요성은 그린(Donald Green)과 그의 동료들에 의해 본격적으로 논의된 바 있다. 이들의 연구는, 유권자는 자신이 친밀감을 느끼는 사회적 준거집단과 잘 매치가 되는 정당에 일체감을 지니게 되며, 한번 형성된 정당일체감은 좀처럼 바뀌지 않는다는 점을 밝히고 있다(Green et al., 2002).

용을 이해하기는 어렵지만 아무튼 그 대화를 듣고 있는 상황을 떠올려보자. 어른들의 대화는 아마도 공화당이나 공화당 후보에 대한 지지 혹은 민주당이나 민주당 후보에 대한 비판이 주를 이룰 것이다. 아이는 공화당이나 민주당과 같은 정당의 이름이 정확히 무엇을 의미하는지 알지는 못하지만 그와 같은 대화를 들으며 '아~ 우리는 공화당 편이구나'라는 막연한 소속감이나 유대감을 느끼게 될 것이다. 어쩌면 그 아이의 부모는 아이에게 우리 집안은 대대로 공화당을 지지해왔고 따라서 앞으로 너도 공화당 편에 서야 한다는 내용을 직간접적으로 얘기해줄 수도 있다. 이러한 일들이 아이의 유년기 동안 지속적으로 발생한다면 아이는 자신이 공화당에 소속되어 있다는 점을 학습하게 되고 따라서 공화당에 대한 심리적 일체감을 형성시키게 된다.

그럼 이 같은 정치사회화 과정이 아이의 정당일체감 형성에 결정적인 영향을 미친다는 증거는 있는가? 니에미(Richard Niemi)와 제닝스(Kent Jennings)의 연구는 이와 같은 현상에 대한 경험적인 증거를 제시한다. 이들은 1965년 당시 고등학교에 다니고 있던 학생들과 그들의 부모에 대한 설문조사를 수행하고, 동일인을 대상으로 1973년과 1982년에 걸쳐 재차 설문조사를 진행했다. 만약 부모를 통해 이루어지고 있는 정치사회화 과정이 아이의 정당일체감 형성에 실제로 영향을 미친다면, 아이의 정당일체감과 부모의 정당일체감 사이의 상관관계는 매우 높게 형성되어야 할 것이다. 이들의 연구 결과에 의하면 1965년 아이가 아직 고등학생에 머물고 있는 상황에서 부모와 아이의 정당일체감은 매우 높은 상관관계를 보이고 있다는 점이 밝혀졌다. 즉, 부모가 공화당(또는 민주당) 정당일체감을 지니고 있다면 아이도 역시 공화당(또는 민주당)에 대한 정당일체감을 보일 가능성이 매우 높다는 것이다. 이와 같은 유년기 정치사회화의 영향력은 1973년과 1982년 아이가 성인이 되어 좀 더 많은 정치적 경험과 독자적인 정치관을 형성한 상황에서도, 비록 그 영향력이 다소 줄어들기는 했으나, 여전히 유지되고 있는 것으로 나타났다. 이러한 발견은 유권자의 정당일체감이 유년기의 정치사회화 과정을 통해 형성될 뿐만 아니라 일단 형성되고 나면 성인이 되어서도 상당히 안정적으로 유지될 수 있다는 점을 의미한다(Niemi and Jennings, 1991).

좋다. 유년기에 부모의 영향력이 매우 크다는 점은 그럴 수 있다고 치자. 그러나 성인이 되어서도 그 영향력이 유지될 수 있다는 주장은 과연 얼마나 설득력이 있다고 생각하는가? 이 점에 대해 미시간 모델을 주조한 학자 중 한명인 컨버스(Philip E. Converse)는 일반적으로 나이가 많을수록 정당일체감을 지닌 유권자가 많아진다는 사실을 지적하며 다음과 같은 설명을 제시한다. 유년기에 정치사회화 과정을 통해 특정 정당에 대한 일체감을 형성한 유권자는 일생 동안 동일한 정당에 대해 반복적으로 투표하는 행위를 거치면서 그 정당에 대한 충성심과 일체감을 더욱 강화시켜 나가며, 이것이 성인이 된 뒤에도 정당일체감이 유지되는 중요한 원인이 된다. 행복해서 미소를 지을 수도 있지만 미소를 짓는 행위를 함으로써 행복하다는 심리적 태도가 만들어 질 수 있다는 뇌 과학 분야에서 밝혀진 최근의 연구 결과처럼 특정 정당에 대해 반복적으로 투표하는 행위가 궁극적으로 정당에 대한 심리적 애착심을 더욱 강화시킬 수 있는 것이다(Converse, 1969).[2]

결국 미시간 모델에서 정당일체감은 유년기의 정치사회화 과정을 거쳐 형성되며, 일단 형성되고 나면 오랜 기간 변하지 않고 유지되는 속성을 지닌 개념으로 파악된다. 이와 같은 정당일체감은 여러 가지 기능을 수행하는데 그

2 한편 정당일체감 강도는 유전적 요인에 기인한다는 연구 결과도 존재한다. 세틀(Jaime Settle)과 그의 동료들은 동일한 유전자를 지니고 있는 일란성 쌍둥이와 절반의 유전자를 공유하는 이란성 쌍둥이 간의 정당일체감의 강도를 비교 분석했다. 이들에 따르면 동일한 유전자를 지닌 일란성 쌍둥이들이 서로 비슷한 정당일체감의 강도를 지니고 있을 확률이 이란성 쌍둥이들에 비해 높게 나타나는 것으로 확인되었다. 다시 말해 누군가가 얼마나 강한 정당일체감을 지니고 있는가 하는 점은 그 부모의 유전적 기질에서 일정 부분 기인한 것이라 할 수 있다는 것이다(Settle et al., 2009).

중 특히 중요한 것은 정당일체감이 인식의 선별 기제(perceptual screen) 역할을 담당하고 있다는 점이다. 마치 파란색 색안경을 끼면 세상이 파랗게 보이는 것처럼, 특정 정당에 대한 일체감을 형성하고 있으면 그 정당의 관점에 따라 정치 현상을 선별적으로 이해하게 된다는 것이다. 좀 더 구체적으로 정당일체감은 선거에 출마한 후보자에 대한 평가(Goren, 2002), 정치적 쟁점이나 이슈에 대한 인식(Bartels, 2002; Lodge and Hamil, 1986), 경제 상황과 같은 집권여당의 국정 운영에 대한 평가(Evans and Anderson, 2006; Gerber and Huber, 2010) 등에서 유권자가 자신이 지지하는 정당의 입장과 동일한 입장을 취하게 만들어 주는 역할을 하는 것으로 알려져 있다. 심지어 강한 정당일체감을 지닌 유권자의 경우 자신의 정당에 불리한 것은 아무리 엄연한 객관적 사실이라 하더라도 외면하거나 부인하는 행동을 보이는 경우도 많다고 알려져 있다(드루 웨스턴, 2007; Jacobson, 2007; Lakoff, 2004).

이처럼 정당일체감이 정치적 현상을 이해하고 평가하는 데 중요한 영향을 미친다면 유권자의 정치적 행위에도 마찬가지로 많은 영향을 미칠 수 있다. 왜냐하면 어떠한 정치적 행위를 선택할 것인가 하는 문제는 당면한 정치적 현상을 어떻게 인식하고 있는가와 직결되기 때문이다. 투표 결정도 유권자가 수행하는 여러 가지 정치적 행위 중 하나이다. 그렇다면 정당일체감이 투표 결정에도 영향을 미칠 수 있다는 말인데, 정당일체감이 투표 결정에 미치는 영향력의 인과적 메커니즘은 구체적으로 어떻게 이루어져 있는가? 이는 다음의 〈그림 3-1〉에 제시되어 있다.

미시간 모델에 따르면 정당일체감은 유권자의 투표 결정에 직접적인 영향을 미친다. 즉, 특정 정당에 대한 일체감을 지니고 있다는 사실이 그 자체로 그 정당의 후보에게 투표하도록 만든다는 것이다. 정당일체감이 장기적인 관점에서 안정적으로 유지된다고 할 때, 각 정당에 대해 일체감을 형성한 유권자의 수가 얼마나 되는지 살펴보면 각 정당의 후보가 선거에서 획득할 수

〈그림 3-1〉 미시간 학파의 투표 결정 모델

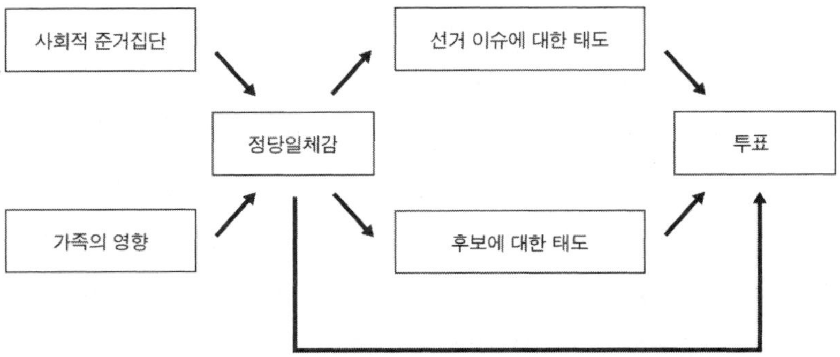

있는 투표수가 얼마나 될 것인지 대략적으로 유추해볼 수도 있을 것이다.

그러나 유권자의 투표 결정은 정당일체감 이외에도 다른 요인들의 영향을 받을 수 있다. 〈그림 3-1〉에 나와 있는 선거 이슈나 후보가 대표적인 요인들이다. 선거 이슈나 후보는 매 선거마다 똑같을 수 없다. 어떤 이슈가 선거의 중요 쟁점으로 등장하는지 혹은 어떤 후보들이 서로 경쟁하는지는 단기적으로 유권자들의 투표 결정에 많은 영향을 미칠 수 있다. 그런데 미시간 모델은 이와 같은 단기적 요인들마저 정당일체감의 영향력 아래 놓여 있다고 주장한다. 인식의 선별 기제 기능을 담당하고 있는 정당일체감은 선거에서 쟁점이 되고 있는 이슈를 평가할 때나 후보의 이미지나 능력을 평가할 때 강력한 영향을 미치게 된다는 것이다. 예를 들어 민주당 정당일체감을 지니고 있는 유권자는 선거 이슈를 민주당에 유리한 방향으로 해석하며 민주당 후보에 대한 편파적인 선호를 고집할 가능성이 높다.

반면 정당일체감은 이미 유년기 때 형성되어 장기적이고 안정적으로 유지되는 것이기 때문에 선거 이슈나 후보 등과 같은 단기적 요인이 정당일체감에 영향을 미치기는 힘든 것으로 파악된다. 이는 〈그림 3-1〉처럼 정당일체감에서 선거 이슈나 후보 요인 방향으로만 화살표가 그려져 있고 그 반대 방향

〈그림 3-2〉 미시간 학파의 정당일체감 측정 방법

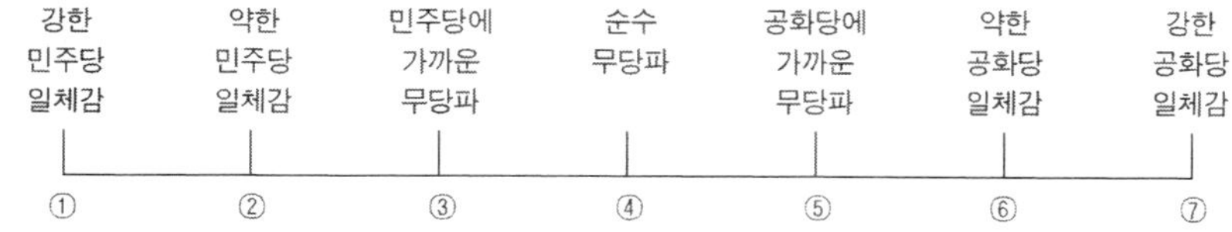

으로는 그려져 있지 않은 이유이다. 이처럼 정당일체감은 투표 결정에 영향을 미치는 단기적 요인들에 의해 영향을 받지 않으면서 거꾸로 그러한 요인들에게 강력한 영향을 미치고 있기 때문에 **추동되지 않는 추동자**(unmoved mover)로 불리고 있다(Green and Palmquist, 1990; 김장수, 2007). 결국 미시간 모델에서 정당일체감은 유권자의 투표 선택을 실질적으로 결정하는 가장 중요한 요인으로 간주되고 있다 하겠다.

그럼 미시간 학파는 유권자들이 지니고 있는 정당일체감을 어떻게 수치화시켜 경험적 자료로 활용했는가? 미시간 학파는 〈그림 3-2〉처럼 7점 척도를 사용해 정당일체감을 측정했다. 이 측정 방식은 일반적으로 "귀하는 스스로 민주당원(Democrat)이라고 생각하십니까, 공화당원(Republican)이라고 생각하십니까, 혹은 무당파(Independent)라고 생각하십니까?"라고 묻는 것으로 시작된다. 만약 응답자가 민주당원이나 공화당원이라 생각한다고 응답했다면 얼마나 강하게 그 정당을 지지하고 있는지 재차 물어본다. 예를 들어 제이크라는 응답자가 스스로를 민주당원이라고 생각하기는 하지만 그 지지강도는 그리 크지 않다고 말했다면 제이크의 정당일체감은 〈그림 3-2〉에서 ②의 값을 가지게 된다. 같은 맥락에서 제인이라는 응답자가 공화당원이라 생각하며 그 지지강도도 강하다고 대답했다면 ⑦의 값을 가지게 된다.

만약 응답자가 첫 번째 질문에서 스스로를 무당파라 생각한다고 답변했다면, "귀하는 공화당에 더 가깝다고 생각하십니까 혹은 민주당에 더 가깝다고 생각하십니까?"라는 후속 질문을 한다. 이 후속 질문에서도 응답자가 가깝게 느끼는 정당이 없다고 대답한다면 그는 〈그림 3-2〉에서 ④의 값을 가지며 순수 무당파로 분류된다. 만약 무당파 응답자가 두 번째 질문에서 특정 정당에 좀 더 가깝다고 대답하는 경우, 그는 민주당에 가까운 무당파③ 또는 공화당에 가까운 무당파⑤로 분류된다. 이 같은 방식으로 유권자들의 정당일체감은 ①에서 ⑦ 사이의 일차원적인 공간 어느 한 지점으로 측정된다.

그럼 마지막으로 미시간 모델에서 정당일체감을 지니고 있지 않는 무당파들은 어떠한 존재로 인식되고 있는지 살펴보자. 전술한 것처럼 미시간 모델에서 정당일체감은 정치 현상을 이해하고 정치적 행위를 수행하는 데 매우 중요한 요인으로 간주되고 있다. 이처럼 중대한 요인이 결여되어 있는 사람들이 정치 과정 속에서 민주 시민으로서의 역할을 제대로 수행할 수 있을까? 미시간 학파는 그렇지 않다는 여러 가지 증거를 제시했다. 무당파들은 정치에 관여하지 않을 가능성이 높고, 정치 이슈나 후보들에 대해서도 제대로 알지 못하며, 선거 캠페인에 대해서도 관심이 없고, 누가 선거에서 이겨야 하는지에 대해서도 별다른 생각이 없는 존재라는 것이다. 한마디로 무당파는 바람직한 민주 시민이 아니며, 이들의 존재는 민주적 정치체제의 안정적 유지에 심각한 걸림돌로 작용할 수 있다고 평가된다(Keith et al., 1992).

지금까지 정당일체감의 미시간 모델에 대해 살펴보았다. 투표행위에서 정당일체감의 중요성을 역설한 이 모델은 향후 투표행태에 대한 논의에서 지울 수 없는 궤적을 만들어놓았다. 그러나 정치학계에서 이 모델이 무비판적으로 수용되었던 것만은 아니다. 1970년대에 들어서면서 이 모델에 대한 강력한 비판들이 등장하기 시작했다. 소위 수정주의자(revisionists)로 불리는 비판가들은 미시간 모델에서 제시하는 정당일체감의 다양한 측면에 대한 공격을 진행해왔다. 그럼 지금부터 정당일체감에 대한 수정주의자들의 비판이 구체적으로 어떠한 양상을 띠고 전개되었는지 살펴보도록 하자.

3. 정당일체감을 둘러싼 논쟁: 수정주의자들의 비판

미시간 학파는 비교적 평화롭고 안정적이었던 1950년대에 수집된 데이터에 입각해 논의를 전개했다. 그러나 이와 같은 평화롭던 시기는 1960년대 중반을 거치면서 끝나게 되고 미국 정치는 엄청난 혼란의 소용돌이로 빠져들기 시작했다. 베트남 반전운동, 반문화운동, 신좌파운동, 흑인 인권운동 등 급진적인 운동이 거리를 휩쓸기 시작했으며 이들은 전통적인 정치적 제도와 가치에 대해 정면으로 도전하기 시작했다. 이러한 혼란의 와중에 정당과 같은 정치제도에 대한 유권자들의 신뢰는 급격히 감소했고, 이에 따라 정당일체감을 지니고 있는 유권자의 수가 감소하고 무당파의 수는 증가하는 일이 벌어지기 시작했다. 즉, 『미국 유권자』에서 제시하고 있는 이론과 당시 현실이 서로 크게 어긋나는 일이 벌어졌던 것이다. 이러한 상황에서 미시간 모델은 1950년대라는 특수한 시기에 국한된 이론에 불과하며, 따라서 이에 대한 전면적인 재검토가 필요하다는 주장이 본격적으로 제기되었다. 이 절에서는 이와 같은 비판적 입장을 크게 두 가지로 나누어 살펴보고자 한다. 우선 정당일체감을 추동되지 않는 추동자로 파악했던 미시간 모델에 대한 비판부터 살펴보자.

1) 추동되지 않는 추동자?

미시간 모델에 의하면 정당일체감은 유년기에 형성되어 성인이 되어도 안정적으로 유지되는 특성을 보이며, 또한 투표 결정에 영향을 미치는 단기적 요인들에 의해 영향을 받지 않고 거꾸로 그러한 요인들에게 강력한 영향을 미치기 때문에 추동되지 않는 추동자로 불린다고 전술한 바 있다. 이는 정당일체감이 투표 결정에서 그 어떤 요인들보다 중요한 요인이 될 수밖에 없는 이유가 된다. 그러나 미시간 모델의 이와 같은 개념은 나이(Norman H. Nie)와 그의 동료들의 『변화하는 미국 유권자(The Changing American Voter)』(1976)를 필두로 거센 비판에 직면한다.

1952~1974년 사이의 데이터를 사용하고 있는 『변화하는 미국 유권자』는 그 제목부터가 의미심장하다. 미시간 학파의 『미국 유권자』에 'Changing'이라는 단어를 추가함으로써 미시간 모델이 제시한 유권자의 모습이 변모하고 있고 따라서 이 모델은 더 이상 적실성을 띠고 있지 못하다는 점을 암시하고 있기 때문이다. 그렇다면 이들은 언제부터, 그리고 어떻게 미국의 유권자가 변하고 있다고 주장하는 것일까? 변화의 시점은 미국 정치가 혼란의 시기로 접어들었던 시기와 대략적으로 일치하는 1964년이다. 즉, 미시간 학파가 그리고 있는 유권자의 모습은 1964년 이전까지는 유지되었으나 그 이후부터는 급격히 변해가기 시작했다는 것이다. 그렇다면 미국의 유권자들은 구체적으로 어떻게 변했는가? 나이와 그의 동료들은 1964년 이후 크게 다섯 가지의 측면에서 유권자의 변화를 감지했다.

첫째, 안정적이고 강한 정당일체감을 지닌 유권자의 수가 감소했다. 둘째, 투표 결정에서 정당일체감이 지니고 있는 영향력이 감소했다. 셋째, 이슈나 후보 등 정치 현상에 대한 평가에서도 정당일체감의 영향력은 축소되었다. 넷째, 정당을 호의적인 감정을 가지고 바라보는 유권자의 수가 줄어들었다. 다섯째, 정당일체감이 정치사회화를 통해 세대에서 세대로 전이되는 현상도 과거에 비해 많이 약화되었다. 이와 같은 발견은 1964년 이후 정당일체감이 안정적으로 유지될 가능성이 크게 낮아졌고 투표 결정에서도 그 영향력이 대폭 줄어들었음을 나타낸다. 나이와 그의 동료들은 이와 같은 변화가 1964년 이후 본격적으로 전개되기 시작한 일련의 정치적 사건들 때문에 일어났다고 주장한다. 기존의 정치제도와 가치에 도전하는 여러 급진적인 운동과 이와 관련된 여러 가지 정치적 사건은 유권자의 정당일체감이 변해나가는

데 영향을 미쳤다는 것이다(Nie et al., 1976).[3]

투표 결정에서 정당일체감의 비중이 그리 크지 않을 수 있다는 발견은, 〈그림 3-1〉에 제시되어 있는 미시간 모델의 투표 결정의 인과적 메커니즘이 과연 적절한가에 대한 비판으로 이어졌다. 정당일체감이 추동되지 않는 추동자가 될 수 있었던 근본적인 이유는 그것이 선거 이슈나 후보 등과 같은 단기적 변수에 영향을 미칠 뿐 그 변수들로부터 영향을 받지 않는다는 사실에 놓여 있다. 그러나 일련의 학자들은 정당일체감이 선거 이슈나 후보와 같은 단기적 변수의 영향을 받을 수 있으며, 따라서 정당일체감이 추동되지 않는다는 주장은 잘못된 것이라는 점을 강조하기 시작했다(Jackson, 1975; Flanklin and Jackson, 1983; Page and Jones, 1979).

이와 같은 비판에 관한 대표적인 사례로 페이지(Benjamin I. Page)와 존스(Calvin C. Jones)의 연구를 살펴보자. 이들은 ≪미국정치학회보(American Political Science Review)≫에 실린 논문에서 정당일체감, 공약, 후보의 개인적 특성 사이의 상호작용을 살펴볼 수 있는 통계모델(non-recursive model)을 설정해 이 변수들이 어떻게 투표 결정(후보에 대한 호오도로 간접적으로 측정됨)과 관계를 맺고 있는지 살펴보았다. 이들이 찾아낸 결과는 미시간 모델이 제시한 인과적 메커니즘이 틀렸음을 입증했다. 우선 이들은 정당일체감이 후보의 개인적 특성에 대한 평가에 영향을 미치지 못하는 반면, 비록 간접적이기는 하지만 거꾸로 후보의 개인적 특성은 정당일체감에 영향을 미치고 있다는 점을 확인했다. 또한 이들은 정당일체감이 후보의 공약에 미치는 영향보다 공약

3 그러나 이들의 주장은 심각한 비판에 직면하기도 했다. 1964년부터 설문조사 질문에 대한 답을 측정하는 방식이 바뀌게 되었는데, 이들이 발견한 변화들은 실제로 변화가 발생했기 때문이 아니라 이러한 측정 방식의 변화 때문에 일어난 착시현상이라는 비판이다. 설리번과 그의 동료들은 실험을 통해 이와 같은 비판이 타당함을 검증해보이기도 했다(Sullivan et al., 1978).

이 정당일체감에 미치는 영향이 더 크다는 점도 발견했다. 이러한 결과는 정당일체감이 선거 공약이나 후보의 특성 등과 같은 단기적 요인에 영향을 주기보다는 오히려 받고 있으며, 따라서 투표 결정에 미치는 영향력의 크기도 상당히 제한적임을 의미한다(Page and Jones, 1979).

이 지점에서 우리가 주목해야 하는 또 하나의 연구는 마커스(Gregory B. Markus)와 컨버스의 논문이다. 이들의 논문은 페이지와 존스의 글이 실린 ≪미국정치학회보≫에 실렸으며, 페이지와 존스가 사용한 똑같은 데이터를 활용해 세 가지 독립변수 사이의 상호작용과 투표 결정 간의 관계를 살펴보았다. 동일한 목적을 가지고 동일한 데이터를 활용해 동일한 저널에 출간된 이 논문의 결과는 놀랍게도 페이지와 존스의 연구 결과와 완전히 상반되는 것으로 나타났다. 마커스와 컨버스는 정당일체감이 후보의 개인적 특성에 직접적으로, 그리고 선거 공약에는 간접적으로 영향을 미치고 있다는 점을 확인함으로써 정당일체감이 단기적 요인에 대한 유권자들의 평가에 많은 영향을 미치고 있다는 점을 보여주었다. 또한 이들은 정당일체감이 투표 결정에 직접적인 영향을 미치고 있는 사실 또한 발견했다. 즉, 정당일체감은 공약이나 후보에 대한 평가를 매개로 간접적으로 투표 결정에 영향을 미치는 것과 동시에 직접적인 영향 또한 미치고 있는 중요한 변수로 다시 한 번 검증된 것이다. 이와 같은 결과는 수정주의자들의 비판과 달리 시대가 변했음에도 미시간 모델이 적실성을 지니고 있다는 중요한 증거로 제시되었다(Markus and Converse, 1979).

그렇다면 왜 동일한 데이터를 사용해 비슷한 내용을 통계적으로 검증했음에도 이처럼 완전히 상반된 결과가 나타났을까? 각각의 연구자는 당대를 대표하는 정치학자들로서 이들의 연구 능력의 차이가 그와 같은 상반된 결과로 이어졌다고 보기는 어렵다. 그보다는 유권자의 투표행태를 경험적으로 검증하기 위한 통계분석의 구성이나 가정이 연구자에 따라 일정 부분 차이를 보이고 이것이 상반된 분석 결과로 이어졌기 때문인 것으로 사료된다. 어떤 통계분석 기법이 더 옳다고 판단할 수 있는 객관적 근거가 없는 상황에서 투표 결정의 인과적 메커니즘에 대한 논쟁은 아쉽지만 더 이상 진척되지 못하고 막다른 골목에 도달하게 되었다.

한편 추동되지 않는 추동자로서의 정당일체감에 대한 또 다른 비판이 피오리나(Morris P. Fiorina)에 의해 제기되었다. 미시간 학파가 정당일체감을 심리적·정서적 개념으로 파악한 것과는 달리 피오리나는 합리적·인지적 개념으로 해석해 정당일체감을 정당의 공약과 국정 운영 등에 대한 유권자의 회고적 평가의 총합(running tally)으로 개념 정의했다. 이와 같은 맥락에서 유권자는 집권당이 외교 정책이나 경제 정책 등의 측면에서 얼마나 성과를 내었는지, 그리고 그와 같은 성과가 나에게 얼마나 도움이 되는지 등을 회고적으로 살펴보고 이에 입각해 자신의 정당일체감을 지속적으로 새로 정립해 나가는 존재로 그려진다. 만약 내가 일체감을 지닌 정당이 계속 실수를 하고 있다면 나는 그 정당에 대한 평가의 총합을 점차 낮출 것이며, 언젠가는 무당파가 되거나 다른 정당에 대한 일체감을 만들어나갈 수도 있을 것이다. 이와 같은 피오리나의 논의는 합리성에 입각한 정당일체감의 개념을 정립했으며, 또 정당일체감이 정책적 현안이나 정치적 사건 등에 의해 지속적으로 변화해나갈 수 있다는 점을 밝혔다는 측면에서 미시간 모델에 대한 중요한 비판 중 하나로 평가받고 있다(Fiorina, 1981).

지금까지 추동되지 않는 추동자로서의 정당일체감에 대한 수정주의자들의 비판을 정리해보았다. 그러나 이들의 비판에 대응해 미시간 모델이 아직도 타당하다는 점을 밝히고자 하는 연구 또한 지속적으로 이루어져왔다는 점 역시 주목할 필요가 있다. 예를 들어 루이스벡(Michael Lewis-Beck)과 그의 동료들은 『미국 유권자』가 출판된 지 거의 반세기가 지난 상황에서 미시간 모델이 과연 얼마나 적실성을 지니고 있는지 2000년과 2004년 대통령선거 설문조사 데이터를 가지고 분석해보았다. 이들은 『미국 유권자』와 동일한 방식으로 2000년과 2004년 선거를 분석했고, 오랜 세월이 흘러 정치적 환경이 크게 변했음에도 『미국 유권자』에서 주장한 것과 유사한 결과를 찾아낼 수 있었다(Lewis-Beck et al., 2008).[4] 한편 바텔스(Larry M. Bartels)는 정당일체감의 쇠퇴는 1970년대의 시대적 산물에 불과하며, 1990년대에 접어들면서 다시 그 영향력이 강화되고 있음을 밝히고 있다. 예를 들어 바텔스는 1996년 선거에서 정당일체감이 투표 결정에 미치는 영향력은 1972년 선거에 비해 무려 80% 이상 증가했다는 점을 발견했다(Bartels, 2000). 이와 같은 연구들은 정당일체감이 아직도 유권자들의 정치적 인식과 투표 결정에 결정적인 영향을 미치는 요인이라는 점을 보여준다.[5] 따라서 추동되지 않는 추동자로서의 정당일체감에 대한 논쟁은 아직 끝나지 않았다고 할 수 있다. 그럼 지금부터 미시간 모델이 제시한 무당파에 대한 수정주의적 시각을 살펴보도록 하자.

2) 무당파 논쟁

미시간 모델에 따르면 무당파는 정치에 대한 지식수준이 낮고, 관심도 없으며, 정치 참여도 하지 않는 존재로 파악된다. 대의민주주의는 선거라는 기제를 통해 작동한다는 점을 고려할 때, 선거에 관심도 없고 투표도 하지 않으며 설령 투표를 한다고 해도 어떠한 근거도 없이 무작위로 투표를 할 가능성이 높은 무당파들은 결코 바람직한 민주 시민으로 간주될 수 없다. 그러나 수정주의자들은 무당파라고 해서 모두 똑같은 성향을 보이는 것은 아니라는

4 『미국 유권자』의 내용과 차이를 보이는 것은 2000년대의 유권자들이 1950년대의 유권자들보다 이념적으로 생각하고 행동하는 경향이 더 강해졌다는 점이다.

5 미시간 모델의 견고함을 밝히고 있는 또 다른 연구로 그린과 그의 동료들의 연구(2002)를 참조하라.

점을 강조하며, 단순히 정당일체감이 없다는 사실 하나만으로 이들을 한데 묶어 비판하는 것은 문제가 있다고 주장한다.

우선 키스(Bruce Keith)와 그의 동료들은 『무당파 유권자에 대한 미신(The Myth of the Independent Voter)』에서 무당파를 크게 두 종류로 나눌 수 있다고 주장한다. 앞의 〈그림 3-2〉에서 무당파가 어떻게 측정되었는지 기억하고 있는가? 가깝게 느끼는 정당이 없다고 대답한 사람들을 대상으로 그럼에도 좀 더 가깝게 느끼는 정당이 있는지를 재차 물어보는 것을 통해 무당파에 대한 측정이 이루어진다. 이 두 번째 질문에도 가깝게 느끼는 정당이 없다고 대답한 사람은 순수 무당파로 분류되며, 민주당이나 공화당 중 어느 한 정당에 좀 더 가깝게 느낀다고 대답한 응답자는 민주당에 가까운 무당파 또는 공화당에 가까운 무당파로 분류된다. 『무당파 유권자에 대한 미신』에서는 두 번째 질문에 가깝게 느끼는 정당이 있다고 대답한 무당파를 가리켜 **정당편향적 무당파**(partisan leaners)로 부르고 있는데, 이들을 순수 무당파와 같은 부류로 판단하는 것은 잘못된 것이라 비판한다(Keith et al., 1992).

『무당파 유권자에 대한 미신』에 따르면 순수 무당파는 미시간 모델에서 제시한 무당파의 속성과 일치하는 모습을 보이는 집단으로 파악된다. 그러나 무당파임에도 특정 정당에 좀 더 가깝게 느끼는 정당편향적 무당파는 정당 지지자와 거의 유사한 정치적 행태를 보이는 것으로 나타났다. 다시 말해 이들은 어떤 이유에서인지 스스로를 무당파로 생각하고는 있지만 실제로는 '밖에 드러나지 않은 민주당 지지자 혹은 공화당 지지자(closet Democrats and Republicans)'라는 것이다(Keith et al. 1986). 키스와 그의 동료들의 이와 같은 발견은 미시간 모델의 무당파 개념이 지나치게 광범위하게 설정되어 있으며, 무당파도 서로 이질적인 속성을 지닌 소그룹으로 재차 분류될 수 있다는 점을 밝혀냈다는 점에서 의의를 지니고 있다.

한편 달튼(Russell Dalton)은 훨씬 파격적인 관점에서 무당파뿐만 아니라

〈표 3-1〉 달튼의 동원 유형 분류

인지적 동원	정파적 동원	
	무당파	정당일체감 보유자
높음	인지적 무당파(apartisan)	인지적 정파(cognitive partisan)
낮음	비정치적 무당파(apolitical)	습관적 정파(ritual partisan)

정당 지지자들도 세분하려는 시도를 하고 있다. 달튼은 고등교육을 받은 인구의 수가 증가하고 TV나 인터넷과 같은 미디어 매체의 발전을 통해 정치적 정보를 획득하는 비용이 급감하게 되면서 많은 유권자들이 복잡한 정치 현상을 혼자서도 이해할 수 있는 자원과 능력을 지니게 되었다는 점에 주목한다. 이러한 사회적 변화는 정당일체감에 의존하지 않더라도 자신의 인지적 능력과 정치적 관심에 입각해 독립적으로 정치적 결정과 참여를 하는 **인지적 동원**(cognitive mobilization)이 일어날 수 있는 발판을 마련해주었다는 것이다. 이와 같은 인식하에 달튼은 미시간 모델이 기반을 둔 정파적 차원(정파적 동원으로서 정당일체감 보유 여부를 의미)에 인지적 차원을 접목시켜 정당 지지자와 무당파를 좀 더 세분화시킬 필요가 있다고 주장한다. 달튼의 주장대로 인지적 동원과 정파적 동원을 동시에 고려한다면 유권자들은 〈표 3-1〉과 같이 네 가지 그룹으로 구분될 수 있다(Dalton, 1984; 2007; 2012; 2013).

네 개의 그룹이 어떠한 특성을 보이는지 달튼이 묘사한 내용을 중심으로 정리하면 다음과 같다(Dalton, 2013: 40~41). 우선 비정치적 무당파는 『미국 유권자』에서 묘사하고 있는 무당파와 동일한 존재로 파악된다. 이들은 정당에 대한 일체감이 없으며, 정치에 대한 인지 수준이 매우 낮고, 정치에 참여하는 일이 적으며, 정치 현안에 대해 별다른 의견을 지니지 않은 사람들로 이루어져 있다. 한마디로 비정치적 무당파는 정치 세계의 주변부에서 정치와는 동떨어진 삶을 살아가고 있는 존재들이다.

인지적 무당파는 정당일체감을 지니고 있지는 않지만 높은 인지적 수준을 지닌 사람들을 일컫는다. 이들은 높은 인지적 수준 덕분에 정치를 이해할 수 있는 능력과 자원을 보유하고 있으며, 그러한 능력과 자원을 적극적인 정치 참여로 연결시킬 수 있는 동기 또한 지닌 존재들이다. 그러므로 이들은 비정치적 무당파와는 달리 정치 참여에 적극적인 모습을 보인다. 그러나 이들은 정당에 대한 유대감을 지니지 않기 때문에 정당에 근거한 정치활동에 적극적으로 동참할 가능성은 크지 않다.

습관적 정파는 특정 정당에 대한 일체감을 가지고는 있으나 인지적 동원 수준이 낮은 유권자들을 의미한다. 정당일체감을 가지고 있기 때문에 이들은 자신의 정당을 지지하고 투표와 같은 정당 관련 활동에 적극적으로 참여하고자 한다. 그렇지만 이들은 낮은 인지적 수준 때문에 정치적 이슈에 대해 매우 제한적인 지식만을 보유하며, 따라서 자신이 지지하는 정당의 입장이 명확히 드러나 있지 않은 영역에서는 활발한 참여를 기대하기 어렵다. 결국 이들은 정당에 대한 막연한 충성심과 심리적 애착심 때문에 정치에 습관적으로 참여하게 되는 존재들이라 할 수 있다.

인지적 정파는 정당일체감을 가지고 있는 것과 동시에 인지적 수준이 매우 높은 사람들을 가리킨다. 이들은 정당일체감을 지니고 있기 때문에 습관적 정파와 마찬가지로 자신의 정당을 적극적으로 지지하며 정당 관련 활동에 적극적으로 참여한다. 그러나 습관적 정파와는 달리 인지적 수준이 높기 때문에 명확한 정당의 입장이 존재하지 않는 영역이라 하더라도 복잡한 정치적 현안을 이해하고 독립적인 결정을 내릴 수 있는 존재들이다. 결국 이들로부터 발현되는 정치행태의 양상은 표면적으로는 습관적 정파와 비슷할 수 있으나 그 내재적 과정은 사뭇 다르다고 할 수 있다.

달튼은 미국을 비롯한 여러 서구 민주주의 국가에서 각 그룹의 비율이 시기별로 어떻게 변해왔는지 조사했는데, 이들 국가에서 습관적 정파의 비율이 줄어들고 대신 인지적 무당파와 인지적 정파의 수가 늘어나고 있음을 발견했다. 또한 이들 국가의 무당파 중에서 인지적 무당파와 비정치적 무당파의 비율이 과거에는 비정치적 무당파가 더 컸으나 현재는 그 비율의 격차가 거의 사라져 서로 비슷한 수준으로 나타나고 있다는 점 또한 확인했다(Dalton, 2007, 2012, 2013).

위와 같은 달튼의 논의는 인지적 능력을 지니고 있는지 여부에 따라 무당파가 매우 차별적인 모습을 보일 수 있음을 확인했다는 점에서 미시간 모델과 구별된다고 할 수 있다. 이에 덧붙여 정당일체감을 지닌 유권자들을 모두 같은 성향으로 분류하는 것에도 문제를 제기함으로써 유권자의 투표행태를 좀 더 구체적으로 살펴볼 수 있는 기반을 마련했다고 평가할 수 있다.

지금까지 주로 미국의 정치학계에서 논의되어 왔던 정당일체감에 대한 중요 연구를 정리해보았다. 그렇다면 이제 눈을 한국으로 돌려보자. 한국에서 정당일체감은 투표행태에 어떤 영향을 미치고 있는 것으로 알려져 있는가?

4. 한국에서의 정당일체감

한국의 정치학계에서 정당일체감에 대한 연구는 아직 초보적인 단계에 머물러 있다고 평가할 수 있다. 이는 한국의 정치학자들이 정당일체감의 이론적 중요성을 깨닫지 못했기 때문이 아니다. 근본적인 이유는 민주화 이후 한국의 정당체제가 안정적이지 못했다는 사실에 기인한다. 정당의 이름과 그 구성원들이 수시로 바뀌는 상황에서 특정 정당에 대한 심리적 애착심이 형성되기는 매우 어려웠고, 따라서 정당일체감은 한국의 투표행태를 설명하는 데 큰 의미를 지니지 못하는 것으로 간주될 수밖에 없었다(Dennis, 1988).

이와 같은 상황에서 한국의 정치학계는 한동안 여야성향(與野性向)에 주목해왔다(김형준·유성모, 1996; 박찬욱, 1993; 조중빈, 1993). 개별 정당들의 부침이 심하고 여야의 정권교체가 발생하지 못하는 상황에서 유권자들은 여당과 야당이라는 체계화된 기준을 바탕으로 정치를 바라볼 수 있으며, 이와 같은 여야성향은 정당일체감 정도까지는 아니더라도 비교적 장기간 지속되는 정치적 태도로서 투표 결정에 많은 영향을 미칠 수 있다고 본 것이다. 다시 말해 여당 성향을 보이는 유권자는 여당을, 야당 성향을 지니는 유권자는 야당을 선택하는 투표행태를 보인다는 말이다.

그러나 1990년대 이후 한국의 정당체제가 서서히 안정기로 접어들고 있고 따라서 정당일체감에 대한 연구는 한국에서도 중요할 수 있다는 주장이 최근 들어 제기되어 왔다. 예를 들어 강원택(2012)은 한국 정당의 이름과 구성원이 수시로 변화되어 오긴 했으나, 1990년 3당합당 이후 각 정당의 지지층이나 정책적·이념적 특성은 큰 변화 없이 유지되고 있다며 정당일체감이 한국의 선거에서 의미를 지닐 수 있다고 주장한 바 있다. 박원호(2013b)도 '한국의 유권자들은 정당의 이름을 알지는 못하더라도 어느 정당이 나의 정당인지는 알아낼 수 있다'고 강조하며, 정당 명칭의 잦은 변경이 있다하더라도 정당일체감이 형성되지 못하는 것은 아니라는 점을 지적하고 있다.[6] 그리고 민주화 이후 한국의 유권자 중 무당파는 감소하고 정당 지지자는 지속적으로 증가하고 있다는 사실은 이제 정당일체감에 대한 본격적인 연구가 진행되어야만 하는 당위성을 제공하고 있는 상황이다(박원호·송정민, 2012; 허석재, 2014). 이와 같은 당위성은 2010년대에 접어들면서 한국의 정당일체감에 대한 연구가 본격적으로 등장하고 있는 이유가 된다. 그렇다면 크게 네 가지

6 박원호와 신화용(2014: 125)은 여기서 한 걸음 더 나아가 다음과 같이 주장한다. "어떤 의미에서는 정당에 대한 유권자의 비교적 일관된 선호가 존속하기 때문에 — 그것이 지역주의에 기반을 둔 것이든 계층에 기반을 둔 것이든 — 정치 엘리트들의 잦은 정당명 변경이 가능한 것일지도 모른다."

주제를 중심으로 한국 유권자의 정당일체감에 대한 연구들을 정리해보도록 하자.

첫째, 한국 유권자들의 정당일체감은 미시간 모델에서 말하는 것처럼 심리적·정서적 태도인가 아니면 피오리나가 주장하고 있는 것처럼 합리적·인지적 태도인가? 지금까지의 연구 결과에 의하면 한국 유권자의 정당일체감은 심리적·정서적 태도에 좀 더 가까운 것으로 나타났다.[7] 이와 같은 현상은 민주화 이후 한국의 선거가 지역주의에 입각해 이루어졌다는 사실과 긴밀한 연관성을 지니고 있는 것으로 보인다. 이현출(2001)은 지역균열구조에 기초한 집합적 정체성의 측면에서 한국의 정당일체감이 이해될 필요가 있다고 주장한 바 있다. 다시 말해 한국의 유권자는 잦은 당명 변경에도 자신의 출신 지역을 대변하는 정당이 어떤 정당인지 알고 있고 따라서 그 정당에 대한 정서적 일체감을 형성시킬 수 있었다는 것이다. 약간 다른 맥락이지만 황아란(2008)도 정당일체감을 지역 연고 정당에 대한 호감과 타 지역 정당에 대한 거부감이 서로 상호작용해 나타난 결과라고 파악하고 있다. 박원호(2013b) 역시 정당일체감과 지역 변수가 매우 높은 상관관계를 지니고 있다는 경험적 증거에 입각해 "지역주의가 정당일체감으로 전환되는 과정에 놓인 것이 아닌지" 조심스럽게 추정하고 있다.

한편 장승진(2012)은 위 질문에 대한 좀 더 직접적인 경험적 분석을 수행했다. 그는 이념이나 집권당의 국정 운영에 대한 평가 같은 인지적 요인과 정당호감도[8]라는 정서적 요인을 독립변수로 하여 어떤 요인이 한국 유권자의

---

7 합리적·인지적인 측면에 가까운 입장에서 한국 유권자의 정당일체감을 해석하고 있는 연구로 한정훈(2012)과 최준영(2016)을 들 수 있다.

8 정당호감도는 일반적으로 0~100점 사이에서 측정된다. 예를 들어 특정 정당에 대해 100점(또는 0점)의 점수를 부여한 사람은 그 정당에 대한 완벽한 호감(또는 비호감)을 지니고 있는 사람으로 간주된다.

정당일체감 형성에 많은 영향을 미쳤는지 통계적으로 검증해보았다. 분석 결과는 이념과 같은 인지적 요인은 영향을 미치지 못하는 반면 정당호감도는 강한 영향을 미치는 것으로 나타났다. 이와 같은 결과에 입각해 장승진은 한국의 정당일체감은 정서적 요인에 기초하고 있다고 주장했다.

둘째, 한국에서 정당일체감은 안정적인 것인가? 미시간 모델에 의하면 정당일체감은 상당히 안정적으로 유지되는 개념으로 파악된다. 한국에서도 마찬가지 결과를 찾을 수 있을까? 이에 대해서는 박원호와 신화용(2014)의 연구에 주목할 필요가 있다. 여러분들은 2014년 수많은 생명을 앗아간 세월호 사건을 기억하고 있을 것이다. 이 사건이 당시 국민들에게 끼친 영향력의 규모를 생각할 때 정당일체감과 같은 유권자의 정치적 태도에도 심각한 영향을 미쳤을 것이라 어렵지 않게 유추해볼 수 있다. 이에 박원호와 신화용은 세월호 이후 진행된 지방선거 당시 하나의 실험을 통해 세월호라는 엄청난 사건이 유권자의 정당일체감에 어떠한 영향을 미쳤는지 분석해보았다. 이들은 정당일체감은 그와 같은 비극적 사건이 발생했음에도 별다른 변화를 보이지 않았으나 정당에 대한 호감도는 이 사건에 많은 영향을 받아 감소하고 있는 현상을 확인했다. 이와 같은 발견은 다음과 같은 함의를 제공한다. 먼저 미시간 모델에서 주장한 것처럼 정당일체감은 한국에서도 단기적 사건에 영향을 받지 않으며 안정적으로 유지된다는 점이다. 또한 정당 지지자가 자신의 정당에 투표하지 않고 일시적으로 이탈하는 현상은 안정적으로 유지되는 정당일체감과는 상관없이 단기적 사건에 민감하게 반응하는 정당에 대한 호감도 때문에 발생하는 것으로 이해될 수 있다는 것이다.[9]

---

9 여기서 우리가 생각해보아야 할 점은 전술한 장승진(2012)의 연구 결과이다. 장승진은 정당호감도가 정당일체감 형성에 많은 영향을 미친다는 사실을 발견한 바 있다. 단기적 요인에 민감하게 반응하는 정당호감도가 안정적으로 유지되는 정당일체감에 영향을 미친다는 점은 일면 모순되어 보이지 않는가?

셋째, 한국에서 정당일체감은 유권자의 투표 결정에 어떠한 영향을 미치는가? 지금까지의 연구는 정당일체감이 한국 유권자들의 투표 결정에 매우 큰 영향을 미치고 있다는 점을 보여준다. 이는 대통령선거(박원호, 2013b)나 국회의원선거(길정아, 2013)에서 공히 확인되는 사항이다. 특히 송진미와 박원호(2014)는 선거 이슈가 투표행태에 미치는 영향력이 어떠한 정당에 일체감을 지니고 있는지와 그 강도가 어떻게 되는지에 따라 다르게 나타나고 있음을 보여줌으로 정당일체감이 선거 이슈와 같은 단기적 요인에 영향을 미치고 있음을 간접적으로 밝혀냈다. 한편 최준영, 김지윤, 노정호는 달튼의 이론적 프레임을 한국에 적용해 한국의 인지적 무당파, 비정치적 무당파, 인지적 정파, 습관적 정파가 달튼이 주장한 대로 서로 다른 투표행태를 보이고 있다는 점을 경험적으로 검증해내기도 했다.[10]

넷째, 한국의 무당파는 어떠한 모습을 보이는가? 이에 대해서는 두 가지 연구에 주목할 필요가 있다. 우선 정진민과 길정아(2014)는 달튼의 이론적 프레임을 적용해 한국의 무당파를 인지적 무당파와 비정치적 무당파로 구분하고, 이들이 어떠한 투표 결정을 하고 있는지 살펴보았다. 이들은 인지적 무당파가 비정치적 무당파와는 달리 정당의 이념적·정책적 입장과 같은 인지적 요인에 의존해 투표를 하고 있음을 발견했다. 이와 같은 발견은 미시간 모델의 무당파에 대한 광범위한 개념을 한국에 그대로 적용하는 것은 문제가 있다는 점 그리고 한국에서 무당파의 존재를 비판적인 관점에서만 바라볼 필요가 없다는 점을 시사한다.

한편 장승진(2015)은 한국의 정당 지지자, 정당 편향적 무당파, 순수 무당파 사이의 차이에 주목한다. 전술한 대로 키스와 그의 동료들은 정당 지지자

10 Choi, Jun Young, Jiyoon Kim and Jungho Roh, "Cognitive and Partisan Mobilization in New Democracies: The Case of South Korea," *Party Politics*. Forthcoming.

와 정당편향적 무당파가 비슷한 행태를 보이는 반면 순수 무당파는 미시간 모델에서 주장하는 것처럼 정치와는 동떨어진 세계에 살고 있는 존재라고 주장한 바 있다(Keith et al., 1992). 이와 같은 주장이 한국에도 적용되는지 경험적으로 검증한 장승진은 일단 한국에서도 정당편향적 무당파와 순수 무당파가 서로 다른 성향을 보인다는 점을 확인할 수 있었다. 그러나 흥미로운 발견은 한국의 경우 정당 지지자와 정당 편향적 무당파도 서로 다른 성격을 보이는 존재라는 점이다.[11] 정당편향적 무당파는 특정 정당에 대한 호감도가 그리 높지 않거나 높다 하더라도 다른 정당에 대한 호감도와 그리 큰 차이를 보이지 않는 양가적(ambivalent) 감정을 지니고 있는 존재로 확인되었다. 이는 특정 정당에 대한 높은 호감도를 지닌 정당 지지자와는 분명히 다른 모습이라 할 수 있다.

5. 나오며

지금까지 정당일체감과 투표 결정 간의 관계에 관한 연구들을 정리해보았다. 모든 논의의 출발점이었던 미시간 모델은 수많은 후속 연구와 논쟁을 만들어내면서 지금까지 이어져오고 있다. 저자의 능력과 지면의 한계 때문에 이 장에서 정당일체감에 대한 모든 중요한 연구들을 담아낼 수는 없었다. 이 장을 통해 정당일체감에 대한 연구가 전반적으로 어떻게 이루어져왔는지 여러분들이 대략적인 그림만이라도 가질 수 있길 바랄 뿐이다.

---

11 그러나 장승진은 이 두 그룹이 자신들이 지지를 표명한 정당에 대해 압도적으로 투표했다는 점 또한 발견했다. 따라서 적어도 정치적 행위의 측면에서 이 두 그룹 간의 차이는 크지 않다고 말할 수 있겠다.

마지막으로 한국의 정당일체감에 대한 연구 과제를 몇 가지 언급하는 것으로 이 장을 마무리 짓고자 한다. 우선 한국에서 정당일체감이 구체적으로 어떻게 형성되는가 하는 점은 몇몇 연구의 성과에도 아직 확실히 규명되지 못했다고 판단된다. 지역주의와 많은 연관성을 지니고 있을 것이라는 추정은 가능하지만 지역주의가 구체적으로 어떻게 정당일체감에 연결되는지 아직 명확히 밝혀진 바는 없다. 또 이 문제와 관련해 가족이나 사회적 준거집단 안에서 발생하는 정치사회화가 한국의 정당일체감 형성에 어떠한 역할을 하고 있는지도 앞으로 규명될 필요가 있다. 마지막으로 한국의 정당일체감 연구에서 자주 등장하는 요인으로 정당호감도를 들 수 있는데, 이에 대한 좀 더 명확한 이론적 정립이 필요하다. 한국 학계에서는 정당일체감과 정당호감도를 서로 다른 개념으로 간주하는 경향이 있는데 이 둘이 왜, 그리고 어떻게 다른지에 대한 이론적 논의가 좀 더 구체적으로 이루어질 필요가 있다고 생각한다. 그리고 정당호감도가 중요하다면 왜 정당호감도가 형성되는지에 대해서도 고민할 필요가 있다고 본다.

전술한 대로 한국에서 정당 지지자는 서서히 증가하는 경향을 보이고 있다. 따라서 여러분들이 대학을 졸업하고 사회에 진출하거나 대학원에 진학해 공부를 계속할 때쯤이면 정당일체감은 지금보다 더 중요한 개념으로 간주될 가능성이 높다고 생각된다. 이 개념에 대해 지속적인 관심을 가지고 한국의 선거를 살펴보길 바란다.

📖 핵심 주제어

무당파(independents)

어느 정당과도 정당일체감을 갖지 않은 유권자층을 가리킨다.

인지적 동원(cognitive mobilization)

달튼이 제시한 개념으로 유권자들이 복잡한 정치 현상을 혼자서도 이해할 수 있는 자원과 능력을 지니게 되었기에 정당에 의존하지 않고도 독립적으로 정치적 결정과 참여를 할 수 있게 되었다는 것을 의미한다.

정당일체감(party identification)

1960년 미국 미시간 대학교 일군의 학자들이 『미국 유권자(The American Voter)』라는 저서에서 제시한 개념으로, 유권자가 상당 기간에 걸쳐 내면적으로 형성시켜온 특정 정당에 대한 심리적 애착심을 의미한다.

정당편향적 무당파(partisan leaners)

순수 무당파와는 다른 개념으로서 무당파임에도 특정 정당에 좀 더 가깝게 느끼는 유권자를 가리킨다.

추동되지 않는 추동자(unmoved mover)

미시간 모델에 의하면 정당일체감은 유년기에 형성되어 성인이 되어도 안정적으로 유지되며, 또한 투표 결정에 영향을 미치는 단기적 요인들에 영향을 받지 않으면서 거꾸로 그러한 요인들에 강력한 영향을 미치기 때문에 추동되지 않는 추동자로 불린다.

📖 추천 문헌

Angus Campbell, Philip E. Converse, Warren E. Miller and Donald E. Stokes. 1960. *The American Voter*. New York: Wiley. 정당일체감에 대한 모든 논의의

출발점인 이 책은 심리적 태도인 정당일체감에 입각해 유권자의 투표행태를 설명하고 있다. 투표행태를 공부하고자 하는 사람은 반드시 읽어야 하는 필독서 중에 필독서이다.

Fiorina, Morris P. 1981. *Retrospective Voting in American National Elections*. New Haven: Yale University Press. 이 저서는 정당일체감을 합리적·인지적 측면에서 정의내리고 있으며, 정당일체감이 단기적 사건들에 대한 유권자의 회고적 평가에 의해 지속적으로 새로 정립되고 있다는 점을 밝힌 글이다. 미시간 모델에 대한 대표적인 비판서이다.

Lewis-Beck, Michael, William Jacoby, Helmut Norpoth and Herbert Weisberg. 2008. *The American Voter Revisited*. Ann Arbor: The University of Michigan Press. *The American Voter*가 출판 된지 거의 반세기가 지난 상황에서 미시간 모델이 과연 얼마나 적실성을 지니고 있는지 미국의 2000년과 2004년 대통령선거 설문조사 데이터를 가지고 분석해본 글이다. 오랜 세월이 흘러 정치적 환경이 크게 변했음에도 불구하고 *The American Voter*에서 제시된 내용이 지금까지도 적실성을 지니고 있다는 점이 확인되었다.

Dalton, Russell. 2013. *The Apartisan Americans: Dealignment and Changing Electoral Politics*. Los Angeles: Sage Publications, Inc. 달튼은 미시간 모델의 정파적 동원에 자신이 개발한 인지적 동원을 접합해 투표행태에 대한 새로운 모델을 제시했다.

토론 주제

1. 정당일체감에 대한 미시간 모델과 수정주의자들의 입장 중 어떤 것이 더 타당하다고 생각하는가? 한국의 경우는 두 가지 입장 중 어떤 것이 더 적실성을 띠고 있다고 생각하는가?

2. 한국에서 정당일체감은 어떻게 형성된다고 생각하는가? 부모님의 정당일체감이 여러분들에게도 영향을 미치고 있다고 생각하는가? 또 지역주의는 어떻게 정당일체감 형성에 기여하는가? 요사이 한국의 선거에서 지역주의의 영향력이 줄어들고 이념의 영향력이 강화되고 있다고 하는데, 이와 같은 현상이 정당일체감의 형성에는 또 어떤 영향을 미칠 수 있을까?

제4장

합리적 선택 이론과 투표행태

경제학적 관점

엄기홍

"바로 경제다, 바보야(It's the economy, stupid)."

1. 들어가며

위 표어는 1992년 미국 대통령선거에서 민주당 후보였던 빌 클린턴(William J. Clinton)이 사용한 것이다. 당시 미국 대통령선거는 현직 대통령이던 공화당의 조지 부시(George H. W. Bush)가 냉전 종식과 걸프전쟁의 승리로 인해 최고의 인기를 구가했던 시기에 치러졌다. 따라서 누구도 1992년 대통령선거에서 현직 대통령인 부시를 이길 것이라고 예상하지 못했다. 그러나 이러한 예상을 뒤집고 승리한 이는 49세의 젊은 민주당 후보였던 클린턴이었다. 클린턴 후보의 주요 선거 전략은 '경제'라는 아주 간단한 이슈를 통해 유권자의 **합리적 선택**(rational choice)을 유도하는 것이었다.

이 장에서는 유권자의 투표행태를 합리성의 관점에서 설명하는 합리적 선택 이론을 제시한다. 우선 합리적 선택 이론의 전제와 기본 이론을 살펴보고, 이어서 합리적 선택 이론의 세 가지 시각인 **회고적 투표 이론**, **전망적 투표 이론**, **회고적-전망적 투표 이론**을 설명한다. 다음으로 미국 선거에 나타난 합리적 선택 이론의 경험적 적실성을 논한다. 끝으로 한국의 선거 연구에서 논의된 합리적 선택 이론의 대표적인 연구사례를 살펴보고, 한국의 선거 과정과 유권자에 대한 합리적 선택 이론의 적실성을 점검한다.

2. 합리적 선택 이론과 투표행위: 이론과 적용

1) 합리적 선택 이론의 전제와 기본 이론

유권자의 투표행태가 합리적일까? 만약 유권자의 투표행태가 합리적이라면 '합리적'이라는 말은 무엇을 의미할까? 그리고 합리적 유권자는 어떻게 후보자와 정당을 선택하는가? 먼저 합리적 선택 이론의 전제들을 살펴보자. 프리드먼(Milton Friedman)을 비롯한 많은 학자들이 동의하는 합리적 선택 이론의 전제는 네 가지이다. 첫 번째 전제는 '합리적(rational)' 유권자이다. 여기서 합리성이란 주어진 정보 내에서 단위당 투입자원을 최소화해 자신이 추구하는 목표를 획득하고자 추구하는 행위를 의미한다(Downs, 1957: 5~6). 따라서 유권자의 투표행위가 합리적이라는 의미는 유권자가 자신의 이익에 부합하는 방향으로 투표하는 것을 의미한다(Enelow and Hinich, 1984: 3).

두 번째 전제는 '도구적 합리성(instrumental rationality)'이다. 유권자는 자신의 정치적 선호도를 결정하고, 이 선호도를 실현할 수 있도록 행동한다. 이러한 관점에서 볼 때 유권자의 투표행위는 유권자가 선호하는 정치적 목적을 달성하기 위한 도구이다(Harrop and Miller, 1987: 145~146). 그러나 유권자는 자신의 투표행위를 통해 원하는 것을 달성할 수 있는지 확신할 수 없으며, 대안에 대한 완전한 정보도 없다. 단지 유권자는 활용할 수 있는 정보 내에서 투표라는 '도구'를 통해 자신이 원하는 바를 성취할 수 있으리라는 예감에 근거해 행위를 수행할 뿐이다(Shepsle and Bonchek, 1997: 8). 이러한 전제에서 볼 때, 유권자가 민주당을 선택하는 것은 사회심리학적 접근법에서 설명하는 것처럼 민주당을 선호해서가 아니라, 유권자가 원하는 사회복지 정책을 강화할 가능성이 큰 민주당에게 투표한다는 것을 의미한다.

세 번째 전제는 유권자가 '자신의 정치적 이익(political self-interest)'에 기반을 두고 투표한다는 것이다. 유권자는 다른 누구의 이익이 아니라 자신의 이익에 초점을 두어 투표한다. 이때 자신의 이익이란 정치적 목적과 관련된 이익에 한정된다. 따라서 사회학적 접근법이나 사회심리학적 접근법에서 언급하는 것처럼 유권자의 투표행위가 타인, 예를 들어 배우자나 부모 같은 비정치적 요인에 의한 것이 아니라 유권자 자신의 정치적 이익에 기반을 두고 이루어진다는 것이다.[1]

합리적 선택 이론의 네 번째 전제는 '불완전한 정보(imperfect information)'이다. 유권자는 후보자를 선택하는 데 후보자에 대한 '완벽한 정보(perfect information)'를 지니고 있지 못하며, 원하지도 않는다는 것이다. '합리적으로 무지한(rationally ignorant)' 유권자는 정당을 선택할 때도 최소한의 필요한 정보만을 원한다. 또한 선택에 필요한 정보를 해석하는 경우에도 사회심리학적 접근법에서 제시하는 바와 같이 선호 정당이라는 색안경을 통해 해석하는 것이 아니라, 주어진 정보를 자신의 정치적 이익의 관점에서 객관적으로 해석한다. 반면 사회심리학적 접근법에 따르면 유권자는 주어진 정보가 자

1 '자신의 이익(self-interest)'에 대한 개념적 한계를 완화하려는 노력이 진행되고 있다. 셉슬과 본첵(Shepsle and Bonchek, 1997: 17)은 '자신의 이익'을 위해 행동한다는 것이 일상생활에서 언급하는 이기주의적(selfish) 행위를 의미하는 것이 아님을 주장한다. 자신의 이익을 위해 행동한다는 것은 유권자 자신을 포함해 가족, 친구 등에게 가장 이익이 되는 것이 무엇인지를 주관적인 측면에서 파악해 행동한다는 것이다. 즉, 유권자 자신이란 광의적 의미의 '자신(self)'만이 아니라 자신에게 중요한 의미를 지닌 타인을 포함하는 것으로 개념을 확장시키려는 부류도 있다.

신의 정당선호도와 일치하는지를 고려해 방어적으로 정보를 취사선택한다 (제3장 참조).

이러한 전제들을 종합해보면, 합리적 선택 이론의 기본 이론을 도출할 수 있다. 즉, 유권자는 자신의 정치적 이익을 인지한 후 투표라는 행위를 통해 자신의 정치적 이익을 실현하고자 한다. 또한 유권자는 후보자에 대한 불완전한 정보하에서 자신의 정치적 이익에 가장 부합하는 후보자를 판단해 투표한다. 이와 같은 합리적 선택 이론의 기본 이론은 다음과 같은 수리모형(formal model)으로 전환됨으로써 일반화의 폭을 넓힐 수 있다.[2]

$$EU(A) = Pr_A(x)u(x) + Pr_A(y)u(y) + Pr_A(z)u(z) \cdots\cdots\cdots \text{ 공식 ①}$$

EU는 **기대효용**(expected utility)을 의미하며, A는 유권자의 투표행위, x, y, z는 정책적 결과, u는 각 정책적 결과에 대한 효용(utility)을 의미한다. 즉, EU(A)는 유권자가 A라는 행위를 할 경우 유권자에게 보상될 기대효용을 의미하며, EU(A)의 값은 정책 결과 x, y, z를 종합적으로 고려해 결정된다. 즉, 유권자가 A라는 행위를 할 경우(예를 들어 특정 후보를 선택할 경우), x라는 정책적 결과가 야기될 확률〔PrA(x)〕과 정책적 결과 x가 유권자에게 주는 효용〔u(x)〕을 함께 고려해 계산한다〔PrA(x)u(x)〕. 이와 같은 계산은 정책 결과 y와 z에서도 같은 방식으로 이루어지며, 정책 결과 x, y, z가 종합적으로 고려되어 유권자의 기대효용을 결정한다. 따라서 유권자는 투표행위 A가 가져올 각각의 기대효용을 계산한 후 기대효용이 가장 크게 나오는 행위를 한다.

가상의 예를 들어보자. 가상의 유권자 김철수는 사회복지 정책이 강화되

---

2 제시된 수리모형은 셉슬과 본첵(Shepsle and Bonchek, 1997: ch.2)의 모형을 재구성한 것이다.

는 것을 선호한다. 따라서 김철수의 정책 우선순위는 다음과 같다. 사회복지 정책 강화(x) > 사회복지 정책 현상유지(y) > 사회복지 정책 약화(z). 다가오는 대통령선거에는 민주당, 녹색당, 공화당 후보가 있으며, 각 후보의 사회복지 정책 강화에 대한 선호도는 앞서 나열된 순서와 같다. 또한 유권자 김철수는 민주당, 녹색당, 공화당이라는 세 가지 대안 중 하나의 정당만을 선택할 수 있다.[3] 유권자 김철수는 민주당을 선택할 경우 자신에게 보상될 기대효용〔EU(민주당 선택)〕, 공화당을 선택할 경우의 기대효용〔EU(공화당 선택)〕, 녹색당을 선택할 경우의 기대효용〔EU(녹색당 선택)〕을 계산한 후, 최고의 기대효용이 주어지는 정당에 투표한다. 가령 유권자 김철수가 민주당을 선택할 경우 예상되는 기대효용은 아래와 같다.

$$\begin{aligned} EU(\text{민주당 선택}) = & \; Pr_{\text{민주당 선택}}(\text{사회복지 강화})u(\text{사회복지 강화}) \\ & + Pr_{\text{민주당 선택}}(\text{사회복지 현상유지})u(\text{사회복지 현상유지}) \\ & + Pr_{\text{민주당 선택}}(\text{사회복지 약화})u(\text{사회복지 약화}) \end{aligned}$$

유권자 김철수는 사회복지 정책이 강화되기를 원하므로 u(사회복지 강화)에 대한 효용은 높은 반면, u(사회복지 현상유지)와 u(사회복지 약화)의 효용은 나열된 순서대로 낮을 것이다. 또한 각 정당의 사회복지 정책을 정확히 인지하고 있지 못한 유권자 김철수는 다행히도 '예감'을 통해 민주당이 사회복지 정책에 대해 가장 우호적이라는 점을 인식하고 있다. 따라서 유권자 김철수가 민주당을 선택할 경우 다른 대안과 비교할 때 사회복지 정책이 강화될 확

3 간결한 논의를 위해 기권은 고려하지 않기로 한다. 그러나 기권을 유권자 김철수가 선택할 수 있는 대안 중 하나로 고려할 경우에도 같은 계산 방식이 적용될 수 있다(제8장 참조).

률〔Pr민주당 선택(사회복지 강화)〕이 더 높을 것으로 예측할 수 있다. 따라서 유권자 김철수는 자신이 민주당을 선택할 경우에 녹색당을 선택하거나 공화당을 선택했을 때보다 높은 기대효용을 보상받을 수 있을 것으로 계산한다. 이에 따라 기대효용을 극대화하고자 하는 합리적 유권자인 김철수는 녹색당이나 공화당이 아닌 민주당을 선택해 투표함으로써 자신의 정치적 이익을 달성하고자 할 것이다.

유권자의 투표행태를 합리적 선택으로 설명하고자 하는 시도는 앞서 제시한 바와 같은 전제와 기본 이론에 의해 일반화될 수 있다. 그러나 유권자가 특정 정당을 선택할 경우 해당 정당이 자신의 정치적 이익을 현실화할 것인지에 대한 확률이나 예감이 어디에 근거하는지에 대해서는 다양한 시각이 있다. 유권자의 '예감'이 과거의 업적과 경력에서 근원하는지, 정당 정책이나 후보자의 공약에서 근원하는지, 아니면 양자가 유기적으로 관계되었는지에 따라 합리적 선택 이론에 대한 이론적 시각이 분화되고 있다.

2) 합리적 선택 이론에 대한 세 가지 시각

(1) 회고적 투표

회고적 투표(retrospective voting)란 현직 대통령 또는 현직 국회의원이 재직 시절에 수행했던 업적이나 발생했던 사건에 대한 평가를 기반으로 이루어지는 투표를 의미한다. 회고적 투표 유형을 지지하는 학자들은 유권자의 합리적 선택이 '현직자(incumbent)'의 과거 업적과 사건에 기반을 둔 평가에 근원하며, 투표란 과거 업적에 대한 현직자 보상 내지는 벌칙으로 해석될 수 있다고 주장한다. 회고적 투표를 정교하게 정리한 키(V. O. Key)는 1966년의 책에서 다음과 같이 기술하고 있다.

> 유권자는 그들이 아는 것을 거부하거나 승인할 수 있다. 대다수 유권자는 알려지지 않은 약속에 매혹되지 않을 것이다. …… 유권자 변화의 주요한 흐름은 (현직자에 의한) 과거의 사건, 과거의 업적, 과거의 행동에 대한 평가를 유권자의 주요한 역할이라고 생각하는 유권자층(의 흐름)을 반영하는 것이다. 이러한 유권자층은 회고적으로 평가한다. 즉, 이들은 과거에 발생했던 것을 승인 또는 반대한다는 것을 표시하는 한에서만 전망적으로 이야기한다(Key, 1966).

이 시각에 따르면 유권자의 후보자 선택은 현직자에 대한 회고적 평가에 근거해 현직자를 심판하는 합리적 선택으로 볼 수 있다. 유권자는 현직자의 과거 업적에 근거해 자신의 정치적 이익을 실현할 수 있는 기대효용을 계산한 후, 기대효용이 높을 경우 현직자를 재신임하며, 기대효용이 낮을 경우 기권하거나 도전자에게 투표한다는 것이다. 따라서 합리적 선택 이론의 기본 이론인 공식 ①은 회고적 투표자의 정의에 따라 다음과 같이 변형된다.

$U(I)_t = u(x)_t + u(y)_t + u(z)_t$ ……… 공식 ②

I는 평가 대상인 현직자(Incumbent)를 의미하며, t는 평가 시점이 현재임을 의미한다. 예감의 함수인 $Pr_I(\cdot)$는 이미 발생한 정책 결과를 의미하기 때문에 $Pr_I(\cdot)$의 값은 1이다. 공식 ②의 다른 약어는 공식 ①과 같다.

공식 ②는 회고적 투표자에 대한 세 가지 측면을 반영하고 있다(Abramson, Aldrich and Rohde, 2007: ch.7). 첫째, 회고적 투표자는 정책적 산물에만 관심을 가질 뿐 이를 달성하기 위한 정책이 무엇인지에는 관심을 기울이지 않는다. 둘째, 이러한 투표자는 현직자의 정책 업적만을 평가할 뿐 도전자에게는 관심을 기울이지 않는다. 셋째, 이들은 이미 수행된 것을 평가할 뿐 후보자가 제시하는 정책적 공약에는 관심을 기울이지 않는다.

(2) 전망적 투표

전망적 투표(prospective voting)란 과거의 정책 이행 결과에 기반을 두고 선거 시 제시되는 정책적 공약을 평가하고, 유권자의 정책적 입장과 유사한 정책적 입장을 제시하는 정당에 투표하는 것을 의미한다. 전망적 투표 유형을 체계화한 **다운스**(Anthony Downs)는 전망적 투표자가 정당을 선택하는 과정을 다음과 같이 정리했다.

① 유권자는 현 정부하에서 받고 있는 효용(utility)과 다른 정당이 집권했을 때 받을 것으로 믿는 기대효용을 비교해서 현재 정당과의 효용 차이(party differential)를 계산한다. 이후 정당과의 효용 차이 값에 따라 정당을 순서대로 나열한다.

② 양당정치하에서 유권자는 자신이 선호하는 정당에 투표한다. 정당이 세 개 이상 존재하는 다당제에서는 다른 유권자의 선호도를 고려해 자신의 투표행위를 결정한다. 방식은 다음과 같다.

ⓐ 유권자가 선호하는 정당이 이길 가능성이 클 경우, 해당 정당에 투표한다.

ⓑ 유권자가 선호하는 정당이 이길 가능성이 거의 없을 경우, 유권자가 가장 선호하지 않는 정당이 이기는 경우를 막기 위해 이길 가능성이 큰 다른 정당에 투표한다.

ⓒ 그렇지만 유권자가 자신이 선호하는 정당이 (가까운) 미래에 승리할 가능성이 있거나 해당 정당에 대한 지지 표명을 원할 경우, 선호 정당에 투표한다.

③ 유권자가 정당에 대한 우선순위를 정할 수 없을 경우, 다음과 같은 행위를 할 수 있다.

ⓐ 각 정당이 제시하는 공약이 다를지라도 최소 두 개 정당이 우선순위에

서 동률일 경우, 유권자는 기권한다.

ⓑ 각 정당이 유사한 정당 정책을 제시할 경우, 여당의 현재 정책 업적과 여당의 과거 정책 업적을 비교해 현재가 과거보다 나을 경우 여당을 지지하고, 과거가 나을 경우 야당을 지지하고, 현재와 과거의 여당 업적이 유사할 경우 기권한다(Downs, 1957: ch.3).

다운스가 제시한 첫 번째 투표 결정 과정은 회고적 투표자와 전망적 투표자를 구분하는 중요한 기준으로 작용한다. 회고적 투표자의 경우 현직자만을 대상으로 현직자의 과거 업적을 평가〔U(I)t〕해 어떤 정당을 선택할지 결정한다. 반면 전망적 투표자의 경우 집권여당과 야당을 대상으로 여당의 기대효용〔EU(I)t+1〕과 야당의 기대효용〔EU(O)t+1〕을 비교한다〔여기서 O는 야당(Opposition Party)을 의미한다〕. 이러한 논의를 기반으로 공식 ②는 다음과 같이 변형된다.

$$\begin{aligned} EU_{t+1} &= EU(I)_{t+1} - EU(O)_{t+1} \\ &= [Pr_I(x)u(x)_{t+1} + Pr_I(y)u(y)_{t+1} + Pr_I(z)u(z)_{t+1}] \\ &\quad - [Pr_O(x)u(x)_{t+1} + Pr_O(y)u(y)_{t+1} + Pr_O(z)u(z)_{t+1}] \end{aligned}$$

……… 공식 ③

EU_{t+1}은 여당과 야당 간의 기대효용 차이를 의미하며, $EU(I)_{t+1}$은 여당이 재집권했을 경우에 받을 기대효용을 의미하고, $EU(O)_{t+1}$은 야당이 집권했을 경우 받을 기대효용을 의미한다.

공식 ③은 전망적 투표자가 여당의 업무 수행에 기반을 두고 여당의 정책 공약 기대효용을 계산한다는 가정하에 더욱 단순화할 수 있다. 이미 집권 중인 여당의 경우, 여당의 정책이 지속될 때 받을 기대효용은 현 정부하에서 받는 효용으로 대체될 수 있다〔U(I)t〕. 그리고 여당에 적용했던 논리와 같이, 야당의 미래 기대효용을 계산하는 데에도 야당이 지난 선거에서 승리했다면 받았을 기대효용을 현재 효용으로 대체할 수 있다. 따라서 회고적 투표자의 선택을 다룬 공식 ②에 근거해 전망적 투표자에 대한 공식 ③은 다음과 같이 변형될 수 있다.

$EU_{t+1} = U(I)_t - EU(O)_t$ ……… 공식 ④

공식 ④의 '전망적 투표자'와 공식 ②의 '회고적 투표자'를 비교할 때, 합리적 선택 이론에 대한 양 시각의 차이는 더욱 분명해진다. 회고적 투표자는 단지 현직자만을 대상으로 평가한 반면, 전망적 투표자는 여당과 야당을 평가 대상으로 한다. 평가 기준을 볼 때도 회고적 투표자는 이미 발생한 정책 결과에 대한 효용을 계산하는 반면, 전망적 투표자는 이행된 정책 결과를 기준으로 제시된 정책 공약에 대한 기대효용 차이를 계산한다. 평가 시점 면에서도 회고적 평가는 과거를 기준으로 계산하는 반면, 전망적 투표는 미래 시점으로 계산한다.

한편 다운스의 두 번째 투표 결정 과정은 **진성 투표자**(sincere voter)와 **전략적 투표자**(strategic voter)를 구분하는 중요한 기준으로서 의미가 있다. 진성 투표자란 해당 후보자나 정당의 승리 여부에 상관없이 자신의 선호도에 따라 투표하는 유권자를 의미한다. 반면 전략적 투표자란 투표 결정 여부가 해당 후보 또는 정당의 승리 가능성에 따라 변동하는 유권자를 의미한다. 다운스의 논의에 따르면 '② - ⓑ'는 전략적 투표자이며, '② - ⓒ'은 진성 투표자이다.[4] ③의 경우 투표 선택보다는 투표 참여 여부를 결정하는 데 주요한 요소

4 전략적 투표자에 대해서는 콕스(Cox, 1997)를 참조.

로 작용한다.[5]

합리적 선택 이론의 시각으로서 '회고적 투표 성향'과 '전망적 투표 성향'의 공통점과 차이점은 다음과 같다. 회고적 투표와 전망적 투표가 공유하는 이론적 전제는 유권자가 자신의 정치적 목적을 실현할 수 있는 최선의 후보를 선택해 투표한다는 점이다. 반면 두 유형 간의 차이점은 최선의 후보를 계산하는 데 예감 혹은 판단 준거가 어디에 근거하는가에 있다. 회고적 투표의 경우에는 판단의 준거가 현직자의 정책 수행 결과인 데 반해, 전망적 투표의 경우에는 정책 공약을 판단 준거로 삼는다. 즉, 회고적 투표는 결과에 초점을 맞추는 반면, 전망적 투표는 바람직한 결과를 이행하기 위한 공약에 초점을 맞춘다.

둘째, 전망적 투표자는 선거 시 제시되는 정책 공약을 평가하기 위해 이미 발생한 정책 결과도 활용한다. 반면 회고적 투표자는 현직자가 이행한 정책 결과만을 기준으로 현직자에 대한 보상을 제공하거나 벌칙을 가한다. 달리 표현하면, 회고적 투표자의 경우 예감 함수는 이미 발생한 정책적 결과에 기반을 두는 반면〔Pr.(·) = 1〕, 전망적 투표자의 경우 앞으로 발생할 정책적 약속에 기반을 둔다〔Pr.(·) = 미지수〕.

셋째, 회고적 투표자는 현직자라는 후보자 평가에 초점을 맞추지만, 전망적 투표자는 정당을 평가의 대상으로 삼는다. 또한 회고적 투표자의 경우 현직자만의 정책 수행 결과에 초점을 두는 반면, 전망적 투표자는 어느 정당의 공약이 자신의 정책적 입장과 유사한지 비교한다. 따라서 정당의 정책 공약과 유권자의 정책적 입장 간 차이에 대한 이슈 투표 논의가 가능해진다(제5장 참조).

---

5 합리적 선택 이론과 투표 참여에 대해서는 콕스(Cox, 1997: ch.7)를 참조.

(3) 회고적-전망적 투표

피오리나는 합리적 선택 이론의 회고적 시각과 전망적 시각을 종합한다. 피오리나가 제시한 유권자의 투표 결정 과정은 다음과 같다.

> 시민은 '정당일체감(party identification)'이라는 요약적 판단 기제를 통해 정당의 공약과 업적을 평가한다. 즉, 현재의 사회적 조건에 대한 책임을 물을 때와 불확실한 미래에 대처하기 위해 모호한 정당 정책을 평가할 때 이와 같은 과거 경험의 요약치인 정당일체감에 의존한다(Fiorina, 1981: 83).

피오리나에 의하면 **회고적-전망적 투표자**(retrospective-prospective voter)인 합리적 유권자는 정당 정책에 대한 기대효용을 계산할 때, 정당의 과거 업적 평가 요약치인 정당일체감에 비추어 정당에 대한 기대효용을 계산한다. 즉, 합리적 유권자는 회고적 투표자처럼 과거에 대한 평가도 중요시하며, 전망적 투표자처럼 정당이 제시하는 정당 정책 공약에 대한 평가도 중요시한다. 이러한 두 가지 시각을 잇는 연결고리로서 과거 정당의 업적 평가에 대한 요약치라 할 수 있는 정당일체감이 사용된다.

그렇지만 피오리나가 주장하는 정당일체감이란 사회심리학에서 주장해온 정당일체감(Campbell et al., 1976)과 개념적 정의를 달리한다. 피오리나에 의하면 유권자의 정당일체감이 정당 정책을 평가할 때 주요한 기제가 되지만(Campbell et al., 1976), 정책 평가 결과도 정당일체감의 수준에 영향을 미친다는 것이다. 따라서 피오리나의 정당일체감이란 유아기 때 생성되어 바뀌지 않는 연대감이기보다는 정책에 대한 회고적 평가의 총합(running tally)으로서 바뀔 여지가 있는 연대감이다. 이러한 점에서 피오리나가 제시한 정당일체감을 통한 평가는 감정적이기보다는 '인지적(cognitive)'이며, 계산에 기반을 둔 평가이다.

피오리나의 회고적-전망적 투표자는 회고적 투표자와 달리 현직자 임기 동안 발생한 업적만을 평가하는 것이 아니라 현직자의 정당이 과거에 행한 업적을 총체적으로 평가한다. 또한 피오리나의 합리적 유권자는 정당 정책에 대한 평가가 정책 수행 결과에 대한 객관적 평가가 아닌 정당일체감을 통해 본 주관적 평가라는 점에서 다운스와 차이를 보인다. 유권자는 일체감을 형성하고 있는 정당에 대해서는 우호적 평가를 내리는 반면, 일체감을 형성하지 않고 있는 정당에 대해서는 부정적 평가를 내린다. 따라서 합리적 유권자의 주관적 평가 경향에 비추어볼 때 비선호 정당의 정책적 제안이 선호 정당의 정책적 제안보다 훨씬 더 설득력이 있어야 긍정적인 평가가 내려질 수 있다. 달리 이야기하면, 선호 정당과 비선호 정당의 정책 공약이 종합적인 측면에서 유사하게 평가될 경우에 합리적 유권자는 선호 정당에 좀 더 긍정적 평가를 내릴 가능성이 크다.

피오리나는 다운스가 제시한 전망적 투표 시각과도 차이를 보인다. 첫째, 해럽(Martin Harrop)과 밀러(William L. Miller)가 지적한 것처럼 전망적 투표자는 미래의 행위를 예측하기 위해 정당의 과거 업적을 이용한다(Harrop and Miller, 1987: 149~150). 회고적-전망적 투표자의 경우에 과거의 업적 평가가 '현재의 정당일체감'에 직접 영향을 미치며, 그 영향을 받은 정당일체감은 정당 정책을 평가하는 기준이 된다. 둘째, 전망적 투표자는 제시된 정당 정책을 정당 간에 비교하기 위해 정당의 과거 업적을 평가하는 반면, 회고적-전망적 투표자는 '현 정부의 업적 평가'를 보상하거나 처벌하기 위해 과거 업적을 평가한다. 셋째, 전망적 투표자는 제시된 정책에 더욱 관심을 갖지만, 회고적-전망적 투표자는 정책보다는 '결과'에 더 관심을 가진다.[6]

6 다운스와 피오리나가 이러한 차이점을 보이는 이유는 다운스의 합리적 유권자가 순수한 연역적 논리의 귀결인 반면, 피오리나의 합리적 유권자는 연역적 논리와 귀납적 방

요약하면 회고적-전망적 투표자의 기대효용 공식에서 예감은 정당일체감이며, 예감의 역할은 전망적 투표자에서와 같이 소극적 역할이기보다는 정책 공약을 평가하는 데 좀 더 적극적 역할을 수행한다고 볼 수 있다.

3) 합리적 선택 이론의 적실성

그렇다면 합리적 투표자가 관심을 기울이거나 평가하는 정책 이슈는 무엇일까? 애브램슨(Paul R. Abramson)과 그의 동료들은 합리적 투표자가 준거하는 이슈는 경제 문제와 외교 문제에 관련된 것이라고 지적한다. 양자는 여러 가지 측면에서 합리적 투표자가 준거로 삼기에 편리한 속성을 지닌 쉬운 이슈이기 때문이다(제5장 참조). 첫째, 경제 문제 및 외교 문제와 관련된 결과물은 친숙하고 명확하기 때문에 일반 유권자가 이해하기 쉽다. 예를 들어 물가나 실업률이 높은지 낮은지, 경제 상황이 나아지고 있는지 악화되고 있는지, 다른 국가와 전쟁 중인지 아닌지, 세계가 안정적인지 아닌지 등의 이슈는 일반 유권자가 이해하기 쉽다. 둘째, 경제 문제와 외교 문제와 관련된 이슈는 규범적으로 바람직한 목적에 대해 합의를 쉽게 도출할 수 있다. 경제적 번영과 평화는 모든 사람이 원하는 가치이다. 안정적인 세계와 낮은 실업률도 모든 사람이 원하는 바이다. 셋째, 그렇지만 정책적 목적을 달성하기 위한 방안에 대한 의견은 다양하게 제시될 수 있으며, 이러한 정책적 방안들은 유권자가 이해하기 어려운 내용이다. 따라서 '합리적으로 무지한' 유권자는 공감

식의 결합체이기 때문이다. 즉, 다운스는 합리성을 설정한 후 합리성이 유권자와 투표행위에 적용되었을 경우에 대한 연역적 결과를 이끌어낸다. 따라서 다운스의 전망적 투표자는 이론의 결과에 따른 추상적 결과일 뿐, 현실적으로 그러한 모습을 띠는지는 중요하지 않다. 반면 피오리나는 유권자의 투표행위를 형식적 이론으로 전환한 후, 이러한 이론이 현실적으로 나타나는지에 초점을 맞추었다.

하기 쉬운 결과와 목적에는 관심을 두는 반면, 평가하기 어려운 구체적인 내용에 대해서는 합리적으로 외면한다(Abramson, Aldrich and Rohde, 2007: 163).

경험적으로 유권자의 합리적 투표행위가 성립하기 위해서는 다음과 같은 세 가지 조건이 만족되어야 한다. 첫째, 세 가지 시각 모두에서 유권자는 현직자가 수행한 업적을 인지하고 있어야 한다. 또한 현직자(또는 정당)에 대한 업적 수행을 긍정적으로 평가할 경우, 해당 현직자(또는 정당)에 투표하는 경향을 보여야 한다.

둘째, 다운스와 피오리나가 제시한 합리적 유권자의 경우, 여당의 업적 평가와 야당의 추정된 업적 평가를 비교해야 한다〔EUt+1 = U(I)t − EU(O)t〕. 다운스와 피오리나에 의하면 합리적 유권자는 정당의 업적 평가에 기반을 두고, 제시된 정당의 정책을 비교 평가해 긍정적 평가를 받은 정당을 선택해야 하기 때문이다. 물론 피오리나의 합리적 유권자의 경우, 과거의 업적 평가를 총체적으로 고려한 정당일체감을 통해 현재의 정당 정책을 평가한다는 면에서 다운스와 차이를 보인다.

끝으로 피오리나가 제시한 합리적 유권자가 경험적으로 적실성을 지니기 위해서는 정당일체감에 따라 평가의 차별성이 나타나야 한다. 회고적-전망적 투표자는 정당일체감이라는 과거의 업적 평가에 대한 요약치를 통해 현재의 정당 정책을 평가하기 때문이다.

이어서 합리적 선택 이론이 제시하는 세 가지 시각이 미국의 선거에서 경험적으로 적실성을 지니는지를 검증해보자. 1980년 미국 대통령선거 이후 대통령선거 시기별 유권자 투표행태를 분석한 애브램슨 등은 합리적 선택 이론에서 제시하는 유권자의 합리적 투표행위가 미국 선거에서 적실성 있는 이론이라는 사실을 보여준다(Abramson, Aldrich and Rohde, 2007). 먼저 첫 번째 조건을 살펴보자.

미국 연방선거연구(American National Elections) 조사에 따르면 다음과 같

〈표 4-1〉 집권정부 평가에 따른 정당 투표: 국가경제에 대한 답변

구분	1980	1984	1988	1992	1996	2000	2004	2008	2012
긍정적 평가(%)	88	86	80	90	79	67	91	50	90
(N)	(130)	(801)	(645)	(310)	(688)	(768)	(341)	(32)	(1,528)
균형적 평가(%)	60	-	-	-	-	-	-	37	59
(N)	(114)							(126)	(1,417)
부정적 평가(%)	23	16	17	26	13	11	17	32	21
(N)	(451)	(515)	(492)	(1,039)	(322)	(233)	(431)	(1,403)	(1,345)

자료: 1980년부터 2004년까지는 Abramson, Aldrich and Rohde(2007)의 〈표 7-5〉를 재구성; 2008년과 2012년은 미국 연방선거연구(American National Election Studies)의 여론조사 참조.

은 질문항이 1980년 이후 2012년까지 계속 제시되었다. "작년에 비해 국가경제가 나아졌다고 생각하십니까, 같다고 생각하십니까, 또는 나빠졌다고 생각하십니까?" 이 질문은 경제적 측면에서 여당의 업적 평가를 묻는 질문이다. 설문 결과는 〈표 4-1〉에 제시된다. 표에는 국가경제 상황에 대한 질문에 긍정적 평가, 균형적 평가, 부정적 평가를 한 답변자 중 집권정당에 투표한 유권자의 백분율과 계산된 응답자의 총수가 제시된다.

〈표 4-1〉에 나타난 것처럼, 유권자는 회고적 투표 경향을 보인다. 첫 번째 조건에서와 같이, 1980년 대통령선거에서 집권정부의 경제적 업적에 대해 긍정적 평가를 내린 응답자 130명 중 88%가 집권당 대통령 후보에게 투표했다. 반면 부정적 평가를 내린 응답자 451명 중에서는 응답자의 23%만이 집권당 후보에게 투표했다. 1984년의 경우도 마찬가지로 긍정적 평가를 내린 응답자 801명의 86%가 집권당 후보에게 투표한 반면, 부정적 평가를 내린 응답자 515명의 16%만이 집권당 후보에게 투표했다. 이와 같은 회고적 투표 경향은 2012년 선거를 포함한 매 대통령선거에서 예외 없이 나타났다.

합리적 유권자가 주로 관심을 갖는 외교 문제에서도 같은 경향이 나타났다. 〈표 4-2〉에서 제시된 바와 같이 집권정부의 외교 문제 관리에 찬성하는

〈표 4-2〉 집권정부 평가에 따른 정당 투표: 외교 문제에 대한 답변(2004년)

구분	테러와의 전쟁	이라크 전쟁	외교관계
찬성(%)	81	92	93
(N)	(438)	(347)	(354)
반대(%)	10	16	14
(N)	(372)	(432)	(414)

자료: Abramson, Aldrich and Rohde(2007)의 〈표 7-7〉을 재구성.

태도를 보인 응답자는 반대하는 태도를 보인 응답자에 비해 높은 비율로 집권정당의 대통령 후보에게 투표했다.

미국 연방선거연구 조사는 2004년에 다음과 같은 질문 방식으로 외교 문제에 대한 유권자의 의견을 구했다. "귀하는 집권정부가 ○○ 문제를 처리하는 방식에 대해 찬성하십니까 또는 반대하십니까?" 빈 칸에는 테러와의 전쟁, 이라크 전쟁, 외교관계에 대한 질문이 각각 채워졌다. 〈표 4-2〉에서 나타나는 바와 같이 집권정부인 공화당 조지 부시(George Walker Bush) 대통령의 테러와의 전쟁 처리 방식에 대해 찬성하는 응답자 438명 중 81%가 2004년에 재출마한 조지 부시 대통령에게 투표했다. 반면 조지 부시 대통령의 테러와의 전쟁 처리 방식에 대해 반대하는 응답자 372명 중에서는 단지 10%만이 조지 부시 대통령에게 투표했다. 이라크 전쟁과 외교관계에 대한 응답에서도 마찬가지로 회고적 투표 경향이 발견되었다. 예를 들어 집권정부인 공화당 대통령의 이라크 전쟁 처리 방식에 찬성하는 응답자 347명 중 92%가, 그리고 외교관계 처리 방식에 찬성하는 응답자 354명 중 93%가 재출마한 조지 부시 대통령에게 투표했다. 반면 조지 부시 대통령의 이러한 사안들에 반대한 응답자 중에는 각각 16%와 14%만이 재출마한 조지 부시 대통령에게 투표했다.

〈표 4-1〉과 〈표 4-2〉에 근거해볼 때, 합리적 선택 이론의 경험적 적실성을

〈표 4-3〉 정당 간 비교 평가와 정당 투표(2004년)

A. 다음에 제시된 문제를 더 잘 해결할 것으로 생각되는 정당			
구분	경제 문제	테러리즘	휴전
공화당(%)	25	41	16
비슷함(%)	38	34	41
민주당(%)	37	25	43
합계	100	100	100
(N)	(1,177)	(1,170)	(1,167)
B. 특정 정당에 답변한 자 중 민주당 대통령 후보에게 투표한 비율			
공화당(%)	8	12	10
(N)	(225)	(350)	(142)
비슷함(%)	41	66	39
(N)	(262)	(218)	(273)
민주당(%)	90	95	76
(N)	(292)	(205)	(349)

자료: Abramson, Aldrich and Rohde(2007)의 〈표 7-2〉를 재구성.

검증하기 위한 첫 번째 조건은 충족되었다. 그렇지만 합리적 선택 이론의 적실성을 검증하기 위해서는 두 번째 조건과 세 번째 조건에 대한 검증도 이루어져야 한다. 두 번째 조건은 여당의 업적과 야당의 추정된 업적 간의 비교이다. 그리고 세 번째 조건은 정당일체감에 따른 평가의 차별성이다. 〈표 4-3〉의 결과에 따르면 두 번째 조건과 세 번째 조건도 경험적으로 성립하는 것으로 나타난다.

〈표 4-3〉의 A는 경제 문제, 테러리즘, 휴전과 관련된 사안을 어느 정당이 잘 해결할 것인지를 묻는 질문에 대한 분석 결과이다. 이는 미래 지향적인 질문이지만, 과거의 행적에 기반을 둔 판단을 요구한다. 〈표 4-3〉의 A에서 나타나는 것처럼 60% 이상의 응답자가 공화당과 민주당 중 어느 한 정당만을 선택했다. 반면 양자를 비슷하게 평가한 응답자는 40% 이하였다.

〈표 4-3〉의 B는 특정 정당을 선호한 응답자 중 민주당 대통령 후보인 존 케리(John Kerry)에게 투표한 비율이다. 예를 들어 공화당이 경제 문제를 잘 해결할 것이라고 대답한 응답자 중 8%만이 민주당 대통령 후보인 케리에게 투표했으며, 양자가 비슷하다고 대답한 응답자 중 41%가 케리에게 투표했다. 반면 민주당이 경제 문제를 잘 해결할 것이라고 대답한 응답자의 거의 대부분(90%)은 민주당 후보인 케리에게 투표했다. 이와 같은 연관성은 테러리즘과 휴전에 관한 항목에서도 지속적으로 나타났다.

따라서 〈표 4-3〉의 결과는 유권자가 투표할 정당을 선택할 때, 정당 간의 과거 업적을 비교한 후, 이에 근거해 미래 지향적인 정당 정책을 평가한다는 사실을 보여준다. 또한 평가 결과 높은 점수를 받은 정당에 유권자가 투표하고 있음을 보여준다. 이러한 결과는 다운스와 피오리나가 제시한 합리적 유권자의 조건이 미국 선거에서 충족되고 있음을 보여주는 것이다.

3. 한국에서의 합리적 선택 이론 적용 사례

합리적 선택 이론은 한국 유권자의 투표행태를 설명하는 데 적실성을 지닌 이론인가? 나아가 한국 선거를 예측하는 데 기여할 수 있는 이론인가? 이러한 질문에 답하기 위해서는 한국 유권자의 합리성에 대한 검증이 선행되어야 한다. 따라서 앞서 미국 선거에서와 같은 방식으로 한국 선거에서도 경험적 조건이 성립하는지를 검증해보자.

검증에 사용된 자료는 중앙선거관리위원회의 의뢰로 한국사회과학데이터센터가 제17대 대통령선거와 제18대 대통령선거 이후 실시한 조사의 결과이다. 제17대 대통령선거에서는 제16대 대통령인 노무현 대통령에 대한 평가론이 대두되면서 노무현 대통령의 정치적 노선을 이어가는 대통합민주신당

〈표 4-4〉 한국 국가경제에 대한 집권정부 평가와 정당 투표

구분	제17대 대통령선거		제18대 대통령선거	
	대통합민주신당	한나라당	민주통합당	새누리당
좋아졌다(%)	62	14	16.7	83.3
(N)	(42)	(42)	(180)	(180)
비슷하다(%)	29	46	-	-
(N)	(309)	(309)	-	-
나빠졌다(%)	13	67	54.9	45.1
(N)	(584)	(584)	(881)	(881)

주 1: 밑줄은 여당을 의미한다.
2: 제18대 대통령선거의 경우, 경제 평가에 대한 응답 중 "비슷하다"는 항목이 없었다.
자료: 중앙선거관리위원회 제17대 및 제18대 대통령선거 관련 유권자 의식조사.

의 정동영 후보와 한나라당의 이명박 후보가 경합을 벌였다. 한편 제18대 대통령선거에서는 제17대 대통령선거에서 당선된 이명박 대통령에 대한 평가론이 제기된 선거로 새누리당의 박근혜 후보와 민주통합당의 문재인 후보가 경합을 벌였다.

먼저 〈표 4-1〉과 같이 국가경제에 대한 집권정부 평가와 정당 투표를 분석함으로써 한국 유권자의 회고적 투표 여부를 검증해보자. 〈표 4-4〉는 국가경제에 대한 회고적 평가를 묻는 질문에 답변한 응답자 중 각 정당 후보에게 투표한 결과이다.[7]

〈표 4-4〉의 결과에 따르면 한국 유권자도 회고적 투표 경향을 보이고 있다. 제17대 대통령선거 당시 한국 경제가 좋아졌다고 답변한 응답자 42명 중 62%가 여당 후보였던 정동영 후보에게 투표했으며, 제18대 대통령선거 때에

7 제17대 대통령선거의 경우 "선생님께서는 5년 전과 비교해서 현재 우리나라 경제상태가 어떻다고 생각하십니까?"라는 질문이 사용되었으며, 제18대 대통령선거의 경우 "선생님께서는 이명박 정부기간 동안 우리나라 경제 사정이 어떠했다고 생각하십니까?"라는 질문지가 사용되었다.

도 당시 여당 후보였던 박근혜 후보에게 180명 중 83.3%가 투표했다.

반면 국가경제에 대한 평가가 부정적일수록 여당 후보에게 투표한 비율은 현격히 줄어들었다. 제17대 대통령선거의 경우 국가경제 상황에 대해 긍정적으로 응답한 자 중 여당 후보를 선택한 유권자는 62%인 반면, 부정적으로 응답한 자 중 여당 후보를 선택한 유권자는 13%로서 그 비율이 급격히 감소했다. 또한 제18대의 경우 역시 전자의 경우 83.3%인데 반해 후자의 경우 45.1%로서 38.2%p가 감소했다.

한편 국가경제에 대한 평가가 부정적일수록 야당 후보에게 투표하는 비율은 증가했다. 예를 들어, 제17대 대통령선거의 경우 국가경제가 좋아졌다고 답변한 42명 중 14%가 야당 후보인 이명박에게 투표한 반면, 나빠졌다고 응답한 584명 중 67%가 이명박 후보에게 투표함으로써 국가경제 평가와 야당 후보 간에는 반비례적 관계가 있음이 밝혀졌다. 제18대 대통령선거의 경우에서도 마찬가지로, 전자의 경우 180명 중 16.7%가 야당 후보인 문재인에게 투표한 반면, 후자의 경우 54.9%가 문재인 후보에게 투표했다. 이와 같은 결과를 토대로 했을 때, 한국 유권자도 집권정부의 대통령 후보를 평가하는 데 회고적 투표 경향을 보인다고 할 수 있다.

나아가 한국의 유권자는 피오리나가 지적한 것과 같이 정당일체감을 통해서 정책을 평가하는 경향이 있음이 밝혀졌다.[8] 〈표 4-5〉는 선호 정당에 따른 국가경제 평가를 제시한 표이다. 〈표 4-5〉의 첫 번째 특징은 선호 정당에 관계없이 유권자는 국가경제 상황을 전반적으로 나쁘게 평가하고 있었다. 유권자의 선호 정당이 대통합민주신당이든 새누리당이든 해당 정당이 집권당

8 아쉽게도 제17대, 제18대 대통령선거 관련 유권자 의식조사에서는 합리적 유권자의 두 번째 조건인 양당 간의 비교에 관한 질문을 하지 않았다. 따라서 두 번째 조건이 2007년과 2012년 대통령선거에서 한국의 유권자에게 적용되는지 여부는 판단하기 어렵다.

〈표 4-5〉 한국에서 선호 정당과 경제 문제에 대한 평가

제17대 대통령선거	국가경제 평가		
	좋아졌다	비슷하다	나빠졌다
대통합민주신당(%)	15	51	33
(N)	(159)	(159)	(159)
선호 정당 없음(%)	3	42	54
(N)	(319)	(319)	(319)
한나라당(%)	1	26	73
(N)	(536)	(536)	(536)
제18대 대통령선거	국가경제 평가		
	좋아졌다	-	나빠졌다
민주통합당(%)	6.5	-	93.6
(N)	(403)	-	(403)
선호 정당 없음(%)	10.7	-	89.3
(N)	(300)	-	(300)
새누리당(%)	29.5	-	70.5
(N)	(465)	-	(465)

주 1: 밑줄은 여당을 의미한다.
　2: 제18대 대통령선거의 경우, 경제 평가에 대한 응답 중 "비슷하다"는 항목이 없었다.
자료: 중앙선거관리위원회 제17대 및 제18대 대통령선거 관련 유권자 의식조사.

인 여당일 경우, 국가경제가 좋아졌다고 평가한 응답자는 단지 15%, 29.5%에 불과했다. 반면 비록 자신의 선호 정당이 여당일 경우라도, 국가경제가 나빠졌다고 평가한 응답자는 각각 33%와 70.5%인 것으로 나타났다.

그렇지만 피오리나가 지적한 것처럼 유권자의 정책 평가는 정당일체감 또는 정당선호도와 연동해 이루어지고 있음이 밝혀졌다. 예를 들어, 제17대 대통령선거에서 선호 정당이 여당인 대통합민주신당인 경우, 국가경제가 좋아졌다고 답변한 응답자는 159명 중 24명인 15%였던 반면, 선호 정당이 없을 경우 3%로 감소했고, 야당인 한나라당일 경우 1%로 감소했다. 제18대 대통령선거의 경우에서도 이와 유사한 현상이 발생했다. 제18대 대통령선거의

경우 선호 정당이 여당인 새누리당인 경우, 국가 경제가 좋아졌다고 응답한 유권자는 465명 중 29.5%인 반면, 선호 정당이 없는 경우 10.7%로 하락했고, 야당인 민주통합당의 경우 6.5%로 떨어졌다.

한편, 정당선호도와 국가경제에 대한 부정적인 평가 역시 연동되는 것으로 나타났다. 예를 들어, 제17대 대통령선거에서는 선호 정당이 여당인 대통합민주신당인 경우 국가경제가 나빠졌다고 평가한 응답자는 33%였으나 선호 정당이 없는 경우 응답자의 54%가 국가경제가 나빠졌다고 평가했다. 한나라당을 선호하는 유권자의 경우 이보다 높은 비율인 73%가 국가경제가 나빠졌다고 평가했다. 제18대 대통령선거에서도 제17대 대통령선거와 유사한 형태가 발견되었다. 예를 들어, 제18대 대통령선거 당시 여당이었던 새누리당을 선호하는 유권자의 경우 국가경제가 나빠졌다고 평가한 유권자 비율이 70.5%인 반면, 선호 정당이 없다고 응답한 유권자의 89.3%가, 선호 정당이 야당인 민주통합당이라고 응답한 유권자의 93.6%가 국가경제가 나빠졌다고 평가하고 있었다.

정당일체감에 따른 국가경제 평가 변화는 다른 항목에서도 나타난다. 제17대 대통령선거에서 유권자가 여당인 대통합민주신당을 선호할 경우, 국가경제가 5년 전과 비슷하다고 응답한 비율은 51%인 반면, 선호 정당이 없는 경우 42%로 나타났으며 한나라당을 선호할 경우 26%로 나타나 해당 비율이 감소했다.

이와 같은 검증을 토대로 했을 때, 한국 유권자도 합리적 선택에 기반을 둔 투표를 한다는 사실을 알 수 있다. 한국 유권자는 정당을 선택하는 데 과거의 업적(예를 들어 국가경제)에 기반을 둔 투표를 하고 있었다. 또한 과거의 업적을 정당일체감이라는 렌즈를 통해 평가한다는 사실을 알 수 있다. 이와 같은 경험적 검증으로 미루어보아 합리적 선택 이론은 한국 유권자, 나아가 한국 선거를 설명하는 데 적실성 있는 이론이라고 평가할 수 있다.

한국 선거에 대한 기존의 연구에 따르면 이와 같은 합리적 선택 이론의 적실성은 2007년 제17대 대통령선거와 2012년 제18대 대통령선거뿐만 아니라 이전에 치러진 다른 대통령선거에서도 발견된다. 1987년 민주화 이후의 제14대 대통령선거(1992년), 제15대 대통령선거(1997년), 제16대(2002년) 대통령선거에서도 회고적 투표와 전망적 투표, 회고적-전망적 투표 경향이 나타났다.

제14대 대통령선거를 분석한 박경산(1993)의 연구는 한국의 유권자가 전망적 투표자일 가능성을 제시했다. 제14대 대통령선거를 분석한 결과, 경제성장이라는 회고적 투표의 지표는 지지 후보 결정에 영향을 미치지 않는 반면, 물가 안정이라는 전망적 투표의 지표는 지지 후보 결정에 영향을 미치는 것으로 나타났다. 이러한 분석을 토대로 박경산은 한국 유권자가 회고적 투표자이기보다는 전망적 투표자일 가능성이 크며, 민주화라는 정치적 쟁점이 사라진 한국 선거에서 경제적 사안의 중요성은 더욱 커질 것으로 예측한다. 또한 제15대 대통령선거를 분석한 황아란(2000)의 연구는 합리적 선택 이론의 적실성을 다른 측면에서 뒷받침한다. 제15대 대통령선거를 분석한 결과, 한국 유권자는 회고적 평가로서 국가경제위기의 책임이 누구에게 있는지를 규명한 후, 이를 기준으로 위기에 빠진 국가경제를 누가 더 잘 해결할 수 있는지를 판단해 투표했다는 것이다.

한편 1992년에 치러진 제14대 대통령선거와 제14대 국회의원선거를 분석한 조기숙(1996)의 연구는 지역주의 투표 성향을 합리적 선택의 한 범주인 회고적 투표로서 간주하고 있다. 1987년에 치러진 제13대 대통령선거 이후에 급속하게 강화된 지역주의 성향의 투표는 역대 대통령들의 출신 지역에 따른 지역 차별 정책의 결과에 대한 유권자의 반응이라고 볼 수 있는 것이다.[9]

---

9 그러나 제18대 대통령선거를 분석한 지병근(2013)의 연구에 따르면 호남 지역 유권자

조기숙은 지역주의 형성 원인을 박정희 정부가 산업화 과정에서 보인 영남 선호와 호남 소외 그리고 이와 관련된 정치 지도자들의 선거 전략에서 찾고 있다.

1997년 제15대 대통령선거를 분석한 이현우(1998a)는 한국의 선거에서 회고적 투표 성향과 전망적 투표 성향이 공존할 수 있음을 보여주었다. 국가경제위기 시에 치러진 제15대 대통령선거는 김영삼 정부에 대한 경제위기 책임을 중심으로 한 평가, 즉 회고적 평가와 경제위기를 더 잘 극복할 수 있는 대통령에 대한 평가인 전망적 평가가 공존한 선거였다. 유권자 여론조사에 바탕을 둔 이현우의 분석에 의하면 한국 유권자는 두 가지 종류의 평가를 같이 고려해 지지 후보를 결정한 것으로 나타났다.

1988년과 2000년 유권자 의식조사에 기반을 둔 지역주의 연구는 한국 유권자도 피오리나가 지적한 것처럼 정당일체감을 통해 정책을 평가하는 경향이 있음을 보여주었다. 이갑윤(2002)에 따르면 유권자의 정치적 태도는 정책의 평가에 따른 결과가 아니라 유권자가 정당일체감을 느끼는 정당의 입장 차이에 기반을 두고 있다. 즉, "자신이 지지하는 정당이 여당일 때는 현실정치에 긍정적이며 정부 정책을 지지하는 반면에, 야당일 때는 부정적이고 비판적인 입장을 취하게 된다는 것이다"(이갑윤, 2002: 169). 이 같은 결론에 따르면 한국 유권자도 정당일체감을 통해 정책을 평가하며, 궁극적으로 이러한 평가가 후보 선택에 영향을 미친다고 추론해볼 수 있다.

제18대 대통령선거를 분석한 박원호(2014)의 연구 또한 정당선호도에 따라 이슈의 영향력이 차별적임을 보여주고 있다. 즉, 선호하는 정당이 중요하게 생각하는 이슈를 선점할 경우, 이슈의 영향력은 크지 않다. 그러나 선호

들의 정당 지지는 지역 이익 실현을 위한 합리적 선택이기보다는 광주항쟁 이후 형성된 정치적 기억과 새누리당에 대한 반감이라는 지적도 있다.

하는 정당이 중요하다고 생각하는 이슈를 선점하지 못할 경우, 이슈의 독자적 영향력이 발휘되기 시작한다는 것이다. 따라서 제18대 대통령선거는 박근혜 후보가 보수 진영의 이슈인 경제성장 이슈를 지키면서도, 진보 진영이 독점하고 있던 복지 이슈를 상당 부분 잠식한 선거였으며, 이 결과 박근혜 후보가 당선될 수 있었다.[10]

지금까지 살펴본 한국 유권자에 대한 기존 연구와 경험적 분석을 통해 볼 때, 합리적 선택 이론은 한국의 유권자, 나아가 한국의 선거를 설명하는 데 상당 부분 기여한다는 사실을 알 수 있다.

4. 나오며

합리적 선택 이론은 유권자의 투표행위를 분석하는 주요 이론으로 자리잡고 있다. 이 장에서는 이와 같은 합리적 선택 이론의 기본적인 내용 및 전제를 소개했다. 이후 합리적 선택 이론의 세 가지 시각으로서 회고적 투표, 전망적 투표, 회고적-전망적 투표의 공통점과 차이점을 설명했다. 끝으로 합리적 선택 이론의 내용과 시각이 미국과 한국에서 적실성을 지니는지를 대표적 연구와 경험적 분석을 통해 살펴보았다. 이와 같은 분석을 통해 본 결과, 합리적 선택 이론은 미국과 한국 유권자의 투표행위를 설명하는 데 크게 기여하는 것으로 밝혀졌다.

이는 대의민주주의 운영에 함의하는 바가 크다. 대의민주주의 운영의 기

10 그렇지만 한국 선거에서 합리적 선택 이론이 유효하지 않다는 연구도 제시되고 있다. 예를 들어, 2006년과 2010년 지방선거를 분석한 김종욱(2012)의 연구에 따르면, 지방선거는 중앙정부의 국정 운영에 대한 평가일 뿐 정책과 이념의 차이에 따른 합리적 투표는 아니라는 것이다.

본 전제는 국민주권에 있으며, 유권자인 국민은 정책 이행과 정책 공약에 기반을 두어 투표할 것을 전제하기 때문이다. 유권자가 현직자의 정책 수행과 정당 또는 후보자의 정책 공약을 인지하며, 이에 기반을 두고 투표한다는 이 장의 결론은 정책 선거 실종이라는 대의민주주의 위기론을 어느 정도 해갈시킨다고 할 수 있다.

📖 핵심 주제어

도구적 합리성(Instrumental Rationality)
행위자의 선호도와 결과에 대한 믿음이 일치하는 행동.

전망적 투표자(Prospective Voter)
과거의 정책 이행 결과에 기반을 두고 선거 때 제시되는 정책적 공약을 평가하며, 유권자의 정책적 입장과 유사한 입장을 제시하는 정당에 투표하는 유권자.

회고적 투표자(Retrospective Voter)
현직자 또는 정당이 임기 중 수행했던 업적이나 재직 시 발생했던 사건에 대한 평가를 기반으로 투표하는 유권자.

회고적-전망적 투표자(Retrospective-Prospective Voter)
정당 정책에 대한 기대효용을 계산할 때 과거 정당의 업적 수행에 대한 평가 요약치인 정당일체감에 기반을 두고 정당을 비교 평가하는 유권자.

📖 추천 문헌

Downs, Anthony. 1957. *An Economic Theory of Democracy*. New York: Harper.
경제학적 논리를 정치학에 본격적으로 도입해 정치적 선택의 합리성을 강조한 '합리적 선택 이론'의 고전적 지침서.

Key, V. O. 1966. *The Responsible Electorate: Rationality in Presidential Voting, 1936~1960*. Cambridge: Harvard University Press. 유권자의 투표행태에서 경제적 요인에 따른 투표행태의 합리적 선택을 강조한 중요한 지침서.

Fiorina, Morris P. 1981. *Retrospective Voting in American National Elections*. New Haven: Yale University Press. 미국 유권자의 회고적 투표행태를 실증적으로 검증해 설명한 저서.

Green, Donald P. and Ian Shapiro. 1994. *Pathologies of Rational Choice Theory: A Critique of Applications in Political Science*. New Haven and London: Yale University Press. 합리적 선택 이론의 주요 논리와 내용을 비판적인 관점에서 재해석한 저서.

토론 주제

1. 회고적 투표 이론, 전망적 투표 이론 그리고 회고적-전망적 투표 이론 중 어떤 이론이 한국 유권자를 설명하는 데 더욱 적합할까?
2. 합리적 선택 이론에서 합리적인 유권자는 자신의 정치적 목적을 달성하기 위해 행동한다. 여러분 자신의 경우를 고려해볼 때, 지난 대통령선거에서 여러분은 어떤 정치적 목적을 가지고 투표했는가?

제5장 선거 이슈와 투표행태

최준영

문제 이상적인 민주 시민은 다음 중 무엇을 중심으로 투표하겠는가?

① 후보의 이미지 ② 후보의 출신지

③ 후보가 제시한 정책 공약 ④ 후보의 소속 정당

1. 들어가며

어느 중학교의 사회 과목 시험에서 위와 같은 문제가 출제되었다고 가정해보자. 아마도 많은 학생들이 '③ 후보가 제시한 정책 공약'을 답으로 고를 것이다. 왜 그럴까? 민주주의 사회에서 주권은 국민에게 있다. 이는 정부가 어떻게 운영되어야 하는지 결정하는 최종 권한이 국민에게 있음을 의미한다. 대부분의 정부 운영은 정책 입안과 집행으로 구성되어 있으며, 국민은 자신의 정책적 선호가 어떤지 분명히 밝힘으로써 정부 운영의 향방에 영향을 미칠 수 있다. 만약 국민의 정책적 선호가 분명히 제시되지 않는다면 대다수 국민의 선호와는 동떨어진 방향으로 정부 정책이 만들어지고 집행될 수 있다. 이는 주권은 국민에게 있다는 민주주의 체제의 정당성을 위협하는 요인이 된다.

그렇다면 국민은 어떠한 방법을 통해 자신의 정책적 선호를 밝힐 수 있는가? 여러 가지 방법이 있겠지만 가장 중요한 방법은 선거에서 후보가 제시한 정책 공약을 면밀하게 살펴보고 자신의 선호를 가장 잘 반영한 공약을 제시한 후보에게 투표하는 것이다. 이렇게 되는 경우 선거에서 승리한 후보의 공약은 한 명이라도 더 많은 국민이 원한 것이기 때문에 민주적 정당성을 입증받는다. 또한 그 공약이 실질적으로 집행된다면 국민의 정책적 선호에 따라서 정부가 운영된다고 간주할 수 있다. 결국 선거에서 정책 공약에 입각한 투표를 하는 것은 민주주의 체제의 유지와 발전에 핵심적 요소를 구성한다고 볼 수 있다.

후보가 제시한 정책 공약에 입각해 투표하는 것을 가리켜 **이슈 투표**(issue voting)라고 부른다.[1] 이러한 이슈 투표는 앞서 언급한 것처럼 민주주의 체제의 정당성과 직결되는 사항으로 많은 정치학자의 관심을 끌어왔으며, 그 결과 매우 다양한 이론적 논의와 쟁점이 만들어졌다. 이 장에서는 이슈 투표의 조건과 메커니즘 그리고 경제 투표, 이렇게 세 분야로 나누어 분야별로 대표 저술을 소개하고 이를 통해 이슈 투표와 관련된 중요한 이론적 논의와 쟁점을 정리한다. 아울러 서구에서 개발된 이슈 투표 이론이 한국 선거를 분석하는 데 어떻게 적용되고 있으며 어떤 의미 있는 발견을 했는지에 대한 논의도 덧붙일 것이다.

1 흔히 이데올로기에 입각해 투표하는 것도 이슈 투표로 간주된다. 이는 다양한 정책적 내용이 진보적 또는 보수적 이데올로기 속에 함축적으로 표현되고 있기 때문이다.

2. 이슈 투표: 이론과 쟁점

1) 이슈 투표는 어떤 조건하에서 이루어지는가

이슈 투표가 민주주의 체제의 유지와 발전에 반드시 필요하다는 당위성이 존재하는데도 실제 선거에서 이슈 투표가 이루어지기 어렵다는 주장이 상당히 오래전부터 제기되어왔다(Campbell et al., 1960; Converse, 1964; Delli Carpini and Keeter, 1996; 제6장 참조). 다운스는 유권자가 선거에서 후보들이 제시하는 정책 공약에 그리 큰 관심을 기울이지 않는 이유를 유권자의 합리성에서 찾는다. 다운스에 따르면 유권자가 후보들의 공약에 대한 정보를 수집하고 분석하고 이해하는 데 소요되는 비용이 이를 통해 얻을 수 있는 이윤보다 크다. 만약 선거에서 자신이 던진 한 표가 선거 결과를 결정지을 수 있다면 유권자는 후보의 정책 공약에 대한 상세한 정보를 수집하고 분석할 유인(incentive)을 가질 것이다. 그러나 실제 그렇게 될 확률은 거의 0에 가깝다. 즉, 선거에서 수많은 유권자들이 투표를 하는 상황 속에서 개별 유권자가 어떻게 투표했는지와 상관없이 선거 결과가 결정되기 때문에 유권자가 투표를 통해 얻을 수 있는 이윤은 거의 없다. 따라서 유권자가 합리적이라면 후보의 정책 공약에 대한 정보를 수집하고 분석할 필요성을 느끼지 못하고 일부러 **합리적인 무지 상태**(rational ignorance)로 남아 있을 가능성이 높다(Downs, 1957).

그러나 우리는 유권자가 합리적 무지 상태를 벗어나 후보의 정책 공약에 적극적으로 반응하고 이를 토대로 이슈 투표를 하는 상황을 자주 목격한다. 이러한 상황은 많은 정치학자가 이슈 투표를 가능하게 만드는 조건이 무엇인지 살펴보게 하는 계기가 되었다. 지금까지 진행되었던 이슈 투표의 조건에 대한 논의는 크게 두 가지로 축약할 수 있다.

첫째, 후보들의 정책 공약이 서로 확연한 차이를 보일 때 이슈 투표가 일어날 수 있다. 이는 일찍이 키가 주장한 것이다. 유권자는 후보의 정책 공약에 입각한 이슈 투표를 할 능력도 의지도 없는 존재라는 학계의 주장을 정면으로 반박한 키는 문제의 원인을 유권자가 아닌 후보에게서 찾았다. 그에 따르면 유권자가 후보들이 제시한 정책 공약에 입각해 투표하기 위해서는 충족되어야 할 전제가 있다. 즉, 각 후보가 제시한 공약이 서로 차이를 보여야 한다. 공약이 매우 유사하다면 유권자는 공약만으로 누구에게 투표할지를 결정하기 어려울 수밖에 없다. 키는 이처럼 후보들이 정책상의 차이를 보일 때에만 유권자가 이슈 투표를 할 수 있다는 점을 빗대어 **메아리방 효과**(echo chamber effect)라고 불렀다. 명확한 정책 대안이 제시된다면 유권자는 반드시 그에 대해 메아리처럼 화답한다는 것이다. 결국 유권자가 이슈 투표를 하지 않는 것은 유권자 때문이 아니라 차별성 없는 정책을 제시하는 후보 때문이라고 할 수 있다(Key, 1966).

이러한 키의 주장은 여러 학자에 의해 경험적으로 검증되었다. 페이지와 브로디(Richard Brody)는 닉슨(Richard Nixon)과 험프리(Hubert Humphrey Jr.)가 맞붙었던 미국의 1968년 대통령선거에서 베트남전쟁에 대한 정책 이슈가 유권자의 투표 결정에 어느 정도 영향을 미쳤는지 살펴보았다. 그 당시 미국은 베트남전쟁을 둘러싸고 매우 격한 논쟁에 휩싸여 있었기에 많은 유권자가 베트남전쟁에 관한 이슈를 투표의 중요한 기준으로 사용할 것이라고 예측되었다. 그러나 경험적 분석 결과 이 이슈는 유권자의 투표 결정에 매우 미미한 영향을 미친 것으로 나타났다. 페이지와 브로디는 베트남전쟁이 유권자 사이에서 매우 높은 관심을 끌었는데도 투표 결정에는 별다른 영향을 미치지 못한 이유를 닉슨과 험프리의 대(對) 베트남 정책이 그리 큰 입장 차이를 보이지 않았다는 사실에서 찾았다. 그들은 실제로 닉슨과 험프리의 선거 유세 연설 내용을 분석했는데, 두 후보 간에 베트남전쟁에 대한 정책적 차이는 거의 찾아보기 어려운 것으로 나타났다(Page and Brody, 1972).

폼퍼(Gerald M. Pomper)와 나이 그리고 그의 동료들은 미국 정당정치의 변화에 초점을 맞추어 키의 주장을 검증했다. 이들에 따르면 1960년대에 접어들면서 미국의 양대 정당인 공화당과 민주당이 이념적으로 더 선명한 차이를 나타냈으며, 이 정당의 후보들도 서로 차별된 정책 공약을 제시하기 시작했다(Pomper, 1972b; Nie, Verba and Petrocik, 1974). 이러한 상황은 특히 1964년 대통령선거에서 보수주의의 기치를 들고 등장한 공화당 골드워터(Barry Goldwater) 후보의 영향이 컸는데, 골드워터는 비록 선거에서 패배하기는 했지만 공화당의 이념적 색채를 보수주의로 전환하는 데 결정적인 영향을 미쳤다(최준영, 2007). 이처럼 공화당과 민주당의 이념적 성향이 차이를 보이기 시작하면서 유권자는 두 정당과 그 후보들의 정책적 차이를 과거보다 훨씬 쉽게 이해할 수 있게 되었고, 궁극적으로는 이슈 투표를 좀 더 자주 할 수 있게 되었다. 위의 학자들은 이러한 상황에 대한 경험적인 증거를 찾아내 키의 주장의 타당성을 입증했다.

이슈 투표의 두 번째 조건은 어떤 성격의 정책 이슈가 선거의 주된 쟁점이 되는지에 달려 있다. 카마인스(Edward Carmines)와 스팀슨(James Stimson)은 선거에서 후보 간 중요 쟁점이 된 정책 이슈를 쉬운 이슈(easy issue)와 어려운 이슈(hard issue)로 구분하고, 선거의 쟁점이 쉬운 이슈가 되는 경우 유권자가 이슈 투표를 할 가능성이 높아진다고 주장했다. 카마인스와 스팀슨에 따르면 쉬운 이슈란 '기술적(technical)'이기보다는 '상징적(symbolic)'이며, 정책의 수단보다는 목적에 초점을 맞추고, 오랫동안 정치적 논쟁의 중심에 놓여 있던 이슈를 의미한다. 반대로 어려운 이슈는 기술적이고, 정책적 수단에 초점을 맞추며, 비교적 최근에 등장한 정치적 이슈를 의미한다. 쉬운 이슈가 선거의 중요 쟁점이 되는 경우 유권자는 후보별로 정책적 차이가 어떻게 나타나는지 쉽게 이해할 수 있기에 정책에 입각한 이슈 투표를 할 가능성이 높아진다. 쉬운 이슈의 대표적인 예로 미국에서 흑인에 대한 인종차별 철폐 문제를 들 수 있다. 반면 어려운 이슈가 선거의 주된 쟁점이 되는 경우는 정책을 어떤 방법으로 달성할 것인지에 관련된 기술적 측면이 크게 부각되고 이슈 자체도 비교적 새로워 많은 유권자가 낯설게 느낄 가능성이 높기 때문에 유권자가 후보들 사이의 정책적 차이를 쉽게 파악하기 어렵다. 즉, 어려운 이슈를 이해하기 위해서는 정보 수집과 분석에 소요되는 비용이 그만큼 증가해 유권자가 그 이슈를 자신의 중요한 투표 기준으로 삼으려고 하지 않을 가능성이 높아진다. 카마인스와 스팀슨은 어려운 이슈의 대표적인 예로 베트남에서 어떻게 철군할 것인지를 둘러싼 이슈를 든다. 결국 선거 때마다 이슈 투표가 증가하거나 감소하는 중요한 원인 중 하나는 특정 선거에서 쟁점이 되었던 정책 이슈가 이해하기 쉽거나 어려운 정도에 있다는 것이다(Carmines and Stimson, 1980).

2) 이슈 투표는 어떤 과정을 통해 이루어지는가

이슈 투표가 이루어질 수 있다는 점을 전제했을 때 우리가 생각해볼 문제는 이슈 투표가 어떤 과정을 통해 이루어지는가이다.[2] 사실 이 문제에서는 상당히 오랫동안 하나의 이론이 독보적인 위치를 차지해왔다. 바로 **공간 투표 이론**(spatial theory of voting)이다. 그러나 1980년대 후반에 **방향성 투표 이론**(directional theory of voting)이 등장해 공간 투표 이론의 아성에 도전했고, 현재는 두 이론의 단점을 보완한 혼합 모형이 논의되는 단계에 이르렀다. 여

2 여기서 다룰 세 가지 이론 외에도 다른 맥락에서 이슈 투표의 메커니즘을 다루는 이론도 있다. 이에 대해서는 매튜스(Matthews, 1979), 그로프먼(Grofman, 1985), 메릴과 그로프먼(Merill and Grofman, 1999)을 참조.

기서는 세 이론이 각각 어떠한 내용을 지니고 있는지를 각 이론의 대표적 저작을 통해 소개하고자 한다.

(1) 공간 투표 이론

공간 투표 이론은 다운스(Downs, 1957)가 최초로 정치학 분야에 도입한 이후 여러 정치학자들의 지속적인 노력에 의해 체계적으로 발전해왔다(Davis and Hinich, 1966; Enlow and Hinich, 1982, 1984). 이 이론의 핵심 내용은 크게 네 가지 아이디어로 축약할 수 있다. 첫째, 특정 이슈에 대한 입장은 매우 찬성부터 매우 반대에 이르기까지 그 강도를 고려해 연속선상에서 배치할 수 있다. 둘째, 각 유권자는 특정 이슈 차원에서 자신이 가장 선호하는 지점이 어디인지를 알 수 있다. 셋째, 선거에 출마한 후보 각각의 정책적 입장도 똑같은 이슈 차원의 한 지점에 놓인다. 넷째, 유권자는 이슈 차원에서 자신의 선호와 가장 가까운 위치에 놓인 후보에게 투표한다. 이처럼 유권자의 투표 결정은 후보의 정책적 입장이 자신의 입장과 얼마나 가까운지에 따라 결정되므로 공간 투표 이론은 때때로 **근접 이론**(proximity theory)이라고 불리기도 한다. 이러한 내용을 〈그림 5-1〉을 통해 설명할 수 있다.

〈그림 5-1〉은 종합부동산세(종부세)에 대한 입장을 예로 든 이슈 차원이다. 1은 종부세에 절대 찬성하는 입장을, 11은 종부세에 절대 반대하는 입장을 의미한다. 6은 중도적인 입장을 반영한다. 〈그림 5-1〉에서 후보1(C1)의

〈그림 5-1〉 공간 투표 이론: 종부세 이슈 차원

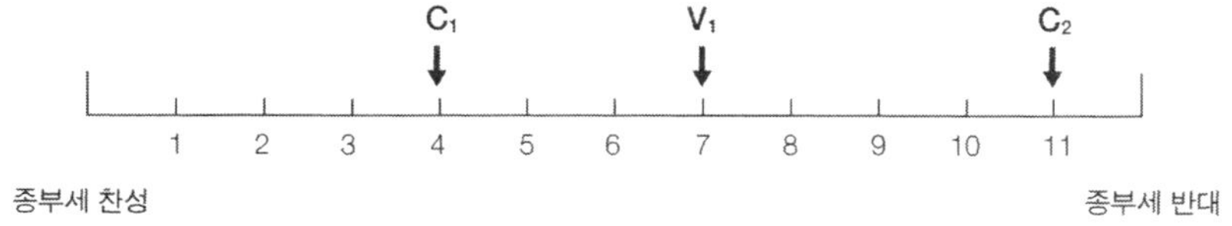

〈그림 5-2〉 공간 투표: 종부세와 대운하 건설 이슈 차원

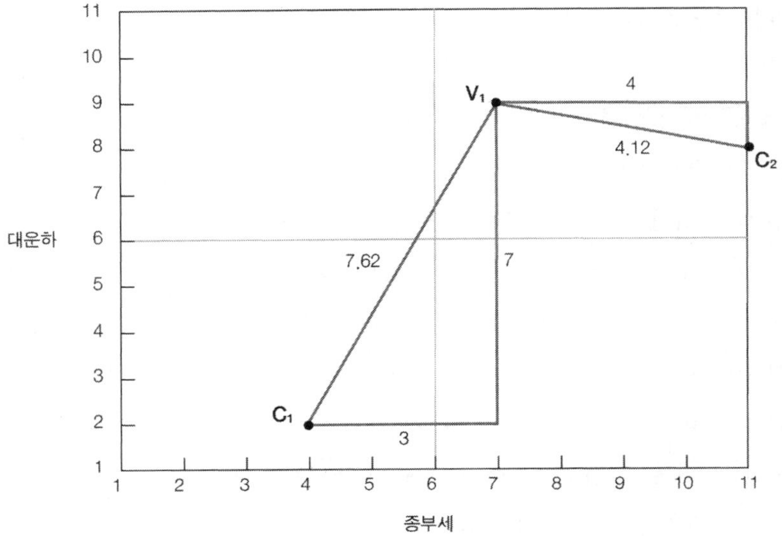

종부세에 대한 입장은 4에, 후보2(C2)는 11에, 유권자1(V1)은 7에 위치한다. 공간 투표 이론에 의하면 유권자는 자신의 정책적 선호와 가장 가까운 위치에 있는 후보에게 투표한다. 유권자1과 후보1의 이슈 거리는 3(=|7 - 4|)이고 후보2와의 거리는 4(=|7 - 11|)이다. 따라서 공간 투표 이론은 유권자1은 후보1에게 투표할 것으로 예측한다. 한편 유권자가 둘 이상의 이슈 차원을 활용해 투표 결정을 할 가능성도 있다.

〈그림 5-2〉는 이슈 차원이 두 개인 경우를 가정해 만들어졌다. 〈그림 5-2〉에서 가로축은 〈그림 5-1〉과 마찬가지로 종부세에 대한 이슈 차원을 의미한다. 그리고 세로축은 대운하 건설에 대한 이슈 차원을 예로 사용했다. 1은 대운하 건설에 절대 반대하는 입장을, 11은 절대 찬성하는 입장을 의미하며, 6은 중도적인 입장이다. 유권자1, 후보1, 후보2는 종부세 이슈 차원에서는 〈그림 5-1〉과 똑같은 위치에 놓여 있다. 한편 대운하 이슈 차원에서는 후보1

의 입장은 2에, 후보2는 8에, 유권자 1은 9에 위치한다. 이와 같은 두 개의 이슈 차원이 주어졌을 때 유권자와 후보 간의 거리는 〈그림 5-2〉에 나타난 것처럼 피타고라스 정리를 통해 구할 수 있다. 예를 들어 유권자1과 후보1의 거리를 구해보자. 종부세 이슈 차원에서 둘의 거리는 3이며, 대운하 이슈 차원에서의 거리는 7이다. 이때 유권자 1과 후보1의 거리는 $\sqrt{7^2+3^2}$ 으로 구할 수 있으며 그 값은 7.62이다. 마찬가지 방법으로 유권자1과 후보2 사이의 거리를 구하면 4.12로, 이슈 차원이 두 개인 경우 유권자1은 후보2에게 투표할 것으로 예측된다. 이슈 차원이 종부세 하나였을 때와는 상반된 결과가 나타난 것이다.

물론 유권자는 투표 결정을 할 때 두 개가 넘는 이슈 차원을 고려할 수도 있다. 이 경우 다음과 같은 공식을 통해 유권자와 후보의 거리를 구할 수 있다. 여기서 x, y, z는 각 이슈 차원에서 유권자와 후보의 거리이며, n은 모형에 포함하는 마지막 이슈 차원에서 유권자와 후보의 거리를 의미한다.

$$\text{거리} = \sqrt{x^2 + y^2 + z^2 + \ldots + n^2}$$

이러한 공간 투표 이론은 이슈 투표가 이루어지는 과정을 매우 간결하면서도 통찰력 있는 모형으로 구체화했다는 점에서 많은 정치학자의 지지를 받았고, 이슈 투표의 대표적인 모형으로 자리 잡았다. 그러나 이 이론은 현실성이 희박한 전제에 기반을 두었다는 약점이 있다. 공간 투표 이론에 입각한 이슈 투표가 가능하려면 대부분의 유권자는 특정 이슈 공간에서 자신뿐 아니라 각각의 후보가 어떤 위치에 있는지 알아야 한다. 그러나 앞서 언급했듯 이러한 일이 일어날 가능성은 그리 높지 않다. 이처럼 공간 투표 이론의 전제에 현실성이 없었기에 얼마나 정확하게 유권자의 투표행태를 설명할 수 있을지에 대한 회의가 생기고, 이에 따른 비판이 제기될 수밖에 없었다. 공간 투표 이론에 대한 가장 강력한 비판은 라비노위츠(George Rabinowitz)와 맥도널드(Stuart Macdonald)의 방향성 투표 이론이었다.

(2) 방향성 투표 이론

라비노위츠와 맥도널드에 따르면 유권자는 공간 투표 이론에서 전제하는 것처럼 특정 이슈에 대한 자신의 입장과 후보들의 입장을 알기 위해 꼼꼼히 정보를 수집하고 분석하며, 분석된 정보에 입각해 자신과 각 후보의 거리를 정확히 계산해내는 합리적 존재는 아니다. 그들에 따르면 유권자는 자신의 '감정(emotion)'에 더 충실한 존재이다(Rabinowitz and Macdonald, 1989). 유권자가 합리성보다 감정을 더 중요하게 고려한다고 했을 때 이슈 투표는 어떤 과정을 통해 이루어지는가?

특정 이슈 차원이 주어졌을 때 유권자가 제일 먼저 생각하는 것은 두 개의 상반된 관점으로 구성된 이슈 차원에서 자신이 어느 편에 속하는지를 결정하는 것이다. 많은 경우 정치적 이슈는 두 개의 갈등적인 관점으로 구성되어 있다. 종부세나 대운하 건설 이슈에서 나타나는 것처럼 각 이슈는 찬성과 반대로 구분될 수 있다는 것이다. 종부세 이슈를 고려해야 하는 상황을 예로 든다면 유권자가 제일 먼저 생각하는 것은 자신이 〈그림 5-1〉의 11개 이슈 입장 중 구체적으로 어디에 놓여 있는가가 아니다. 그것은 바로 자신이 종부세에 찬성하는 입장인지 반대하는 입장인지를 결정하는 것이다. 다시 말해 방향성 이론은 공간 투표 이론과 달리, 특정 이슈에 대한 입장은 연속적인 차원에 위치하는 것이 아니라 이분법적으로 분포한다는 입장을 보인다.

강남에 살며 15억 원짜리 아파트를 소유한 유권자를 예로 들어보자. 이 유권자는 아마 다음과 같은 내용을 머릿속에 떠올릴 것이다. '노무현 정권 때 부동산 시장을 잡겠다고 만든 종부세인데, 여기에 반대해야 하나 찬성해야 하나? 당연히 반대지. 내가 이것 때문에 매년 내야 할 돈이 얼만데 …… .'

종부세 이슈에 대한 찬반 입장 중 하나를 선택한 유권자는 이제 자신이 이 문제를 감정적으로 얼마나 중요하게 느끼는지를 고려한다. 그는 다음과 같이 생각할 것이다. '종부세 때문에 내가 내야 하는 돈이 거의 내 한 달 월급과 맞먹어. 이 돈을 내려면 매달 적금이라도 들어야 할 판이야. 그리고 이 세금으로 부동산 시장을 잡겠다고 하지만 실제로 나 같은 부유층을 잡겠다는 의미야. 난 죽어도 종부세에 찬성할 수 없어!' 이렇게 생각하는 유권자라면 종부세 이슈에서 매우 강한 반대 입장을 표명할 수 있다.

이처럼 특정 이슈에서 자신의 입장을 정리한 유권자는 같은 방법으로 각 후보가 이 이슈에서 어떤 위치에 있는지 따진다. 유권자는 우선 각 후보가 종부세 이슈에서 찬성 입장에 서 있는지 반대 입장에 서 있는지를 살핀다. 그런 다음 이들이 각각의 입장에서 얼마나 강하게 자신의 입장을 표명하는지를 고려해 이들이 이슈 차원에서 어디쯤 놓여 있을지 생각한다. 이 같은 방법으로 유권자와 각 후보가 특정 이슈 차원의 어느 위치에 있는지가 최종 결정된다. 이제 유권자가 어떤 후보에게 투표할지의 문제만 남아 있다.

공간 투표 이론은 유권자가 특정 이슈 차원에서 자신과 제일 가까운 위치에 놓인 후보에게 투표할 것이라고 주장한다. 그러나 방향성 투표 이론에서는 전혀 다른 방식으로 투표 결정에 대한 고려가 이루어진다. 유권자가 투표하기 위해 고려할 점은 우선 어떤 후보가 자신과 같은 편에 서 있는가이다. 자신이 종부세를 반대한다면 일단 종부세를 지지하는 후보는 투표 대상에서 제외된다. 만약 종부세를 반대하는 후보가 단 하나라면 그 후보에게 투표하면 된다. 그러나 종부세를 반대하는 후보가 복수인 경우 그들 중 누구를 선택할 것인지 고민할 필요가 있다. 이때 방향성 투표 이론은 자신의 입장을 가장 선명하고 강력하게 피력한 후보가 유권자의 선택 대상이 된다고 가정한다. 특정 이슈 차원에서 자신의 입장을 선명하고 강력하게 피력하는 후보는 그렇지 않은 후보보다 유권자의 관심을 끌 가능성이 높기 때문이다.

〈그림 5-3〉 방향성 투표 이론: 종부세 이슈 차원

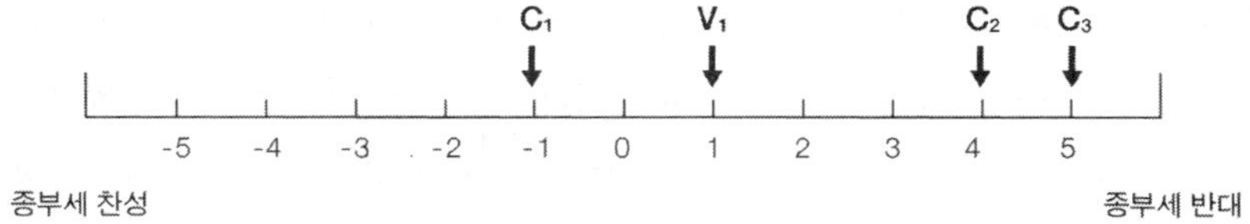

이와 같은 내용을 공간 투표 이론과 마찬가지로 그림을 가지고 설명해보자. 〈그림 5-3〉은 종부세에 대한 이슈 차원을 표현하고 있다. 논의를 진행하기에 앞서 〈그림 5-3〉이 〈그림 5-1〉과 어떠한 차이를 보이는지 언급할 필요가 있다. 가장 중요한 차이는 〈그림 5-3〉에서 0으로 표시되고 〈그림 5-1〉에서는 6으로 표시된 한가운데 지역이다. 공간 투표 이론에서 이 지역은 단지 중도적 입장을 표명하는 것을 의미한다. 그러나 방향성 투표 이론에 따르면 이 지역은 이슈에 대한 찬반 입장이 전혀 없는 빈 공간을 의미할 뿐이다. 즉, 어떠한 정책적 내용이나 함의가 발견되지 않는 지역으로서, 다만 이슈의 찬반을 가르는 기준점의 역할만 하고 있는 지점인 것이다.

두 그림의 또 다른 차이는 이슈 차원에서 위치를 반영하는 숫자가 다른 방식으로 적혀 있다는 것이다. 〈그림 5-1〉에서는 1에서 11까지의 척도로 적혀 있는 반면, 〈그림 5-3〉은 0을 기준으로 왼쪽은 음의 값을 오른쪽은 양의 값을 지니면서 서로 대칭적으로 숫자가 기술되어 있다.[3] 〈그림 5-3〉이 이렇게 만들어진 이유는 방향성 투표 이론이 유권자의 선호가 찬성과 반대 중 어느 쪽을 향하고 있는가에 따라 투표 결정이 이루어진다고 주장하기 때문이다.

3 사실 방향성 투표 이론에서는 0을 기준으로 왼쪽으로 양의 값을, 오른쪽으로 음의 값을 갖는 방식으로도 그릴 수 있다. 이를 정하는 기준은 유권자가 0을 기준으로 어디에 위치하는지에 따라 정해진다. 〈그림 5-3〉의 경우 유권자1이 종부세 반대쪽(즉, 0에서 오른쪽)에 위치하고 있었기 때문에 오른쪽의 값이 양의 값을 가진 것이다. 만약 유권자가 찬성 쪽에 위치하고 있었다면 왼쪽이 양의 값을 가진 것으로 구성되었을 것이다.

그렇다면 유권자1은 어떤 후보에게 투표할 것인가?

우선 유권자1은 종부세 반대의 입장에 있기 때문에 후보1에게 투표할 가능성은 전혀 없는 것으로 나타난다. 이는 공간 투표 이론이 예측하는 것과 정반대이다. 거리상으로 보면 후보1이 유권자1과 가장 가까운 곳에 위치하므로, 공간 투표 이론은 후보1에게 투표하리라고 예측할 것이기 때문이다. 다음으로 유권자1은 자신의 입장과 같은 편에 속한 후보2와 후보3 중 한 명을 선택해야 하는데, 전술했듯이 이때 고려하는 사항은 후보가 얼마나 선명하고 강력하게 자신의 입장을 표명하는지이다. 후보2보다는 후보3이 더 강한 입장 표명을 하고 있는 것으로 나타났기 때문에 유권자1은 후보3에게 투표할 것으로 예측된다. 이를 수식으로 계산하는 방법도 있다. 유권자의 입장과 후보의 입장을 곱한 다음 가장 큰 값이 나온 후보가 누구인지 찾아보는 방법이다. 〈그림 5-3〉의 경우 유권자1과 후보1의 값은 -1〔= 1 × (-1)〕, 후보2와의 값은 4(= 1 × 4), 후보3과의 값은 5(= 1 × 5)가 되며, 이때 유권자1은 가장 큰 값을 지닌 후보3에게 투표한다는 것이다.[4]

이 시점에서 우리는 한 가지 문제를 제기해볼 수 있다. 방향성 투표 이론은 유권자가 이슈 차원에서 같은 방향에 위치하고 매우 선명한 입장을 표명하는 후보에게 투표한다고 주장한다. 그런데 선명하고 강력한 입장을 표명하는 후보는 전반적으로 이슈 차원에서 극단적인 위치에 놓일 가능성이 높다. 문제는 선거에서 극단적인 입장을 표명하는 후보는 대체로 이길 가능성이 낮다는 점이다. 즉, 방향성 투표 이론에서는 극단적인 입장을 지닌 후보가 선거에서 이길 가능성이 가장 높은 것으로 예측하지만 실제 선거에서는

4 방향성 투표 이론도 공간 투표 이론과 마찬가지로 둘 이상의 이슈 차원을 고려할 수 있다. 이때 유권자가 어떤 후보에게 투표할 것인지 알기 위해서는 0을 기준으로 유권자의 위치와 후보자의 위치가 만들어내는 각도의 코사인 값을 구하면 된다. 더 자세한 내용은 라비노위츠와 맥도널드(Rabinowitz and Macdonald, 1989) 등을 참조.

그런 후보가 대체로 유권자에게서 버려지는 모순이 발생하는 것이다.

라비노위츠와 맥도널드는 이 모순을 해결하기 위해 용인 지역(region of acceptability)이라는 새로운 개념을 제시한다. 유권자는 선명한 입장의 후보를 선호하지만 그 정도가 지나쳐서 용인범위를 벗어나면 지지를 철회한다는 것이다. 그렇다면 문제는 용인 지역이 이슈 차원에서 어디쯤 위치하는가이다. 라비노위츠와 맥도널드는 이것에 대해 만족할 만한 답을 제시하지 못했고, 이 문제는 결국 방향성 투표 이론이 비판받는 결정적 요인이 되고 말았다.[5]

(3) 공간 투표 이론과 방향성 투표 이론의 혼합 모형

아이버센(Torben Iversen)은 방향성 투표 이론과 공간 투표 이론을 결합해 새로운 혼합 모형을 제시했다. 그는 우선 방향성 투표 이론이 좀 더 현실적인 유권자를 전제한다는 점에서 공간 투표 이론보다 우월하다는 입장을 취한다. 그러나 그는 방향성 투표 이론의 용인 지역 개념이 너무나 모호해 이에 대한 적절한 보완이 이루어지지 않는 한 제대로 된 이론체계로 자리 잡기는 어렵다고 보았다(Iversen, 1994). 그렇다면 용인 지역 개념은 구체적으로 어떤 문제점이 있는가?

아이버센에 따르면 라비노위츠와 맥도널드는 용인 지역 개념이 유권자의 입장과는 독립적으로 존재한다고 보았다. 즉, 극단적인 입장을 지닌 유권자이든 좀 더 온건한 입장을 지닌 유권자이든지 간에 모두가 동의하는 지점에 하나의 용인 지역이 자리 잡고 있으므로 모든 유권자는 자신의 입장과는 상관없이 이 지역을 넘어서는 후보에 대해서는 무조건 지지를 철회해야 한다는 것이다. 이러한 주장이 얼마나 비상식적인지에 대해서는 다음과 같은 예

5 공간 투표 이론 입장에서 방향성 투표 이론에 대한 비판으로는 웨스트홀름(Westholm, 1997)을 참조.

를 통해 확인할 수 있다.

어떤 유권자가 용인 지역 외부에 자리 잡고 있다고 가정해보자. 그리고 특정 후보가 용인 지역을 넘어 이 유권자와 가까운 위치로 이동했다고 가정해보자. 방향성 투표 이론에 의한다면 이 유권자는 그러한 후보를 극단적인 후보로 간주하고 그에 대한 지지를 철회해야 한다. 하지만 자신의 입장에 더 가까워지고 있는 후보를 단지 용인 지역을 넘어섰다고 처벌해야 한다는 주장이 과연 얼마나 설득력 있겠는가?

결국 모든 유권자가 동의하는 하나의 용인 지역은 존재하기 어렵다고 할 수 있다. 그렇다면 유권자의 입장 차이에 따라 복수의 용인 지역이 있어야 한다. 아이버센은 모든 유권자는 개별적인 용인 지역을 지니고 있으며 자신이 설정해놓은 용인 지역을 벗어난 후보에 대해서는 지지를 철회한다고 주장한다. 이때 주목해야 할 점은 유권자가 용인 지역을 넘어선 후보에게 등을 돌리는 이유를 공간 투표 이론의 맥락에서 이해할 수 있다는 것이다. 즉, 공간 투표 이론에서 특정 후보가 유권자의 이슈 입장으로부터 멀리 떨어져 있을수록 그에게 투표하지 않을 가능성이 높아지는 것처럼, 용인 지역을 벗어난 후보에게 투표하지 않는 것은 단순히 그가 유권자의 이슈 입장에 너무 멀리 떨어져 있기 때문이라는 것이다.

용인 지역은 방향성 투표 이론이 살아남기 위해 필요한 개념이다. 그러나 앞서 살펴보았듯 용인 지역을 방향성 투표 이론에 적용하려면 공간 투표 이론의 핵심 요소인 유권자와 후보 간의 거리 개념이 반드시 들어가야 한다. 이러한 아이버센의 논의는 유권자의 이슈 투표가 어떻게 이루어지는지 올바르게 파악하기 위해서 방향성 투표 이론과 공간 투표 이론을 적절히 조합해야 한다는 것으로 귀결된다. 아이버센은 이러한 주장의 타당성을 입증하고자 유럽 5개국을 대상으로 공간 투표 이론, 방향성 투표 이론 그리고 자신의 혼합 이론이 유권자의 투표행태에 대해 각각 얼마나 높은 설명력을 보이는지를 경험적으로 검증했다. 결과는 혼합 이론, 방향성 투표 이론, 공간 투표 이론순으로 설명력이 높은 것으로 나타났다. 이러한 아이버센의 발견은 결국 유권자의 이슈 투표를 제대로 이해하려면 방향성 투표 이론과 공간 투표 이론의 개념을 종합적으로 다루어야 함을 의미한다.

3) 대표적 이슈 투표: 경제 투표

지금까지는 어떤 조건에서 이슈 투표가 일어나며 어떠한 방식으로 이루어지는지에 대해 논의했다. 그렇다면 유권자는 투표할 때 어떤 이슈를 중요한 고려 대상으로 삼고 있을까? 선거가 진행되는 시기와 국가 상황에 따라 매우 다양한 종류의 이슈가 등장하거나 소멸한다는 것은 주지의 사실이다. 따라서 선거 때마다 서로 다른 종류의 이슈가 유권자의 관심을 받을 가능성이 매우 높다. 그럼에도 국가와 시기를 막론하고 선거철마다 단골로 등장하는 이슈가 있다. 바로 경제에 관한 이슈이다. 유권자가 경제 문제를 선거의 중요한 쟁점으로 간주하고 경제에 대한 평가에 입각해 투표를 결정하는 것을 가리켜 경제 투표라고 한다. 여기서는 대표적인 이슈 투표로 간주할 수 있는 경제 투표에 관련된 논의와 쟁점을 소개한다.

(1) 전망적 투표와 회고적 투표

유권자가 경제를 평가할 때 그 평가 시점을 미래에 맞추느냐 과거에 맞추느냐에 따라 경제 투표는 전망적 투표와 회고적 투표로 구분할 수 있다.[6] 우선 전망적 투표를 한마디로 정의하면 유권자는 과거나 현재의 경제 상태가 아

---

6 합리적 선택 이론의 맥락에서 전망적 투표와 회고적 투표가 어떤 의미를 지니는지는 제4장을 참조.

니라 미래의 경제 상태를 고려해 투표 결정을 내린다는 것이다(Kiewiet, 1981; 1983). 유권자가 미래의 경제 상태를 고려한다는 것은 선거가 차기 정부를 이끌 책임자를 선출하는 절차라는 측면에서 볼 때 지극히 합리적인 행위라 할 수 있다. 앞으로 전개될 경제 상황에 가장 효과적이고 효율적으로 대처할 수 있는 능력을 지닌 후보를 선출함으로써 경제적으로 더 나은 미래를 보장받을 수 있기 때문이다.

그러나 이러한 전망적 투표가 과연 가능할지에 대해서는 이론의 여지가 있다. 전망적 투표는 일반적인 유권자에게 지나치게 많은 것을 요구하기 때문이다. 전망적 투표를 하기 위해 유권자는 각 후보의 경제에 관련된 공약을 평가해야 하며, 이들이 그러한 공약을 실현할 만한 능력을 지녔는지도 고려해야 한다. 그리고 각 후보의 경제 공약이 실현되었을 때 어떤 것이 자신의 경제적 이윤을 극대화하는지도 고민해야 한다. 이러한 평가를 수행하기 위해 유권자는 많은 양의 정보를 수집하고 분석할 필요가 있는데, 이는 앞서 언급한 유권자의 합리적 무지 상태를 고려해볼 때 실제로 일어날 가능성은 그리 높지 않아 보인다.[7]

회고적 투표는 전망적 투표와는 달리 유권자의 합리적 무지로 인해 파생되는 문제에서 벗어날 수 있다는 장점이 있다. 회고적 투표는 유권자가 현 정부가 집권하던 기간의 경제 상황이 어떠했는지를 평가해 만약 좋았다면 집권당에 투표하고 나빴다면 다른 정당에 투표함으로써 집권당을 처벌하는

---

7 그러나 키위트(D. Roderick Kiewiet)는 유권자가 경제 이슈에 대한 정보를 필요로 하는 것은 사실이지만, 그 정보가 매우 자세할 것까지는 없다고 주장한다. 그에 따르면 유권자는 비교적 간단한 두 가지 전제 조건만 충족되면 경제 정책에 기반을 둔 이슈 투표를 할 수 있다. 첫째, 유권자가 인플레이션 또는 실업을 심각한 문제로 인식하고 해결책이 제시되기를 기대해야 한다. 둘째, 유권자는 각 정당이나 후보가 경제 문제에 대한 해결책으로 제시한 공약이 서로 차이가 있다고 인식해야 한다(Kiewiet, 1981).

의미를 지닌다. 미래에 경제가 어떻게 전개될지 전망하는 것보다 과거에 경제 상황이 어땠는지 회고하는 것이 훨씬 쉽기 때문에 더 많은 유권자가 회고적으로 투표할 것이라고 예상해볼 수 있다(Fiorina, 1981).

그러나 회고적 투표에도 문제가 있다. 회고적 투표는 집권당의 경제 실적에 입각해 투표 결정을 하는 것으로, 경제 상황이 좋았다면 집권당의 경제 수행 능력이 입증되는 것이기 때문에 집권당에 투표한다는 것은 매우 당연한 것으로 보인다. 그러나 경제 상황이 좋지 않아 집권당을 처벌한다는 의미에서 야당에 투표하는 것은 비합리적으로 비칠 가능성이 높다. 야당의 경제 수행 능력에 대한 검증이 이루어지지 않은 상황에서 야당에 투표하기 때문이다(이현우, 1996). 유권자가 검증되지 않은 대안(야당)이라도 집권당보다는 무조건 나을 것이라고 가정한다면 별다른 문제가 없을 수 있다. 그러나 이러한 가정이 타당한지에 대해서는 이론의 여지가 있다.

경제 투표의 성격이 전망적인지 회고적인지를 경험적으로 검증하기 위해 지금까지 많은 연구가 이루어졌다. 현재는 두 요소 모두 유권자의 투표 결정에 영향을 미친다는 것이 일반적으로 받아들여지고 있다(Evans, 2004). 밀러(Arthur H. Miller)와 와텐버그(Martin P. Wattenberg)는 경제 투표에서 왜 두 가지 요소가 모두 중요한지에 대해 통찰력 있는 설명을 제시한다. 그들에 의하면 유권자는 경제 투표를 할 때 현직자와 도전자에 대해 상이한 기준을 적용한다고 한다. 즉, 현직자에 대해서는 그가 현직에 있을 때 어떠한 경제적 성과를 이루었는지를 회고적으로 평가하는 반면, 도전자에 대해서는 그가 앞으로 어떻게 경제 정책을 펴나갈 것인지 전망적으로 평가한다는 것이다. 결국 유권자는 과거와 미래를 동시에 고려하며 경제 투표를 하는 존재라 할 수 있다(Miller and Wattenberg, 1985).

(2) 돈지갑 투표와 사회경제적 투표

유권자가 경제 투표를 할 때 어떤 경제 상황에 관심을 갖는지에 따라 돈지갑 투표(pocketbook voting)와 사회경제적 투표(sociotropic voting)로 나눌 수 있다. 돈지갑 투표란 유권자의 개인적 경제 상황에 따라 투표 대상이 결정되는 것을 뜻한다. 집권당이 집권하는 동안 유권자의 지갑이 두둑해졌다면 집권당에 투표하고, 얇아졌다면 야당에 투표함으로써 집권당을 처벌한다는 논리다. 자신의 경제적 상황이 어떻게 변해왔는지 모르는 유권자는 거의 없을 것이기 때문에 이러한 형태의 투표는 빈번하게 발생하리라고 여겨져왔다.

그런데 돈지갑 투표가 일어나기 위해서는 한 가지 전제 조건이 충족되어야 한다. 그것은 바로 개인의 경제 상황이 정부 정책의 직접적인 결과가 되어야 한다는 점이다(Kinder and Mebane, 1983). 예를 들어 A라는 후보가 노동법 개선을 공약했고, 이것이 실현되었을 때 유권자 개인의 경제적 상황이 더 나빠질 것이라고 판단되는 경우(즉, 차기 정부의 정책이 유권자의 개인적 경제 상황에 직접 영향을 미칠 것이라 판단되는 경우), 그 유권자는 다른 후보에게 투표함으로써 A후보가 당선되는 것을 막고자 할 것이다. 그러나 동네에서 구멍가게를 운영하고 있는 유권자가 근처에 들어선 대형 할인마트 때문에 경제사정이 나빠졌다고 한다면 정부 정책과 그 유권자의 경제 상황은 직접적 연관성이 없기 때문에 돈지갑 투표를 할 가능성은 희박해진다.

한편 사회경제적 투표는 유권자가 국가 전체의 경제 상황을 투표를 위한 판단 근거로 사용하는 것을 가리킨다. 즉, 유권자가 국가경제의 상황을 낙관적으로 인식하는지 비관적으로 인식하는지에 따라 투표가 결정된다는 것이다. 서구 국가를 대상으로 한 많은 연구는 유권자의 투표 결정에서 사회경제적 투표가 돈지갑 투표보다 더 큰 영향력을 발휘한다는 점을 밝히고 있다(Kinder and Kiewiet, 1979; Feldman, 1982; Markus, 1988; Lewis-Beck, 1988). 이런 결과는 일견 매우 당연한 것으로 간주할 수 있다. 정부는 개인의 경제 상황에 영향을 미치기 위해서가 아니라 국가경제를 운영하기 위해 경제 정책을 만들기 때문이다.

3. 한국에서의 이슈 투표 연구

지금까지 이슈 투표의 조건, 이슈 투표의 메커니즘, 경제 투표 세 분야에 걸쳐 이슈 투표에 대한 연구가 어떤 내용으로 진행되어왔는지 살펴보았다. 이 절에서는 서구에서 오랜 기간에 걸쳐 진행된 연구가 한국 선거를 분석하는 데 어떻게 적용되고 있으며, 또한 그러한 적용을 통해 무엇을 발견했는지 살펴본다. 논의를 시작하기 전에 한 가지 먼저 언급해야 할 것은 이슈 투표 이론을 적용해 한국 선거를 분석한 연구가 그리 많지 않다는 점이다(조성대, 2015). 이는 민주화 이후 한국의 선거 결과가 거의 지역주의에 의해 결정되어왔다는 사실에 기인한다. 즉, 유권자의 투표 결정이 상당 부분 지역균열에 의해 결정되는 상황에서 이슈가 선거 결과에 영향을 미칠 가능성은 매우 낮아 보였고, 따라서 이에 대한 연구가 충분히 이루어지지 못했다.

그러나 최근 실시된 선거들에서 유권자의 투표 결정과 관련해 이념의 중요성이 대두되고, 정당과 후보자들이 매니페스토 등을 통해 차별화된 이슈 전략을 제시함으로써 이 분야에 대한 연구가 활성화되고 있다(강원택, 2003; 이지호, 2009; 조진만, 2012; 최준영·조진만, 2005). 이 분야의 연구들은 한국의 선거에서 사회경제적 요인과 더불어 대북 안보와 관련한 이슈균열이 유권자의 투표 결정에 중요한 영향을 미친다는 점을 강조하고 있다(김무경·이갑윤, 2005; 윤성이, 2006; 조성대, 2015).

그뿐만 아니라 2012년 대통령선거에서 새누리당 박근혜 후보가 정책적으로 중도 좌클릭을 한 반면 민주통합당 문재인 후보는 그렇지 못했던 측면을 놓고도 논란이 제기되었다. 한국의 선거에서 공간 투표 이론과 방향성 투표 이론 중 어느 쪽이 더 적실성을 가질 수 있는가를 평가할 수 있는 기회를 제공했기 때문이다. 김장수(2015)는 2012년 대통령선거에서 중도 실용주의를 표방했던 이명박 정권에 기대를 걸었던 중도 진보 성향의 유권자들의 배신감이 진보 진영의 재결집을 이끌었다고 주장한다. 그리고 이러한 차원에서 박근혜 후보가 좌클릭 중도화 전략을 취함에도 근소한 차이로 선거에서 승리할 수밖에 없었다고 평가한다. 장승진(2013b)은 당시 대통령선거에서 민주통합당 문재인 후보가 중도화 전략을 취했다면 정작 중도 성향의 유권자들에게 별다른 호소력을 갖지 못하고 진보 성향 유권자들을 소외시키는 결과를 초래할 가능성이 높았다고 주장한다. 이 외에도 중도적 유권자들의 경우 정치적으로 관심이 적어 기권할 확률이 높고, 설사 이들이 투표를 한다고 하더라도 진보와 보수 양 진영으로 비슷하게 득표가 갈리기 때문에 한국에서 중도정치 실험이 성공하기 힘들다는 주장도 존재한다(고원, 2014). 즉, 지금까지 한국에서 이슈 투표와 관련해 진행된 논의들은 공간 투표 이론보다는 방향성 투표 이론이 더욱 설득력을 갖는다는 평가가 상대적으로 많다.

한편 경제 투표 분야에서는 1990년대 초반 이후 지속적인 연구가 진행되었다. 한국의 경제 투표에 관한 최초의 연구 중 하나는 박경산(1993)에 의해 이루어졌다. 박경산은 제14대 대통령선거를 분석하면서 지역주의의 강력한 영향 속에서도 유권자가 경제 이슈에 입각한 투표를 수행하고 있는지, 만약 수행한다면 전망적 투표를 하는지 회고적 투표를 하는지를 경험적으로 분석했다. 제14대 대통령선거는 호남 대 비호남으로 지역이 나뉘어 선거가 진행되었는데, 이 선거는 민주화 이후 치러진 역대 선거 중 지역주의의 영향력이 가장 강하게 표출된 선거로 꼽힌다. 그러나 통계분석 결과 이러한 강력한 지역주의의 영향력 속에서도 유권자는 미약하나마 경제 이슈에 입각해 투표하는 것으로 조사되었다. 또한 한국 유권자는 회고적 투표보다는 전망적 투표를 하고 있다는 점이 통계분석을 통해 검증되었다.

사실 한국에서는 회고적 투표보다 전망적 투표가 발생할 가능성이 높은 것으로 예측되어왔다. 그 이유는 다음과 같다. 첫째, 한국의 대통령제는 단임제이다. 전술한 대로 회고적 투표는 현직자의 경제 실적에 대한 평가를 통해 투표가 이루어지는데, 현직 대통령이 재선에 도전할 수 없다면 현직 대통령의 경제 실적에 대한 평가가 이루어지기 힘들 수밖에 없다. 둘째, 한국 정당정치의 제도화 수준이 낮다. 현직 대통령이 단임제 때문에 출마하지 못한다 하더라도 정당체제가 안정적으로 유지된다면, 유권자는 집권정부의 경제 실적에 대한 책임을 여당에 물음으로써 회고적 투표를 할 수 있다. 그러나 한국은 선거 때마다 기존 정당이 해체되거나 새로운 정당이 탄생하는 등 정당체제의 속성이 매우 불안정하기 때문에 현 정부의 경제 실적에 대한 책임을 어떤 정당에 물을지 불분명한 상황이 발생한다. 이처럼 회고적으로 투표하기 어렵기 때문에 한국 유권자는 주로 전망적으로 투표할 가능성이 높다.

이러한 점은 이현우(1998b)의 연구에서도 재차 검증되고 있다. 이현우는 IMF 외환위기 와중에 제15대 대통령선거를 대상으로 회고적 투표 요소와 전망적 투표 요소 그리고 돈지갑 투표 요소와 사회경제적 투표 요소를 모두 포함한 종합적인 경제 투표 모형을 개발해 한국 유권자의 경제 투표의 특성이 어떻게 되는지를 경험적으로 검증했다. 경제 이슈가 중대한 쟁점이 될 수밖에 없는 사회적 분위기 속에서 선거가 치러졌기 때문에 이 연구는 경제 투표의 영향력이 정상적인 상황에 비해 더욱 강하게 나타날 수 있다는 문제점이 존재한다. 그럼에도 이 연구는 경제 투표에 대한 여러 논의를 종합적으로 검증할 수 있는 세련된 통계 모형을 개발했다는 측면에서 매우 중요하다. 분석 결과 한국의 유권자는 돈지갑 투표보다는 사회경제적 투표를 하는 것으로 나타났다. 그리고 유권자의 투표에 회고적 평가가 미치는 영향력은 미약한 데 비해 전망적 평가는 강한 영향력을 행사한다는 사실을 발견했다.

그러나 강원택(2008)은 2007년에 치러진 제17대 대통령선거에서 경제 투표가 과거와는 다른 모습을 띠고 나타났음을 보여준다. 이 선거에서는 과거의 선거와는 달리 경제에 대한 전망적 평가보다는 오히려 노무현 정권의 경제 정책에 대한 회고적 평가가 중요한 영향을 미친 것으로 밝혀졌기 때문이다. 이러한 발견은 매우 흥미롭다. 대통령 단임제는 아직 유지되고 있으며, 제17대 대통령선거 당시 한국의 정당체제는 과거와 다를 바 없이 불안정한 모습을 보인 상황에서, 즉 회고적 평가를 하기에 불리한 상황이 지속된 상황이었는데도 회고적 투표가 큰 영향력을 발휘했기 때문이다. 그러나 강원택은 왜 이러한 현상이 발생했는지에 대해서는 별다른 논의를 진척시키지 않아 차후 이에 대한 연구가 필요할 것으로 보인다.

종합하자면 한국의 경제 투표의 특성은 다음과 같이 요약할 수 있다. 첫째, 강력한 지역주의의 영향력 안에서도 한국 유권자는 경제 투표를 수행해 왔고, 이는 그만큼 경제 이슈가 한국에서 중요한 위치를 점하고 있음을 의미한다. 둘째, 비록 제17대 대통령선거에서 변화의 조짐이 보이기는 했지만 한국 유권자는 경제 이슈에 대해서는 회고적이기보다는 전망적인 평가에 근거해 투표한다. 마지막으로 한국 유권자는 자신의 개인적인 경제 사정보다는 국가경제 상황이 어떻게 전개되는지에 따라 투표하는 성향을 보인다.

4. 나오며

민주주의는 유권자가 후보들이 제시한 정책 공약을 평가하고 이에 근거해 이슈 투표를 할 때 가장 바람직한 형태를 띤다고 할 수 있다. 수많은 정치학자들이 선거에서 이슈 투표가 언제 어떻게 이루어지는지에 대한 연구를 수행했고, 이를 통해 현실 민주주의가 얼마나 이상적인 민주주의에 근접하고 있는지를 가늠하고자 했다. 이러한 연구는 크게 세 종류로 구분할 수 있다.

첫째, 이슈 투표가 이루어지는 조건에 관한 연구이다. 일반적으로 유권자는 이슈 투표를 할 유인이 적다. 하지만 후보들이 뚜렷한 차이를 보이는 정책 공약을 제시할 때나 선거에서 쟁점이 된 이슈를 쉽게 이해할 수 있을 때 적극적으로 이슈 투표를 하는 것으로 나타났다.

둘째, 이슈 투표가 이루어지는 구체적인 메커니즘에 관한 연구이다. 이 분야에서는 크게 세 가지 종류의 이론이 논의되었다. 공간 투표 이론은 유권자가 단수 또는 복수의 이슈 차원에서 자신과 가장 가까운 정책 입장을 제시한 후보에게 투표한다고 주장한다. 반면 방향성 투표 이론에 따르면 유권자는 단수 또는 복수의 이슈 차원에서 자신의 입장과 같은 방향에 있으면서 매우 선명한 입장을 피력하는 후보에게 투표한다고 주장한다. 마지막으로 혼합 이론은 공간 투표 이론과 방향성 투표 이론이 개별적으로는 이론의 완결성이 떨어지므로, 각각의 장점을 혼합해 종합적으로 유권자의 이슈 투표행태를 분석해야 한다고 주장한다.

셋째, 대표적인 이슈 투표로서 경제 투표에 대한 연구이다. 경제 투표는 경제 상황을 평가하는 시점과 평가 대상에 따라 전망적 투표 대 회고적 투표, 돈지갑 투표 대 사회경제적 투표로 구분된다. 연구 결과에 따르면 경제 상황에 대한 전망적·회고적 평가는 모두 유권자의 중요한 경제 투표의 성격을 구성하는 것으로 나타났다. 그리고 유권자는 대체로 자신의 경제 사정보다는 국가경제의 상황에 평가의 초점을 맞추는 것으로 나타났다.

한국 선거를 연구 대상으로 삼아 이슈 투표를 분석한 연구는 그리 많지 않지만 최근에 점차 늘어나고 있는 실정이다. 민주화 직후 지역주의 영향이 너무나 컸기에 이슈가 투표에 미치는 영향력에 대해 정치학자들이 관심을 표명하지 않았다. 하지만 최근 지역주의가 약화되면서 이념과 정책의 문제가 중요하게 부각되고 있다. 특히 한국 선거에서 경제 투표에 대한 연구는 지속적으로 이루어져왔다.

이 연구 결과들에 따르면 한국의 선거에서 이념과 이슈의 중요성은 더욱 대두될 가능성이 높다. 물론 대통령 단임제와 정당체제의 불안정성이 여전히 존재하지만 현실적으로 한국의 민주주의는 지속적으로 발전하고 있다. 한국 민주주의가 발전하면서 이슈 투표도 과거에 비해 더 자주 일어날 것으로 생각된다. 이와 더불어 이슈 투표의 중요성도 점차 커져갈 것으로 전망된다. 후보자와 정당들이 정책 개발에 관심을 가져야 하는 이유 그리고 학자들이 한국의 이슈 투표에 대해 더 많은 연구를 해야 할 이유가 여기에 있다.

핵심 주제어

공간 투표(Spatial Voting)
유권자가 단수 또는 복수의 이슈 차원에서 자신과 가장 가까운 정책 입장을 제시한 후보를 선택하는 투표.

돈지갑 투표(Pocketbook Voting)
유권자가 개인적 경제 상황에 따라 후보를 선택하는 투표.

메아리방 효과(Echo Chamber Effect)
후보 간 정책상의 차이를 보일 때에만 유권자의 이슈 투표가 가능하다는 점을 빗댄 표현. 명확한 정책적 대안이 제시되면 유권자가 반드시 그에 대해 메아리처럼 화답한다는 것.

방향성 투표(Directional Voting)
유권자가 단수 또는 복수의 이슈 차원에서 자신의 입장과 같은 방향에 있으면서 매우 선명한 입장을 피력하는 후보를 선택하는 투표.

사회경제적 투표(Sociotropic Voting)
유권자가 국가적 경제 상황을 평가해 그 결과에 따라 후보를 선택하는 투표.

쉬운 이슈(Easy Issue)
기술적이기보다는 상징적이고, 정책의 수단보다는 목적에 초점을 맞추며, 오랫동안 정치적 논쟁의 중심에 놓여 있던 이슈.

전망적 투표(Prospective Voting)
유권자가 과거나 현재가 아닌 미래의 경제 상태를 고려해 후보를 선택하는 투표.

회고적 투표(Retrospective Voting)
유권자가 현 정부의 집권 기간에 경제 상황이 어떠했는지를 평가해 만약 좋았다면 집권당을, 나빴다면 다른 정당을 선택해 집권당을 처벌하는 투표.

📖 추천 문헌

Downs, Anthony. 1957. *An Economic Theory of Democracy*. New York: Harper. 경제학 논리를 정치학에 본격적으로 도입한 최초의 연구 중 하나로 정치 과정 분야의 핵심 고전으로 자리 잡은 저서이다. 공간 투표 이론, 중위투표자 이론 등 선거 분석의 핵심 개념들이 이 연구에서 파생되었다.

Rabinowitz, George and Stuart Macdonald. 1989. "A Directional Theory of Issue Voting." *American Political Science Review*, Vol.83, No.1, pp.93~122. 방향성 투표 이론을 최초로 제시한 논문이다. 이슈 투표의 주류 패러다임이었던 공간 투표 이론을 본격적으로 비판했으며 인간의 합리성보다는 감정을 이슈 투표의 핵심으로 간주했다.

Iversen, Torben. 1994. "Political Leadership and Representation in the West European Democracies: A Test of Three Models of Voting." *American Journal of Political Science*, Vol.38, No.1, pp.45~74. 방향성 투표 이론의 용인 지역 개념을 비판하고, 이를 통해 공간 투표 이론과 방향성 투표 이론의 융합을 꾀한 연구이다. 두 이론의 혼합 가능성을 타진한 최초의 연구 중 하나이다.

이현우. 1998.「한국에서의 경제 투표」. 이남영 엮음.『한국의 선거 II: 제15대 대통령선거를 중심으로』. 서울: 푸른길. 서구에서 진행된 경제 투표에 대한 이론적 쟁점을 상세히 정리하고 이를 기초로 한국의 경제 투표 모형을 정립한 중요한 연구논문 중 하나이다.

토론 주제

1. 최근에 한국에서 매니페스토 운동을 통해 선거를 정책 선거로 바꾸자는 움직임이 일고 있다. 매니페스토 운동이 한국 유권자가 이슈 투표를 하는 데 어떤

도움을 줄 수 있을까?

2. 한국 선거에서 실제로 쟁점이 되었던 이슈(예를 들어 행정수도 이전, 대운하 건설, 무상 복지 등)를 대상으로 공간 투표 이론과 방향성 투표 이론의 방식을 적용한다면 어떤 선택을 하게 될까? 그리고 여러분의 이슈 투표 방식을 좀 더 잘 설명한다고 생각되는 방식은 무엇인가?

제6장 인지구조와 대중매체, 그리고 투표행태
인지심리학적 관점

이소영

유권자 김 아무개는 평소 정치에 거의 관심이 없다. 국회의원선거일에 A후보에게 투표하기는 했지만, 사실 A후보의 정책에 대해서도 아는 바가 별로 없다. 그렇다면 김 아무개는 왜 A후보에게 투표를 했을까? 어떻게 A후보가 B후보에 비해 더 낫다고 판단했을까? 김 아무개가 평소 정치에 관심도 많고 정치적 지식이 많은 사람이었더라도 A후보에게 투표했을까?

1. 들어가며

일반 유권자는 보통 정치에 관심이 없고 정치적 지식의 수준도 매우 낮다고 알려져왔다. 이 때문에 많은 연구들이 유권자가 후보자를 선택할 때 후보자의 정책을 비교해 투표하기보다는 다른 요인에 의존해 결정을 내리는 경향이 있다는 점에 주목해왔다. 미국 프린스턴 대학교(Princeton University)의 저명한 정치학자 에이컨(Christopher H. Achen)과 바텔스(Larry M. Bartels)가 발표한 연구 결과에 의하면 유권자가 특정 정당의 후보를 선택하는 기준에는 가뭄이나 홍수와 같이 정책 집행과 직접 관련이 없는 요소도 포함되어 있다고 한다. 이 연구는 2000년 미국 대통령선거에서 유권자 중 약 280만 명이 자신이 사는 곳이 그해에 너무 가물었거나 비가 너무 많이 왔기 때문에 당시 여당이었던 민주당에 그 책임을 물어 민주당의 고어(Albert Arnold Gore Jr.) 대신 공화당의 부시에게 투표했다는 사실을 보여주고 있다(Achen and Bartels, 2004).

그렇다면 정치적인 지식이나 관심이 부족한 일반 유권자는 후보자와 관련된 요인, 즉 후보자의 정책, 소속 정당, 출신 지역, 리더십이나 도덕성에 대한 정보, 이념, 경력, 심지어는 외모 등의 요인, 혹은 후보자와 직접 관련이 없을 수도 있지만 정치적 선택과 관련된 요인, 즉 경기침체, 실업, 부패, 도덕적 문란 같은 다양한 요인 중에서 어떠한 이유로 특정 요인을 선택하고 어떤 정치적 판단을 통해 후보자를 선택할까?

정치학에서 인지심리학적 접근법은 '무엇을' 선택하느냐보다는 '왜' 그리고 '어떻게' 정치적 요인을 선택해서 정치적 판단에 이르는지를 설명하고자 하는 연구 방법이다. 인지심리학은 개인의 행태에 영향을 미치는 여러 요인 자체보다는 그 요인이 어떠한 인지 과정을 통해 각 개인의 행위와 태도에 영향을 미치는지를 연구하는 데 초점을 두고 있다. 인지심리학은 1960년대 정치심리학자들이 여론조사 자료를 이용한 개인의 정치적 태도와 투표행태 연구에 관심을 가지면서 정치학에 도입되었다. 사회심리학적 접근법은 유권자의 소속집단이나 정당일체감 같은 심리적 요인이 개인의 정치 행태에 미치는 영향에 관심을 가져왔다. 이와 달리 인지심리학적 접근법은 이러한 요인이 인간의 기억구조 속에 인지된 후 정치적 태도로 표출되기까지 거쳐야 하는 정보 처리 과정과 정치적 신념체계의 형성 과정에 특별한 관심을 기울인다.

정치학에서 인지심리학적 관점은 우리 외부의 정치적 현상이 우리 내부의 기억구조에서 재구성된다는 점, 그리고 각 개인이 어떻게 정치적 현상을 이해하고 평가하며 어떠한 정치적 선택을 하는지가 인간의 기억구조에 의해 결정된다는 전제에서 출발한다. 따라서 이 접근법은 주로 서로 다른 각 개인의 인지능력과 기억구조가 정치적 정보를 어떻게 처리하고 해석하며, 그 처리된 정보에 따라 그들의 정치적 태도와 선택을 어떤 방법으로 형성하고 바꾸게 되는지에 초점을 맞춘다.

1960년대에 정치학 분야에 소개된 인지심리학은 1980년대 이후 더 적극적으로 정치학에 응용되었는데, 여기에는 다음과 같은 이유가 있다. 첫째, 20세기 후반에 일어난 이른바 인지 혁명은 전체 학문 분야에 영향을 주었고, 이에 따라 정치학자도 인지심리학에 더 많은 관심을 기울이게 되었다. 둘째, 1980년대 정치학에서 합리적 선택 접근법이 부상하자 이에 대한 반발과 대안으로서 인지적 접근법이 적극 도입되었다. 이 시기에 많은 정치학자는 합리적 선택 이론의 기본 가정, 특히 인간이 합리적이며 완벽한 정보를 확보할 수 있다는 가정에 의문을 제기하면서 대안적 접근법을 찾고자 했는데, 개인의 선택과 관련된 정보의 인식 및 처리 과정을 정교하게 묘사하는 인지적 접근법은 합리적 선택 이론에 대한 훌륭한 대안으로 인식되었다.

정치심리학에서 인지적 접근법은 매우 중요한 역할을 담당해왔다. 정치심리학자들은 인지적 접근법이 개인의 인지 과정을 추적함으로써 정치행태 연구에 일종의 방법론적 혁신을 가져왔다고 말한다. 인지적 접근은 실험방법을 통해 인간의 인지적 자극에 대한 반응과 그 과정을 측정할 수 있는 다양한 기술적 방법을 발전시켜 왔고, 특히 일반적인 여론조사 자료를 인지구조와 인지 과정을 조명하는 데 사용하기 위해 여러 가지 방법론을 개발해왔다. 또한 인지적 접근법은 정치적 기억구조 및 태도의 형성 과정과 관련된 새로운 개념을 제시함으로써 제한적인 인지능력을 지닌 개인이 정치적 정보 처리 과정에서 자신의 인지능력의 제약을 어떻게 극복해 정치적 태도를 결정하고 선택하는지에 대한 정치학적 관심을 고조시켰다.

인지적 접근법은 투표행태와 관련해 개별 유권자가 각각의 정치적 도식이나 특정 신념체계를 가지고 그것에 맞추어 외부의 자극을 해석하고 행동한다는 전제하에, 정치적 도식이나 신념체계가 투표행태를 결정하는 중요한 기제가 될 수 있다고 주장한다. 즉, 유권자는 정당 및 후보를 판단하기 위해 자신의 인지구조 속에 들어온 정보를 자신의 도식이나 신념체계에 맞추어 해석하고 평가한다는 것이다. 이러한 이유로 유권자가 선거 정보를 어떻게 기억하고 처리하며 해석하는지의 인지 과정을 이해하는 것은 유권자의 투표 결정 과정을 이해하는 중요한 토대가 된다.

2. 인지심리학적 접근법의 주요 이론적 논의

1) 후보자 및 정책 평가에서 정보의 처리 과정

(1) 정치적 신념체계

인지적 접근법을 정치학에 도입한 대표적 학자 중 한 사람인 컨버스에 의하면 개인은 정치적 판단과 태도를 결정하는 인지구조로서의 **신념체계**(belief system)를 갖는다. 이 신념체계에서 개인은 일반적이고 추상적인 틀 또는 스펙트럼을 갖고 정치적 판단과 태도를 형성한다. 이때 대중의 정치적 판단을 제한하는 가장 보편적이고 바람직한 틀은 일반적으로 진보-보수의 이념적 스펙트럼이다. 예를 들어 한 사람이 특정 정책에 대해 정치적으로 진보적인 판단을 했다면, 이 사람의 신념체계에서 정치적 판단과 태도를 제한하는 이념적 스펙트럼은 그 사람의 진보적 성향일 것이며, 따라서 이 사람의 다른 정치적 판단도 진보적 성향에 의해 결정되리라는 것이다(Converse, 1964).

컨버스는 개인이 정치적 현상을 이념적 스펙트럼 같은 추상적 개념과 연관시키는 것을 **개념화**(conceptualization) 과정이라고 말한다. 그에 의하면 충분히 정치적인 정보를 갖지 못한 일반 대중은 인지적 한계를 가지게 되고, 따라서 이러한 개념화 작업을 제대로 수행하지 못한다. 그 결과 모든 정치적 현상에 대해 일치된 이념적 판단을 하지 않고 어떤 쟁점에 대해서는 진보적인, 또 다른 쟁점에 대해서는 보수적인 판단과 태도를 보이는 것이다. 그리고 정치적 판단과 태도 및 행위가 이념적 스펙트럼에 의해 이루어지기보다는 더 단순하고 쉬운 기준, 예를 들면 선거에서 후보자의 카리스마나 지역 연고 같은 기준에 의해 결정되는 현상이 일어나기도 하는 것이다. 특히 컨버스는 이념적 스펙트럼 대신 대중의 정치적 판단과 태도를 가장 크게 제한하는 요소로서 개인이 속한 '집단'을 들고 있다. 즉, 많은 사람이 특정 쟁점에 대한 충분한 지식 없이 자신이 속했거나 좋아하는 집단에 이익이 되는지 혹은 그 집단 구성원이 어떤 의견을 가지고 있는지에 따라 자신의 태도를 결정한다는 것이다.

컨버스가 대중의 신념체계에 대한 기념비적 논문을 발표했던 1960년대 초에 미국 유권자 중 약 11%만이 이념적 스펙트럼에 의거해 정치적 판단을 할 수 있는 것으로 나타났으며, 약 42%는 자신이 속한 집단성에 의거해 판단하고, 나머지 약 47%는 정치적 쟁점에 대한 개념이 없거나 정치적 판단의 근거가 없는 것으로 나타났다. 특히 그는 이념적 스펙트럼에 의해 정치적 쟁점을 판단하는 개인을 **이슈 대중**(issue public)이라고 불렀는데, 당시 미국 유권자 중에 여러 가지 쟁점에 대해 지속적으로 일치되는 이념적 성향을 보이는 이슈 대중의 수가 극히 적었다는 점에서 대중을 소수 엘리트 집단과 구분되는, '정치적 태도가 없는' 사람으로 규정했다.

이후 그의 이론은 진보와 보수의 이념적 스펙트럼만으로 정치행태를 평가함으로써 대중의 인지적 능력을 지나치게 폄하했다는 비판을 받았고, 특히 '개념화'에 대한 측정 방법과 관련해 많은 비판을 받았다. 하지만 이후 많은 정치학자가 정치적 정보를 많이 가진 사람과 적게 가진 사람은 정치적 판단과 태도 면에서 상당한 차이를 나타내며, 이러한 차이는 민주주의의 대표성 문제와 관련해 정치적으로 심각한 문제를 초래할 수 있다고 주장하면서 컨버스의 주장을 뒷받침했다.

(2) 정치적 기억의 구조: 스키마 이론

몇몇 인지심리학자는 이념적 스펙트럼이라는 일차원적 기준으로 개인의 정치적 판단, 태도, 행태 등을 설명하는 데 비판을 제기하면서 좀 더 복잡한 판단의 제약 기준으로서 스키마(schema)를 제시했다. 인지심리학자들에 의하면 사람은 어떤 사물이나 사건을 인지할 때 사실 그대로를 인지하기보다는 자신이 가진 특정 인지구조에 따라 그 사실을 재조직화해 인지한다. 개인이 가진 이러한 특정 인지구조는 각 개인의 과거 정보가 저장된 기억의 창고이다. 개인은 이 창고에 저장되어 있는 자신의 기억에 따라 새로운 정보를 선택적으로 수용하고 인식한다. 따라서 이러한 특정 인지구조는 개인의 정보 취득 과정을 통제하는 기제라고 할 수 있다.

이러한 기제 중 가장 대표적으로 언급되는 인지구조가 스키마이다. 스키마는 과거 경험에서 도출된 지식이 모여 있는 개인의 기억구조이다(Conover and Feldman, 1984). 사람들은 이 스키마에 기록된 자신의 지식에 기반을 두고 새로운 정보를 선별적으로 받아들이고 현상을 해석한다. 다시 말하면 사람들은 새로운 사물이나 사실에 직면했을 때 그 사실을 자신의 스키마에 새겨진 자신이 알고 있는 지식에 꿰맞추거나 그 지식을 사용해 지금의 현상을 재구성하고, 그것을 다시 자신의 기억 창고인 스키마에 저장한다. 그러므로 스키마는 고정불변의 견고한 구조가 아니라 경험에 의해 지속적으로 재구성되고 갱신(update)되는 구조이다. 이러한 점 때문에 사람들은 똑같은 현상에 대해서도 다른 태도를 보이는 것이다. 또한 사람들은 하나의 기억구조, 즉 하나의 스키마에만 의존해 정보를 해석하는 것이 아니라 다양한 종류의 스키마를 사용해 현상을 해석한다.

〈표 6-1〉 스키마 사용의 예

정치적 평가 항목	스키마
후보자 평가	지역주의
정당의 노사 정책 평가	진보-보수 이념
대통령의 대미 정책	민족주의
남북한 관계	반공 이념

스키마 이론을 주장하는 정치학자들에 의하면 사람들은 다양한 스키마를 사용해 매우 다양한 방법으로 정치적 정보를 재구성한다. 사람들의 정치적 태도는 단순히 진보적이냐 보수적이냐 하는 식의 이념적 성격으로 설명될 수 없으며, 그보다 훨씬 다양한 영역의 스키마에 의해 설명될 수 있다는 것이다. 개인은 정치적 판단을 해야 하는 경우마다 각기 다른 스키마를 사용해 정치적 결정과 선택을 할 수 있다. 이때 각 개인은 독특한 스키마를 가지고 있기 때문에 같은 정치적 현상에 대해서도 각자 다른 의견과 태도를 지니게 된다. 그러나 한편으로 정치적 스키마는 사회화 과정을 공유하는 개인의 경험이 저장된 곳이기 때문에 특정한 정치적 현상에 대해서는 전반적으로 공유되는 포괄적인 영역이 있다. 예를 들어 한국 유권자의 정치적 스키마의 대표적 실례는 지역주의, 남북한 관계, 사회적 불평등, 노사관계, 대미관계를 비롯한 대외관계, 경제적 자유주의 또는 시장주의, 보수주의, 민족주의, 남녀차별 등이 있다(〈표 6-1〉 참조).

스키마 이론이 컨버스의 설명과 비교해서 크게 차이가 나는 것은 정치적 판단과 태도를 결정하는 인지적 요인을 다양화했다는 점도 있지만, 그보다 더 중요한 차이는 스키마 이론이 컨버스와는 달리 엘리트가 아닌 일반 대중도 정치적 정보를 조직화해 판단의 기준으로 사용할 수 있다고 주장한 점이다. 단순히 진보와 보수의 스펙트럼이 아닌 다양한 요인이 정치적 판단의 기준으로 사용되기 때문에 정치적 정보를 적게 가진 일반 대중도 새로운 정보를 조직화할 수 있다는 것이다.

스키마 이론은 정치적 신념체계만이 아니라 정치적 '스테레오타입(stereotype)' 등 다양한 인지적 판단 요인을 포괄적으로 설명할 수 있다는 점에서 1980년대 중반 정치심리학자들의 관심을 불러일으켰다. 밀러(Arthur H. Miller)와 와텐버그(Martin P. Wattenberg), 맬런처크(Oksana Malanchuk)에 따르면 일반 유권자는 대통령이 어떤 특성을 지녀야 하는지에 대한 스키마를 가지고 있으며, 후보자가 그 스키마에 얼마나 잘 부합하는지에 따라 대통령 후보를 선택한다(Miller, Wattenberg and Malanchuk, 1986). 먼댁(Jeffery J. Mondak)도 일반 대중이 후보자의 특성에 대한 스키마를 가지고 있으며, 그러한 스키마를 정책 평가의 기준으로 사용한다는 사실을 발견했다(Mondak, 1993).

정치심리학자들은 정치 현상이나 후보자를 평가하는 데 사용되는 대표적인 기준으로 유권자가 이미 지닌 스테레오타입을 든다. 특히 특정 집단에 대한 스테레오타입은 그 집단에서 배출한 후보자를 평가하는 데 결정적 역할을 한다. 예를 들어 한국의 경우 호남 출신 정치인, 영남 출신 정치인, 혹은 486세대 정치인에 대한 스테레오타입이 있다. 란(Wendy Rahn)이나 로지(Milton Lodge)와 해밀(Ruth Hamilland) 등은 미국에서는 정당에 대한 뚜렷한 스테레오타입이 있어서 후보자의 정책에 대한 정보가 부족한 유권자도 그 스테레오타입에 맞추어 후보자의 정책을 예상할 수 있다고 말한다. 즉, 민주당은 사회복지에 초점을 맞추어 중앙정부의 역할을 강조하는 반면, 공화당의 경우 정부의 역할과 규제를 최소화할 것을 강조하는데 유권자는 이러한 스테레오타입에 근거해 후보자의 정책을 예상할 수 있다는 것이다. 또한 미국에서는 인종에 대한, 특히 흑인에 대한 스테레오타입이 정치적 판단에 중요한 요소로 작용해왔는데, 그 때문에 흑인 후보가 등장한 2008년 대통령선거에서 흑인에 대한 미국인의 부정적 이미지의 스테레오타입이 선거 결과에 어떤 영향을 미칠 것인지가 중요한 이슈로 등장하기도 했다(Rahn, 1993; Lodge and Hamill, 1986).

스키마 이론에 의하면 스테레오타입도 개인이 지니는 정치적 스키마의 한 종류이다. 그런데 이렇게 스키마가 무한대로 확장될 수 있다는 사실은 곧바로 스키마 이론에 대한 비판으로 이어졌다. 스키마 이론을 비판하는 학자들은 스키마가 구체적으로 무엇을 의미하며, 그 내적 구조가 어떻게 구성되어 있는지에 대한 설명이 부족할 뿐 아니라 이를 측정하는 방법이 정교하지 못하다는 점을 지적하면서 스키마 이론이 인지심리학의 일반적인 접근법과 큰 차이가 없다고 비판한다(Kuklinski, Luskin and Bolland, 1991). 이러한 비판과 더불어 하나의 기억이 다른 기억과 연관관계를 맺고 정치행태에 영향을 미친다는 **네트워크 모형**(network model)이 논의되면서 스키마 이론에 대한 정치학자의 관심도 줄어들었다. 그러나 스키마 이론을 옹호하는 학자들은 스키마 이론이야말로 사람들이 정치적 기억과 신념체계를 어떻게 조직하는지를 잘 설명하는 대안적 이론의 분석 틀이라고 주장하고 있다.

(3) 정보의 메모리프로세싱과 온라인프로세싱

스키마, 스테레오타입, 신념체계 등이 기본적으로 전제하는 것은 사람들이 과거의 기억, 지식, 정보를 기억구조 속에 저장해두었다가 필요한 경우 검색해 꺼내 쓴다는 것이다. 어떤 사람은 이념적 성향에 대한 기억을, 어떤 사람은 특정 집단의 스테레오타입에 대한 지식을, 또 어떤 사람은 기억 속에 저장해놓은 여러 가지 스키마를 끌어내 정치적 현상을 판단하고 후보자에 대한 태도를 결정한다. 이렇게 개인의 기억과 현상에 대한 판단이 어떻게 연관되는지를 다루는 것은 기본적으로 **정보의 메모리프로세싱**(memory-based information processing)에 초점을 맞추는 접근법이다. 메모리프로세싱에서 사람들은 특정한 정보를 필요로 하는 목표치에 도달할 때까지 찾고, 기억을 재생하고자 한다. 이때 재생되는 기억은 일반적으로 가장 인상 깊었던 기억이거나 가장 최근에 입력된 기억이다.

메모리프로세싱을 독특한 방식으로 개념화한 잘러(John R. Zaller)는 여론조사에서 정치적 쟁점이나 후보자와 관련된 질문에 대한 응답자의 답변이 너무 다양할 뿐 아니라 일정하게 유지되지 않는 것은 대중이 정치적 쟁점을 이념적으로 개념화하는 능력이 없어서가 아니라 응답자가 각 쟁점에서 가장 중요하게 생각하는 부분이 매번 바뀌기 때문이라고 주장한다. 잘러에 의하면 사람들은 한 쟁점에 대해 여러 가지 모순되는 가치와 평가를 지니고 있다. 그러다가 여론조사에 응답하거나 투표행위 같은 정치적 선택을 할 경우에는 바로 그 순간 자신의 머릿속에 떠오르는 가치에 따라 행동한다. 잘러는 중요하게 생각되는 가치가 한 개 이상이고 그 가치들이 서로 충돌하면, 사람들은 그 가치들의 평균 정도에서 선택한다고 주장한다(Zaller, 1992).

예를 들어 유권자C가 영남 출신 젊은이로서 남북 문제에 대해 보수적인 생각을 지닌 국가유공자 가족인 반면, 회사에서는 노동조합 간부로서 평소에 성장보다는 분배가 중요하다고 생각하는 사람이라면, C는 새누리당 후보에게 투표할 것인가, 아니면 더불어민주당이나 정의당 후보에게 투표할 것인가? 이처럼 충돌되는 가치 중 정치적 선택과 관련해 현재 C에게 중요하게 부각되는 가치가 ① 영남 출신, ② 국가유공자인 아버지의 강력한 새누리당 지지 권고, ③ 자신이 속한 노동조합의 새누리당 반대 등이라면, C는 새누리당을 지지할 확률(3분의 2)이 지지하지 않을 확률(3분의 1)보다 크며, 따라서 그 평균 지점은 새누리당 지지 쪽에 더 가까울 것이기 때문에 새누리당을 지지할 가능성이 더 크다고 평가할 수 있다.

잘러에 따르면 무엇이 중요한 가치인지는 전적으로 개인적인 판단이기보다는 엘리트의 정치적 담론에 크게 의존한다. 따라서 엘리트의 담론에 귀를 기울이는 사람이라면 사회적 담론에서 중요하게 거론되는 문제를 정치적 선택에서 가장 중요한 문제로 떠올리게 된다. 전반적으로 정치적 지식수준이 높은 사람은 지속적으로 정치적 담론에 노출되기 때문에 대체로 이념적으로 일관성 있는 선택을 한다. 반대로 정치적 지식이 없는 사람, 즉 정치적 담론에 무관심한 사람은 일정하지 않은 선택을 할 확률이 훨씬 높다. 잘러의 논의와 주장은 여론조사 자료와 실험방법을 함께 사용해 유권자가 정보를 처리하는 방식뿐 아니라 유권자의 정치적 정보의 수준에 따른 정보 처리의 차이점까지 설명했다는 점에서 후속 연구에 많은 영향을 미쳤다. 그러나 기억창고 속에 저장되어 있던 정보를 필요한 경우 다시 꺼내 사용한다는 논리는 앞서 논의된 신념체계나 스키마 이론 등과 함께 정보의 온라인프로세싱을 주장하는 일련의 학자에게 비판받았다.

몇몇 정치심리학자는 사람들이 과거에 획득한 정보나 지식을 기억 속에 담았다가 필요할 때 꺼내 쓴다는 정보의 메모리프로세싱 논리에 문제를 제기했다. 주로 뉴욕 주립대학교 스토니브룩 캠퍼스(New York State University Stony Brooke) 교수로 구성된 이 학자들은 사람들이 기억 속에서 개별 정보를 끄집어내는 메모리프로세싱보다 자기 기억 속에 저장된 후보자의 전반적인 이미지로 후보자나 정당을 선택하는 **정보의 온라인프로세싱**(online information processing)을 주장한다(Lodge, Steenbergen and Brau, 1995).

정보의 온라인프로세싱에 따르면 사람들은 후보자에 대한 정보를 획득하면서 그 정보를 기억창고 속에 곧바로 저장하는 것이 아니라 그 정보를 가지고 그 후보자에 대한 전체적인 이미지를 저장한다. 그리고 후보자를 선택할 때 사용하는 정보는 그 후보자에 대한 개별 지식이 아니라 과거에 저장된 후보자의 전체적인 이미지이다. 이들에 따르면 〈그림 6-1〉에서 보는 것처럼 개인이 획득한 개별 정보는 정치적 대상(후보자)의 전반적인 이미지가 저장된 '온라인 계정(online tally)' 혹은 '요약 계정(summary tally)'이라는 저장고에 들어가 이미지를 저장하고 갱신하는 데 사용된다.

〈그림 6-1〉 정보의 온라인프로세싱

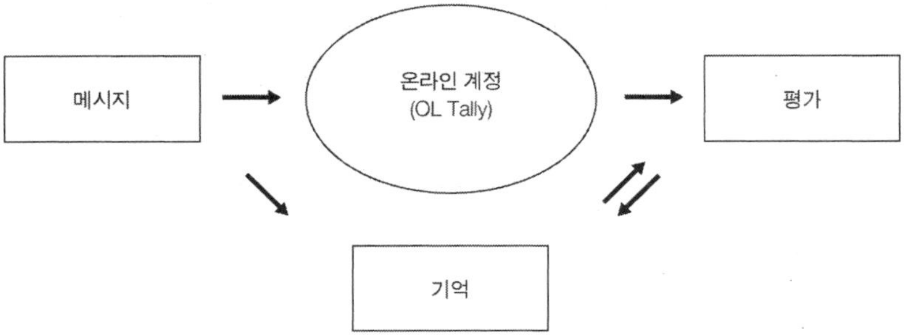

사람들은 후보자의 정치적 메시지가 들어오면 각 후보자의 메시지에 대한 인상이나 감정적인 느낌을 온라인 계정으로 보낸다. 이런 의미에서 온라인 계정은 '감정의 통합체(affective integrator)'이며, 후보자에 대한 평가가 요약적으로 집약된 곳이다. 후보자와 관련된 개별 쟁점이나 관련 이슈는 금방 잊히며, 우리의 기억 속에 저장되는 부분은 그 후보자에 대한 요약된 평가가 대부분을 차지한다. 후보자를 평가하거나 선택할 때, 사람들은 후보자에 대한 개별적인 정보를 기억해내기보다는 이렇게 요약된 느낌이나 인상에 기반을 두고 최종적인 투표 여부를 결정한다.

정보의 온라인프로세싱은 후보자나 정치 현상에 대한 개별 정보를 기억하지 못하는 대중의 정치적 선택 방식을 잘 도식화했다는 점에서 많은 관심을 끌었다. 그러나 동시에 이 논의는 도식이 너무 단순하고, 따라서 정보의 처리 과정과 정치적 선택 과정에서의 중요한 단계와 요인을 충분하게 고려하지 못했다는 비판을 받아왔다. 현실에서의 선거 캠페인 과정은 온라인프로세싱 실험에서 가정하는 것처럼 단순하지 않으며, 후보자를 선택하는 결정 과정에서 사람들이 자신의 기억창고 속 개별적인 쟁점에 대한 정보를 기억해내고 선택하는 메모리프로세싱도 중요한 부분을 차지하고 있다는 것이다 (Redlawsk, 2001). 이와 더불어 몇몇 학자는 유권자가 정치적 지식의 정도에 따라 온라인프로세싱과 메모리프로세싱을 사용하는 정도가 다르다는 것을 발견함으로써 온라인프로세싱이 후보자를 평가하기 위한 정보 처리 과정의 대부분을 차지하지는 않는다는 점을 밝혀냈다.

2) 제한된 정보와 인지능력하에서의 후보자 결정

정치심리학자들은 한편으로는 정보의 양과 인지능력에서 차이를 보이는 개인이 같은 방식으로 정보를 처리하고 같은 선택을 하는지에 주목해왔다. 이는 이 장의 처음에 언급했던 것처럼 유권자 김 아무개가 정치적인 관심과 지식이 많았더라도 관심과 지식이 별로 없는 현재와 같은 정치적인 선택을 할 것인가 하는 문제와 관련이 있다. 여기에서는 제한된 정보와 인지능력이 정치적 결정에 어떤 영향을 미치는지 또는 이러한 제한점으로 인해 사람들은 어떠한 정보 처리 과정을 경험하는지에 대한 인지심리학적 접근을 살펴보기로 한다.

(1) 투표행위에서 정치적 정보의 영향

1964년에 컨버스가 정치적 정보와 지식이 없는 미국 대중은 쟁점을 이념적 스펙트럼에 따라 개념화할 수 없기 때문에 "정치적 태도를 갖고 있지 않다"라고 말한 이후 많은 정치학자가 그의 주장을 뒷받침하는 경험적 증거를 찾아냈다. 대표적으로 제이코비(William Jacoby)는 정치적 정보를 많이 가진 사람이 그렇지 않은 사람에 비해 이념적 스펙트럼에 의거해 정치적 선택을 하는 비율이 훨씬 높다는 사실을 밝혀냈다(Jacoby, 1995).

1990년대 이후 정치행태학자들은 정치적 정보가 많은 사람과 적은 사람 혹은 쟁점을 이념적으로 개념화할 수 있는 사람과 그러지 못하는 사람 사이에 정치적 태도와 행위에서 큰 차이가 나타난다는 사실에 주목해왔다. 앞서 지적했듯이 잘러는 정치적 지식이 많은 사람은 그렇지 않은 사람에 비해 엘리트 담론이 주는 정치적 메시지에 인지적으로 더욱 강하게 연관되어 있을 뿐 아니라 자신의 가치나 이념도 더 일관적이고 잘 개념화한다는 사실을 밝혀냈다(Zaller, 1992). 이 때문에 정치적 지식이 많은 사람은 새로운 메시지를 접했을 때 자신의 가치와 일관되지 않는 메시지에 대해서는 강하게 저항하고, 자신의 가치에 부합하는 메시지만을 받아들이는 경향을 보인다. 반면 인지능력이 낮거나 정치적 정보를 적게 가진 유권자는 정치적 결정을 자주 바꾸고 일관성 없는 기준에 의해 정치적 선택을 할 가능성이 크다. 이러한 이유로 유권자의 정치적 선택은 정치적 정보가 많은 유권자와 적은 유권자 사이에 유의미한 차이를 보이게 된다. 바텔스와 앨더스(Scott L. Althaus)는 모든 사람이 일괄적으로 최다 정보를 가졌다고 가정하는 시뮬레이션을 통해 정보가 많을 때와 적을 때 정치적 태도와 선택에 큰 차이가 있음을 발견했다(Bartels, 1996; Althaus, 1998). 러스킨(Robert C. Luskin)과 그의 동료들이 실행한 일련의 '유사 실험 과정(deliberative polling)'에서도 유권자는 정치적 지식이 적을 때와 충분할 때 정치적 태도 및 의견에서 상당한 차이를 나타냈다(Luskin, Fishkin and Jowell, 2002).

이렇게 유권자의 인지능력과 정치적 정보량의 차이가 유권자에게 상이한 선택을 하게 만든다는 사실은 인지능력과 정보량의 차이가 가져오는 또 다른 정치적 영향(정치 참여율 차이)과 관련해 대의민주주의 메커니즘에 대해 심각한 의문을 제기한다. 델리 카르피니(Michael Delli Carpini)와 키터(Scott Keeter)는 정치적 지식이 적은 사람이 정치적 태도에서 일관성을 보여주지 못할 뿐 아니라 정치적 지식이 많은 사람과 비교할 때 정치적 관심도가 매우 낮고 정치 참여 가능성도 훨씬 떨어진다고 주장했다. 정치적 정보를 적게 지닌 사람이 투표를 비롯한 정치적 행위에 참여할 가능성이 낮다는 것은 결국 정치적 정보를 많이 지닌 사람의 의견이 정치 과정에 주로 반영된다는 것을 의미하며, 이는 곧 민주주의 체제에 대한 심각한 도전을 의미하는 것이다. 더욱이 정치적 정보가 많은 사람은 사회경제적으로 상층을 차지하기 때문에 유권자의 정치적 정보의 차이는 결국 정치 과정에 사회경제적 상층의 의견이 주로 반영되는 결과를 낳는다. 개별적인 인지능력의 차이와 정보량의 차이가 결국은 사회계층 간 정치적 영향력의 차이로 나타나는 것이다. 이러한 정치적 정보의 불평등한 분배에 대한 비관론은 정보의 불평등한 분배가 심각한 정치적 결과를 낳는 것은 아니라는 낙관론을 주창한 인지심리학자들의 도전을 받으면서 정치학의 주요한 논쟁거리가 되었다(Delli Carprini and Keeter, 1996).

(2) 휴리스틱스를 이용한 정치적 추리와 선택

많은 인지심리학자는, 사회경제적 배경이 다른 유권자가 인지능력과 정치적 정보에서 차이를 보이며 이러한 차이는 결국 정치적 태도와 참여, 선택의 차이를 유발한다는 정치행태학자들의 비관론에 도전해, 인지능력과 정치적 정보량의 차이가 반드시 정치적 판단과 태도의 차이로 나타나는 것은 아니라고 주장한다. 이들은 정치적 정보를 그다지 지니지 못한 유권자도 **정보의 지름길**(information shortcut)이라고 할 수 있는 여러 가지 쉬운 요인에 의존해 정치적 결정을 내릴 수 있기 때문에 정보와 지식이 많은 유권자와 상이한 결정을 내릴 이유가 없다고 설명한다. 이 '정보의 지름길'의 요인에는 후보자의 정당, 후보자에 대한 호감도, 후보자의 출신 지역, 후보자의 현직자 여부, 후보자 개인의 이미지, 개인적 경력과 특성 등 후보자의 정책적 위치가 아닌 다른 요인으로 후보자를 평가할 수 있는 기준이 포함된다.

이렇게 후보자 평가의 지름길이 될 수 있는 요소를 인지심리학에서는 **휴리스틱스**(heuristics)라고 부른다. 휴리스틱스의 사전적 의미는 과거의 경험과 추론을 통해 스스로 문제를 발견하고 해석한다는 뜻인데, 인지심리학에서는 이 개념을 후보자의 정책에 대해 특정 정보가 없는 상황에서 유권자가 현재 지식이나 느낌만으로 후보자나 정치적 대상에 대해 적절하게 추론하고 판단하는 과정을 의미하는 것으로 사용한다.

휴리스틱스의 역할을 강조하는 인지심리학자들은 인간에게는 복잡한 정보 처리 과정을 거치지 않고 휴리스틱스를 사용해 적절한 추론 과정으로 결정을 내리려는 경향이 있다고 주장했다. 이러한 의미에서 유권자는 "실용적인 인지적 구두쇠(pragmatic cognitive miser)"로 묘사된다(Stroh, 1995). 페티(Richard E. Petty)와 카시오포(John T. Cacioppo)에 의하면 유권자는 특히 후보자의 정책적 위치에 대한 정확한 정보가 없을 때 휴리스틱스를 사용한 정보 처리 과정에 의존하는 경향이 더 강하게 나타난다(Petty and Cacioppo, 1986). 인지심리학자들은 이러한 휴리스틱스를 사용한 정보 처리 과정을 유권자가 정치적 선택을 단순화하는 가장 효과적인 방법이라고 설명하면서(Sniderman, Brody and Tetlock, 1991), 이렇게 단순화된 정보 처리 과정을 통해 개인은 올바른 정치적 선택, 즉 자신의 이익에 가장 잘 부합하는 정치적 선택을 할 수 있다고 주장한다(Iyengar, 1990; Popkin, 1991). 루피아(Arthur Lupia)와 맥커빈스(Mathew D. McCubbins)는 완벽한 정보가 없더라도 과거의 경험이나 학습을 통해 자신의 행위 결과를 예측할 능력만 있으면 휴리스틱스를 사용해 정보를 처리할 수 있다고 설명한다(Lupia and McCubbins, 1998). 1990년대 미국의 대통령선거에서 투표자의 약 75%가 정치적 지식 정도가 높은 사람이 할 수 있는 '올바른 선택', 즉 자신의 사회경제적 위치와 필요에 부합하는 선택을 했다는 연구 결과도 존재한다(Lau and Redlawsk, 1997). 이렇게 정치적 정보가 적은 유권자도 휴리스틱스를 사용한 추론을 통해 합리적 선택을 할 수 있다는 의미에서 펍킨(Samuel L. Popkin)은 대중을 **추론하는 투표자**(reasoning voter)로 부른다(Popkin, 1991).

휴리스틱스를 이용한 정보 처리 과정은 정치적 정보를 적게 가진 유권자의 정치적 선택과 민주주의 체제의 정치 과정을 합리화할 수 있다는 장점이 있는 반면, 많은 경험주의 정치학자의 비판을 받아왔다. 가장 일반적인 비판은 정치 지식이 많은 사람과 적은 사람이 정치적 행태에서 차이를 나타낸다는 사실이 경험적 자료를 통해 지속적으로 증명되고 있으며, 휴리스틱스를 주장하는 학자들이 이에 대한 뚜렷한 경험적 반박을 하지 못하는 데서 연유한다. 휴리스틱스의 역할을 주장하는 학자들이 실제 유권자를 대상으로 이론을 증명하기보다는 주로 실험실 내에서 행해지는 실험방법에 의존함으로써 현실적이지 못하다는 비난을 벗어나기 어려웠다. 몇몇 연구는 정치적 정보를 적게 가진 유권자는 정치적 맥락을 이해할 능력이 없기 때문에 휴리스틱스를 효과적으로 사용할 수 없는 반면, 오히려 정보가 많은 유권자가 휴리스틱스를 적절히 사용한다고 주장하기도 한다(Kuklinski and Quirk, 2000; Lau and Redlawsk, 2001).

3) 정치적 태도의 형성과 변화: 요인과 과정

지금까지는 유권자들이 정치적 메시지에 노출되거나 정보를 획득했을 때 어떻게 정보를 처리하고 어떠한 기제에 의존하는지에 대한 인지심리학적인 접근법을 살펴보았다. 여기에서는 이러한 정보 처리 과정을 통해 정치적 태도가 형성되고 변화하는 데 결정적인 영향을 미치는 요인은 무엇이며, 새로운 정보를 획득했을 때 어떠한 과정을 거쳐 태도와 선택이 변화하는지에 대한 인지심리학자들의 논의를 살펴보기로 한다.

(1) 태도 형성과 변화의 인지적 요소와 감정적 요소

인지심리학자들의 논의에 의하면 인간의 정치적 태도를 형성하고 변화시키는 데 결정적인 영향을 미치는 인지적 요인(cognitive factor)은 다음과 같다.

우선 '부정적인 정보와 메시지(negative information and message)'이다. 부정적인 정보와 메시지는 대통령 후보자에 대한 인식을 형성하는 데 중요한 동기를 제공하며(Lau, 1985), 긍정적인 메시지보다 훨씬 설득력이 높은 경향이 있다(Cobb and Kuklinski, 1997).

두 번째로 '프로젝션 효과(projection effect)'이다. 유권자는 자신이 원하는 정책적 위치에 부합할 것 같은 후보자를 과대평가하는 경향이 있는데, 이를 '프로젝션'이라고 한다. 예를 들어 국회의원선거에서 새누리당 지지자는 새누리당 후보의 능력과 당선 가능성을 과대평가하는 경향이 있고, 더불어민주당 지지자는 더불어민주당 후보의 능력과 당선 가능성을 과대평가하는 경향이 있다면, 이는 프로젝션의 결과라고 할 수 있다. 프로젝션 효과는 후보자에 대한 태도를 형성하는 중요한 요인으로 작용한다. 하지만 몇몇 학자는 대다수 유권자에게 실제로 프로젝션 효과가 작용하지 않는다는 사실을 실질적으로 검증하면서 프로젝션 효과에 대한 주장을 반박하고 있다.

세 번째로 정치적 태도를 형성하는 중요한 요인의 하나로서 '반대가치의 양립(ambivalence)'이 있다. 앞서 잘러의 이론을 설명할 때 언급했듯이 유권자의 인지구조 속에는 하나의 정치적 쟁점이나 후보자에 대해 여러 가지 모순되는 가치가 병존한다. 대통령을 선택하기 위한 결정을 내릴 때 유권자가 가진 양면적 가치는 대통령 후보에 대한 일관성 없는 평가와 태도를 유발할 수 있다(Zaller, 1992).

네 번째로 정치적 쟁점의 '강도(intensity)'와 '친근함(familiarity)'도 정치적 태도 형성과 변화에 영향을 미치는 중요한 요소이다. 캠페인 메시지가 강한 호소력을 지니거나 평소 유권자가 중요하게 생각하고 있는 잘 알려진 문제에 가까이 접근할수록 그 메시지는 설득력을 갖게 되고, 유권자의 태도 형성에 더 큰 영향을 미치게 된다(Zaller, 1992).

정치적 태도를 결정하는 데에는 인지적 요인 못지않게 감정적인 요인(emotional factor)도 중요한 영향을 미친다. 초기 인지심리학자들이 지나치게 인지적 요소에만 집중하는 경향을 보이면서 감정적 요인에 무관심한 것이 비판의 대상이 되자 몇몇 정치심리학자는 정치적 태도의 형성과 변화에서 후보자에 대한 느낌이나 인상 등 감정적 요인도 중요하게 작용한다는 사실을 밝혀낸 바 있다. 인지(cognition)는 감정(emotion)에 대한 자극 없이 정치적 태도에 어떠한 영향도 미칠 수 없으며, 정치적 태도가 형성되고 변화하는 데 감정적 요인이 중요하게 작용한다는 주장이었다(Zajonc, 1998). 그러나 이러한 주장에 대해 또 다른 인지심리학자들은 후보자에 대한 감정적 선호는 인지적 지지가 선행해야 형성될 수 있다고 주장하기도 한다.

(2) 태도의 형성과 변화 과정

잘러에 의하면 새로운 정치적 메시지나 정보에 직면했을 때 개인은 두 단계를 거쳐 그 정보를 받아들인다. 첫 번째 단계는 정보에 노출되고 정보를 '인식(reception)'하는 단계이고, 두 번째 단계는 인식된 정보를 자신의 인지구조 속에 '수용(acception)'하는 단계이다. 개인이 이러한 새로운 정보나 메시지에 따라 정치적 태도를 바꿀 확률은 다음과 같이 계산한다(Zaller, 1992).

> 태도가 바뀔 확률
> = 정보에 노출되어 인식할 확률 × 정보를 수용할 확률

정치적 지식이 많은 사람들은 첫 번째 단계인 정보에 노출되는 기회를 상대적으로 많이 갖는다. 하지만 이들은 자신의 기존 가치와 부합하지 않는 정보나 메시지를 접했을 때 그 정보나 메시지에 대해 강하게 저항하고 그 정보를 받아들이지 않는 경향이 있다. 따라서 이들은 좀처럼 자신의 정치적 태도와 선택을 바꾸지 않는다. 반면 정치적 정보는 충분하지 않지만 어느 정도

〈표 6-2〉 정치적 메시지의 반응에 대한 가상의 예: 태도 변화

구분	정치적 지식의 정도		
	낮음	중간	높음
① 정보에 노출될 확률	.10	.50	.90
② 정보를 받아들일 확률	.90	.50	.10
③ 정치적 태도를 바꿀 확률(① × ②)	.09	.25	.09

가지고 있는 사람들의 경우, 새로운 메시지에 노출될 기회도 많을 뿐 아니라 자신의 기존 가치가 확고하지 않고 기억구조 속에 모순되는 가치를 상대적으로 많이 갖고 있기 때문에 새로운 정보에 직면했을 때 그 정보를 받아들일 가능성이 높다. 따라서 잘러에 의하면 이렇게 정치적 지식이 어느 정도 있는 사람이 정치적 메시지에 가장 민감하게 반응해 태도와 선택을 바꿀 확률이 높아진다. 이와 반대로 정치적 정보와 지식의 정도가 매우 낮은 사람은 일단 새로운 메시지에 노출될 기회가 별로 없기 때문에 새로운 메시지에 따라 정치적 태도를 바꿀 가능성도 상대적으로 낮을 수밖에 없다(〈표 6-2〉 참조).

몇몇 학자는 개인이 정보를 받아들여 정치적 태도나 의견을 형성하거나 바꾸는 것은 우리가 기억구조 속에서 개별 정보를 새로 조합해 범주화할 수 있기 때문이라고 주장한다. 즉, 기억구조 속에 **태도의 가능성**(availability of attitude)이 있기 때문이라는 것이다. 한편 이렇게 형성된 태도가 정치적 판단이나 행위로까지 연결되려면 우리가 기억구조 속에서 의견을 검색할 때 다른 의견과 태도가 아니라 바로 그 특정한 의견에 접근할 수 있어야 한다. 즉, 판단이나 행위는 **태도의 접근 가능성**(accessibility of attitude)을 전제로 해야 일어날 수 있다는 것이다(Fazio, 1986).

다른 한편 정치적 태도는 특정한 정치적 대상에 대해 엘리트의 담론이 동일한 주류 담론을 형성하는지 서로 대립하는지에 따라 변화되는 정도가 달라진다. 하나의 담론이 주류 담론으로 존재하는 경우 태도의 변화 정도는 그

담론이 얼마나 강한 호소력을 지녔고 유권자에게 얼마나 친근한 쟁점인지에 영향을 받는다. 선거 캠페인 시기처럼 둘 또는 그 이상의 대립되는 담론이 있을 경우 어느 담론이 더 강한 호소력을 지녔는지에 따라 유권자의 태도 변화가 결정된다. 특히 앞서 말한 것처럼 중간 정도의 정치적 지식을 지닌 유권자의 경우 더 강한 호소력을 지닌 담론에 따라 급격하게 태도를 바꿀 가능성이 커진다. 예를 들어 한국의 2012년 제18대 대통령선거 기간에 중간 정도의 정치적 지식과 정보를 가진 유권자는 주된 담론이었던 경제민주화나 복지 이슈에 의해 자신의 정치적 태도와 선택을 가장 많이 바꾸었을 것으로 예상되는 집단이다. 이렇게 유권자의 정치적 태도에 영향을 미치는 정치적 메시지와 정보의 가장 중요한 원천은 대중매체이다. 다음에는 유권자의 태도와 정치적 선호도를 형성하는 데 대중매체가 어떠한 역할을 하는지에 대한 인지심리학적 접근법을 살펴보기로 한다.

4) 정치적 선호도 형성에서 대중매체의 영향

(1) 캠페인 효과

선거와 관련해 대중매체의 가장 큰 역할은 후보자나 정당에 대한 정보를 제공한다는 점이다. 유권자는 뉴스, 정치광고, 후보자 토론 등을 통해 후보자의 메시지와 정보를 접한다. 천문학적 비용을 쓰는 미국 선거의 경우 가장 많은 선거비용이 드는 것이 대중매체를 이용한 캠페인이다. 그러나 많은 학자는 이러한 대중매체 캠페인이 후보자에 대한 유권자의 지식을 높여주거나 유권자를 설득하는 효과는 미미하다고 주장한다. 예를 들어 핀켈(Steven E. Finkel)에 따르면 유권자는 자신의 다른 조건, 즉 사회경제적 조건이나 이념적 정체성 또는 정당일체감 등에 따라 후보자를 선택하기 때문에 캠페인 자체가 큰 효과를 가져오기는 어렵다고 주장한다(Finkel, 1993). 마커스와 피오리나는 각 후보자가 현직에 있는지 여부와 현재 집권당이나 대통령의 경제 정책 수행 능력에 대한 회고적 평가가 선택에 큰 영향을 주기 때문에 캠페인 효과는 미미할 수밖에 없다고 주장한다(Markus, 1988; Fiorina, 1981).

반면 겔먼(Andrew Gelman)과 킹(Gary King)은 캠페인이 유권자의 후보자 지지에 큰 영향을 미쳐 여론조사 결과에 지속적인 변화를 초래한다고 주장한다. 유권자가 대중매체를 통해 후보자에 대해 알게 되고 거기에 맞추어 자신의 선호를 계속 변화시킨다는 것이다(Gelman and King, 1993). 이것은 펍킨이 말하듯 일반 유권자에게 후보자에 대한 정보가 제한되어 있고, 따라서 선택의 결과에 대한 불확실성이 높은 상태에서 캠페인 메시지가 이들에게 중요한 정보 원천으로 작용하기 때문일 것이다(Popkin, 1991). 샐모어(Barbara G. Salmore)와 샐모어(Stephen A. Salmore)는 과거에 비해 정당의 역할이 약해지고 후보자 개인의 특성이 투표 결정의 중요한 변수로 작용하면서 이제는 대중매체 캠페인이 정당을 대신해 중요한 정보 제공자 역할을 수행한다고 주장한다(Salmore and Salmore, 1989).

뉴스와 후보자 광고 외에 후보자에 대한 정보 제공자로서 중요한 역할을 하는 선거 캠페인이 후보자 텔레비전 토론이다. 쇼(Daron R. Shaw)는 미국에서 정당의 전당대회와 더불어 후보자 토론이 유권자의 선호도에 상당한 정도의 영향을 미친다는 사실을 발견했다(Shaw, 1999). 홀브룩(Thomas M. Holbrook)은 특히 첫 번째 토론회가 상대적으로 잘 알려지지 않았던 후보자에 대한 정보를 제공하는 역할을 수행함으로써 이후의 토론회에 비해 상대적으로 중요한 영향을 미친다고 주장했다. 앞서 말했듯 메모리프로세싱에서는 이 메시지와 정보가 유권자의 기억구조 속에 머물러 있다가 필요할 때 선택적으로 꺼내져 사용된다고 주장하는 반면, 온라인프로세싱에서 개별 정보는 잊히지만 그 정보를 받아들인 순간의 감정적 평가가 유권자의 기억 속에 머무르다가 선택의 순간에 사용된다고 말한다(Holbrook, 1999).

그렇다면 대중매체 자체는 캠페인 메시지와 정보를 제공하는 과정에서 어떤 역할을 하는가? 특히 뉴스는 대중매체에 의해 선택적으로 전달된다는 점에서 대중매체 자체의 역할이 중요하게 부각될 수 있다. 대중매체의 대표적인 효과로서 인지심리학적 접근법이 가장 관심을 기울이는 부분은 대중매체의 의제 설정(agenda setting) 효과이다. 커뮤니케이션 이론에서 도입된 의제 설정 이론의 핵심은 대중매체가 설정한 의제, 즉 대중매체가 중요시한 쟁점과 그 쟁점의 특성을 수용자도 중요하게 생각한다는 것이다(McCombs, Lopez-Escobar and Liamas, 2000). 의제 설정 이론은 프레이밍 효과(framing effect)와 프라이밍 효과(priming effect)라는 두 가지 이론적 축을 통해 발전해왔다. 인지심리학자들은 대중매체가 이러한 효과를 통해 대중의 정치적 선호도 형성에 어떻게 영향을 미치는지에 관심을 가져왔다.

(2) 대중매체의 프레이밍 효과

대중매체의 프레이밍 효과는 대중매체가 특정한 의제를 선택하거나 강조 또는 배제함으로써 쟁점의 맥락을 제공하고 중요 쟁점이 무엇인지를 제안하는 역할을 수행하는 것이다. 즉, 오늘날 대중매체는 어떤 쟁점에 대해 있는 그대로 전체적인 이야기를 전달하기보다는 그 쟁점의 성격 중 일부를 선택해 집중 묘사하는 경향이 있는데, 이러한 경향은 유권자의 정치적 태도와 선호도를 형성하는 데 결정적인 역할을 한다(〈표 6-3〉 참조). 아이엔거(Shanto Iyengar)와 킨더(Donald R. Kinder)는 텔레비전 뉴스가 특정 쟁점의 단편적인 이야기에 초점을 맞추기 때문에 모든 정치사회적 문제의 책임이 사회구조나 정치체제보다는 항상 특정 정치인이나 개인에게 있는 것처럼 보이게 만든다고 비판한다(Iyengar and Kinder, 1987).

드러크먼(James N. Druckman)에 의하면 프레이밍 효과는 반대되는 매체 프레임이 나타나야 상쇄될 수 있다. 그러나 반대 프레임이 나타나면 사람들

〈표 6-3〉 프레이밍 효과 실험 예제

○ 실행할 수 있는 두 가지 경제 정책이 다음과 같이 있다. 일반적으로 고용률을 높이면 인플레이션을 야기한다. 이에 따라 각 정책의 예측되는 결과는 다음과 같다. 당신은 어느 정책을 더 선호하는가?		
	프로그램의 예측되는 결과	응답자의 선호
실험 1	프로그램 J를 채택하면 노동력의 90%가 고용되고, 물가 상승률은 12%가 될 것이다.	54%
	프로그램 K를 채택하면 노동력의 95%가 고용되고, 물가 상승률은 17%가 될 것이다.	46%
실험 2	프로그램 J를 채택하면 노동력의 10%가 고용되지 못할 것이고, 물가 상승률은 12%가 될 것이다.	36%
	프로그램 K를 채택하면 노동력의 5%가 고용되지 못할 것이고, 물가 상승률은 17%가 될 것이다.	64%

자료: Quattrone and Tversky(1988).

은 일단 그 새로운 메시지에 저항하며 기존 프레임에 의존하려는 경향이 있기 때문에, 상이한 정치적 의견을 가진 개인이나 집단과의 지속적인 정치적 대화를 통해 기존 프레임의 힘을 약화시키고자 할 때 하나의 매체 프레임에 매몰되지 않는다(Druckman, 2004).

(3) 대중매체의 프라이밍 효과

대중매체의 프라이밍 효과는 매체가 쟁점을 선별해 보도함으로써 사람들이 대상을 판단하는 기준을 변하게 만드는 효과를 의미한다. 한국의 2007년 제17대 대통령선거에서 대중매체가 다른 쟁점을 뒤로하고 경제 문제에만 초점을 맞춤으로써 경제 쟁점이 캠페인의 전체 쟁점을 압도한 것은 매체의 프라이밍 효과를 극명하게 보여주는 한 예이다.

미국에서는 인종집단, 특히 흑인과 관련된 프라이밍 효과에 대해 많은 연구가 축적되어왔다. 특히 선거 캠페인과 관련해 광고 등 캠페인에서 내보내는 인종적 암시가 인종에 대한 태도와 정치적 선택에 중요한 역할을 하는 것으로 나타났다. 발렌티노(Nick Valentino)와 그의 동료들에 의하면 선거 캠페인에서 인종을 암시하면 우리 기억구조 속의 인종적 스키마에 대한 접근 가능성을 높이고, 결국 정치적 선택에 인종 스키마를 사용할 가능성이 높아진다(Valentino, Hutchings and White, 2002).

한편 밀러(Joanne M. Miller)와 크로즈닉(Jon A. Krosnick)의 연구에 의하면 뉴스 매체에서 특정 쟁점을 다룸으로써 우리 기억 속에서 그 쟁점에 대한 접근 가능성이 높아지기는 하지만, 그 자체만으로 시청자나 독자에게 프라이밍 효과를 주지는 못한다. 이 연구에 의하면 프라이밍 효과가 가장 크게 나타나는 사람은 오히려 해당 매체를 신뢰하는, 정치적 정보를 많이 가진 사람이다. 이들은 뉴스를 통해 그 쟁점이 그 나라의 가장 중요한 문제라고 느껴 그 문제에 기반을 두고 정치적 판단을 한다(Miller and Krosnick, 2000). 따라서 아이엔거와 킨더가 우려하는 대로 대중이 매체의 희생양으로서 프라이밍 효과에 노출되는 것이 아니라 정치적 지식이 많은 유권자가 신뢰도가 높은 출처에서 정보를 추론하는 과정을 통해 프라이밍 효과가 나타나는 것으로 해석할 수 있다(Iyengar and Kinder, 1987).

(4) 대중매체에 대한 선택적 노출과 대중매체 효과

프레이밍과 프라이밍을 통한 대중매체의 의제 설정 효과를 이야기하는 학자들은 대중매체가 대중의 정치적 선호 형성에 중요한 영향을 미친다고 주장한다. 그러나 최근에는 대중매체가 일방적으로 대중의 정치적 태도와 선호에 영향을 미치기보다는 개인의 정치적 선호 자체가 그 개인의 매체 선택에 영향을 미치기 때문에 대중매체의 효과가 과거와는 다르게 나타난다는 점에 주목하고 있다. 오늘날에는 TV 채널의 증가뿐 아니라 인터넷 뉴스 매체 및 소셜미디어의 확장 등 뉴스 매체가 수많은 채널로 분화되어 하나의 뉴스가 도달할 수 있는 소비자의 수가 매우 제한적이기 때문에 매체의 직접적 효과는 감소할 수밖에 없다(Bennett and Iyengar 2008). 이제 매체가 일방적으로 제공하는 정보를 개인이 전달받는 것이 아니라 대중들 스스로가 매체를 선택하게 된 것이다. 이러한 환경에서 각 개인은 자신의 정치적 태도나 신념과 일치하는 매체나 메시지에는 자신을 노출시키고 일치하지 않는 메시지는 회피하는 선택적 노출의 경향을 보인다. 최근 한국 정치가 점점 양극화 되어가면서 한국 사회에서 선택적 미디어 노출 현상은 더욱 심화되고 있다. 예를 들어, 새누리당을 지지하거나 보수적인 이념을 가진 사람들은 보수적인 케이블 채널이나 보수 성향의 신문을 더 많이 보는 반면, 더불어민주당 또는 정의당을 지지하거나 다소 진보적인 이념을 가진 사람들은 좀 더 진보적이라고 알려진 뉴스 매체를 선택해서 보는 경향이 있다(이소영, 2014). 이러한 선택적 노출은 흔히 자신의 관점과 비슷한 사람과 소통하는 경향이 큰 소셜미디어에서 더 강하게 목격된다(한규섭 외, 2013; 황유선, 2013).

선택적 노출의 결과, 대중매체는 그 매체에 노출되는 개인들에게 새로운 정보를 제공해 그들의 정치적 태도를 형성하거나 그들의 정치적 선호를 바꾸기보다는 현재의 태도나 선호를 더욱 강화하는 방식으로 영향을 미치고 있다(Levendusky, 2013; Stroud, 2010). 이러한 점에서 오늘날의 대중매체는 설득은 없이 양극화 경향만 강화시키고 있다고 평가되기도 한다(Prior, 2013).

그런데 이러한 대중매체에 대한 선택적 노출 정도 및 그 효과와 관련해서는 서로 상반되는 연구 결과들이 존재한다. 한편에서는 정치적 메시지를 선택적으로 접할 수밖에 없는 환경에서 자신의 정치적 입장과 부합하는 매체에만 선택적으로 노출되는 정도가 심각한 수준이며, 이 때문에 정치적 태도가 더욱 극단적으로 되어간다는 것을 경험적으로 보여주고 있다(노정규·민영, 2012; 윤성이, 2013; 이소영, 2014; 2015; 한규섭 외, 2013; 황유선, 2013; Iyengar and Hahn, 2009; Jamieson and Cappella, 2008; Levendusky, 2013; Johns et al., 2011; Sunstein, 2009; Stroud, 2010; 2011). 그러나 실험 위주의 여러 연구는 다른 한편으로 선택적 노출 정도 및 그 영향이 심각한 수준은 아니라는 것을 보여준다(최윤정·이종혁, 2011; 조은희·조성겸, 2013; Garrett, 2009; Gentzkow and Shapiro, 2011; Holbert et al., 2010; Kim, 2009; Messing and Westwood, 2012). 요컨대, 최근의 연구들은 대체로 대중매체에 대한 선택적 노출의 경향이 커지고 있음을 인정하면서도 그 정도 및 정치적 결과의 심각성에 대해서는 아직은 공통된 연구 결과에 이르지 못하고 있다고 하겠다.

3. 한국에서의 인지심리학적 접근법 적용

미국의 정치학계에서 인지심리학적 접근법이 정치행태 연구의 중요한 부분을 담당해온 것과 달리 한국에서는 인지심리학적 접근법을 활용한 연구가 활발하지 못한 상황이다. 그 이유는 무엇보다 그동안 한국의 정치학계가 거시적 수준의 접근법에 초점을 맞추어 연구를 수행해 개인의 정치적 태도와 행태를 연구하는 정치행태론적 접근법에 상대적으로 관심을 덜 기울여왔다는 데 있을 것이다. 이와 더불어 학제 간 연구가 익숙하지 않은 한국적 실정에서 심리학의 주요 영역을 빌려온 인지심리학적 접근법이 아직은 생소하게 느껴지는 듯하다. 더욱이 인지심리학적 접근법에서 주로 사용하는 실험방법은 한국 정치학계에서는 빈번하게 사용되지 않았던 방법이다. 이러한 이유로 한국에서 인지심리학적 접근법은 아직 그 영역을 확보하지 못하고 있다.

다만 전통적으로 심리학적 접근법에 친근한 커뮤니케이션학 분야의 논문 중에 인지심리학적 접근법을 적용한 논문들이 발견된다. 그중 황근(1993)의 논문은 스키마 이론을 적용해 제14대 대통령선거 기간 선거 캠페인에 노출된 것이 개인의 스키마와 그 스키마의 이용에 어떤 영향을 미쳤으며 결과적으로 투표행태에 어떤 영향을 미쳤는지를 분석했다. 이 연구에 따르면 제14

대 대통령선거에서 유권자가 지녔던 가장 중요한 스키마는 후보자의 개인적 속성이며, 대중매체는 캠페인 기간에 이 후보자의 개인 속성에 대한 스키마를 자극함으로써 유권자가 후보자 개인 속성에 기반을 두고 후보자를 선택하는 데 일조했다. 특히 신문 보도와 후보자 텔레비전 토론은 유권자의 후보 지지에 대한 도식을 극단화하는 경향이 있었던 것으로 나타났다. 이러한 점에서 황근은, 대중매체는 설득의 매체이기보다는 후보자의 정책에 대한 정보를 제공해 후보자에 대한 유권자의 스키마를 활성화하는 역할을 하는 측면이 더 강하다고 주장한다. 이준웅(1998)은 정치적 지식이 많은 사람까지도 후보자의 정책보다는 이미지에 의존해 정치적 판단과 선택을 하는 경향이 있다는 사실을 검증하면서 후보자 이미지가 유권자 판단의 스키마로서 합목적적으로 이용된다고 말한다. 특히 그는 후보의 정책, 이념, 정견 등을 일일이 학습할 동기와 능력이 없는 유권자에게 후보자의 이미지는 후보자의 능력과 성품에 대한 유용한 자료가 될 수 있다고 주장한다. 한편 김성애와 이종혁(2011)의 연구는 개인의 스키마가 뉴스 프레임과 일치하는 정도에 따라 프레이밍 효과가 다르게 나타남을 보여준다. 이 연구는 여성 노동자 집회 관련 뉴스를 여성 차별, 노동자 탄압, 여성-노동자 혼합 프레임 등으로 조작화한 뒤 남한 대학생들과 탈북 대학생들에게 읽히고 그 결과 나타나는 수용자의 해석적 프레임을 살펴보았는데, 연구 결과는 스키마에 불일치하는 뉴스가 더 강한 프레이밍 효과를 가져온다는 것을 보여주고 있다.

대중매체의 프라이밍 효과를 다루는 반현(2004)의 논문은 언론에서 강조한 후보자의 속성(청렴도)이 언론에서 강조하지 않은 속성(학력)에 비해 유권자의 후보자 인지에 더 큰 영향을 미치고 있음을 주장했다. 정성호(2003)는 제16대 대통령선거의 후보자 텔레비전 토론이 후보자의 개인적 자질 및 이슈의 중요도 인식에 상당한 변화를 초래했다고 주장한다. 특히 그의 논문에 따르면 텔레비전 토론은 후보자에 대한 감정적 이미지와 호감도를 형성하는 데 직접 영향을 미쳤으며, 이러한 이미지와 호감도는 후보자 선택에 중요한 영향을 미치는 것으로 나타났다. 텔레비전 토론의 인지적 효과와 관련해 김관규, 구교태, 이준웅(2006)은 텔레비전 토론이 주로 정치적 관심도가 낮은 유권자에게 정보를 제공하는 효과가 있으며, 특히 후보자의 인지도가 낮은 경우에 효과가 크다고 주장한다. 유권자가 후보자에 대해 잘 알지 못하는 상태에서 토론을 시청하는 경우, 유권자는 그 후보자에 대해 더 좋은 이미지를 갖게 되고 호감도가 높아진다는 것이다. 정치광고가 후보자 이미지 형성에 미치는 효과를 연구한 탁진영(2005)의 논문은 정치광고를 시청한 유권자가 후보자에 대해 갖는 감성적 이미지와 투표 의향이 광고를 시청하기 전과 달라진다는 사실을 보여준다. 이 외에도 정치 커뮤니케이션학에서는 매체의 역할 및 효과와 관련해 비슷한 주제의 논문이 다수 배출되어왔다.

한편 최근에는 뉴스 매체에 대한 선택적 노출에 관심이 커지고 있다. 서현진(2013), 김민성 외(2013), 이소영(2014) 등은 최근의 한국 선거에서 보수적·새누리당 지지자와 진보적·야당 지지자 간 선택적 노출의 경향이 명확하게 나타남을 보여주고 있다. 인터넷 및 소셜미디어 사용자를 대상으로 하는 여러 연구들은, 이러한 경향은 정보 선택이 보다 용이한 인터넷이나 소셜미디어에서 더 강하게 나타난다는 것을 경험적으로 보여준다. 윤성이(2013)의 연구에 의하면, 60% 이상의 트위터 사용자들이 자신의 정치적 성향과 일치하는 트윗에 더 많이 노출되는 것으로 나타났다. 한국과 미국 의회 의원들의 트위터 팔로워 네트워크 구성을 비교 분석한 한규섭 등(2013)도 한국에서의 트위터 팔로잉 행태가 미국에서보다 더 정치적 성향에 따라 나뉘어 나타난다는 것을 보여준다. 황유선(2013)의 연구 또한 트위터 이용자들이 자신과 정치적 신념이 유사한 유력자를 팔로우하는 선택적 노출의 경향을 강하게 가지고 있음을 보여주고 있다.

이 밖에도 몇몇 연구들은 정치적 정보의 효과에 초점을 맞추어 정치 정보의 성격과 습득 과정 또는 정보의 양이 정치적 관심과 정치적 태도, 참여 및 정치적 선택 등에 어떻게 영향을 미치는지를 보여준다(이소영, 2008; 정낙원·김성욱, 2015; 하세헌·강명구, 2012). 그러나 앞서 말했듯이 한국의 정치 과정을 대상으로 인지심리학적 접근법을 직접 적용한 정치학계의 논문은 아직은 부족한 편이다. 인지심리학적 접근법을 통해 한국 정치 과정과 유권자의 투표 행태를 이해하기 위해서는 먼저 인지심리학적 접근법이 소개하는 다양한 개념과 방법론에 대한 이해가 선행되어야 한다. 이와 더불어 정치학에서 인지심리학적 접근법이 제기하는 문제, 즉 '정보와 인지능력이 부족한 일반 유권자가 어떻게 정치적 판단과 선택을 하며, 또한 이들의 판단과 선택은 합리적일 수 있는가'라는 문제에 대해 다양한 시각으로 접근을 시도해야 한다.

4. 나오며

개인의 정치적 태도와 선택을 설명하기 위한 대안적 접근법으로서 인지심리학적 접근법은 정치심리학에 이론적 정교함과 방법론적 혁신을 가져왔다고 평가된다. 여러 유형의 내적 기억구조 및 정보 처리 과정 단계와 이러한 과정을 제한하는 신념체계를 비롯한 여러 기제가 새롭게 소개되었고, 다양한 실험방법을 통해 인지구조와 과정이 측정되었다.

이렇게 이론적·방법론적으로 의의가 큰 반면, 정치적 선택행위를 설명하기 위한 이론으로서의 인지심리학적 접근법에는 한 가지 중요한 한계가 있다. 그것은 자극이 어떻게 개인의 태도나 인식으로 형성되는지에 주요한 관심을 갖는 인지심리학적 접근법이 정치적 판단의 대상을 사회적·정치적 맥락에서 소외시킨다는 점이다. 이는 정치적 현상을 정치사회적 맥락에서 설명하려는 정치학의 기본 목적과 개인의 행태를 심리적인 구조와 과정 속에서 설명하려는 심리학의 목적이 상충되기 때문에 나타나는 한계일 것이다.

맥그로(Kathleen M. McGraw)에 의하면 정치적 선택은 사람들이 정치적 정보의 맥락과 환경을 어떻게 경험하고 인식하는지에 따라 달라진다. 이러한 의미에서 인지심리학적 접근법은 인지 과정을 정치적·사회적 정체성, 사회집단, 사회적 맥락, 문화적 차이 등의 문제와 연관시킬 필요가 있다. 또한 학문적 전통이 다른 다양한 선택 모형과 접합점을 찾아 보완하는 것도 인지심리학적 접근법이 앞으로 취해야 할 과제이다. 예를 들어 인지심리학적 접근법은 합리적 선택 이론처럼 유권자가 후보자에 대해 많은 정보를 지녔다고 가정하지는 않지만, 인지심리학적 접근법의 여러 모형이 유권자의 합리적 선택을 가정한다는 점에서 두 이론의 접합점을 찾을 수 있을 것이다(McGraw, 2000).

🕮 핵심 주제어

정보의 온라인프로세싱(Online Information Processing)
사람들이 후보자에 대한 정보를 획득해 그 정보를 기억창고 속에 바로 저장하는 대신, 그 정보를 가지고 후보자에 대한 전체적 이미지를 저장한 후 후보자를 선택할 때 이 저장된 이미지를 이용하는 과정.

정치적 신념체계(Political Belief System)
개인의 정치적 판단과 태도가 특정 유형의 추상적 기준(예를 들어 진보-보수 스펙트럼)에 의해 제약받도록 구성된 정치적 인지구조.

정치적 스키마(Political Schema)
과거의 경험에서 도출된 정치적 지식이 모여 있는 기억구조. 스키마 이론가들은 사람들이 이 스키마에 기록된 자신의 지식에 기반을 두고 정치적 정보를 재구성하며 해석한다고 주장한다.

휴리스틱스(Heuristics)
후보자의 정책과 이념에 대한 정보가 부재한 상황에서 유권자가 후보자나 정치적 대상에 대해 적절하게 추론하고 판단할 수 있도록 도와주는 '정보의 지름길'을 형성하는 현재의 지식, 느낌, 기제.

🕮 추천 문헌

Delli Carpini, Michael X. and Scott Keeter. 1996. *What Americans Know about Politics and Why It Matters*. New Haven: Yale University Press. 포괄적인 경험적 자료를 사용해, 유권자의 정치적 무관심과 인지능력의 한계로 인한 정보의 불균등적 분배가 정치적 태도와 선택을 왜곡하고 있음을 보여주는 저서.

Lodge, Milton, Macro Steenbergen and Shawn Brau. 1995. "The Responsive Voter: Campaign Information and the Dynamics of Candidate Evaluation." *American Political Science Review*, Vol.89, No.2, pp.309~326. 정보의 온라인프로세싱을 설명하는 스토니브룩 학파의 대표적 논문.

Sniderman, Paul M., Richard A. Brody and Philip E. Tetlock. 1991. *Reasoning and Choice: Explorations in Political Psychology*. New York: Cambridge University Press. 제한된 정보와 지식을 가진 개인이 휴리스틱스를 사용해 정보와 인지능력의 한계를 극복할 수 있다는 인지적 접근법의 대표적 저서.

Zaller, John R. 1992. *The Nature and Origins of Mass Opinion*. New York: Cambridge University Press. 기억구조 속에 다양한 정보를 가진 개인이 정치적 태도를 어떻게 형성하고 변화시키는지 체계적으로 설명한 저서.

토론 주제

1. 인지구조의 신념체계 이론과 스키마 이론의 차이점은 무엇인가?
2. 정보의 메모리프로세싱과 온라인프로세싱은 어떤 차이점을 가지고 있는가?
3. 정치적 태도와 판단에서 휴리스틱스의 역할과 한계는 무엇인가?
4. 정치적 정보의 불균등한 분배는 민주주의 메커니즘에 어떤 부정적인 영향을 미치는가?
5. 인지심리학적 관점에서 대중매체는 대중의 정치적 태도와 선택에 어떤 영향을 미치는가?

제7장

선거제도와 투표행태

신제도주의적 관점

조진만

대통령선거 투표일, 네 명의 친구가 함께 투표장에 가고 있다.

갑 난 A 지역 출신이라 그런지 몰라도 어려서부터 그냥 보수당이 좋더라. 이번에도 보수당 후보를 찍어야지.

을 난 지난번 보수당 정부에 너무 실망했어. 경제를 살리려면 이번에는 진보당 후보에게 힘을 실어주어야 할 것 같아.

병 그래도 나는 앞으로 경제가 잘 되려면 진보당 후보보다는 보수당 후보가 나을 것 같은데…….

정 너희는 좋겠다. 투표 결정을 하는 데 고민이 없어서. 난 군소정당인 노동당을 지지하는데 어떡하지? 노동당 후보를 찍으면 보수당 후보가 또 당선될 것 같은데……. 이건 내가 진정으로 원하는 바가 아닌걸. 기권해버릴까? 아니야, 그래도 그나마 진보적이면서 당선 가능성이 있는 진보당 후보를 찍는 것이 낫겠어!

1. 들어가며

앞의 예시를 읽고 난 후 떠오르는 생각은 무엇인가? 한번 정리해보자. 우선 갑은 출신 지역의 영향으로 별다른 고민 없이 보수당을 지지한다. 갑이 태어나서 성장한 A 지역은 보수당 소속 대통령을 여러 차례 배출했고, 현역 국회의원들도 모두 보수당 소속이다. 그뿐만 아니라 갑의 부모님 모두 A 지역 출신이다. 이러한 이유로 갑은 어려서부터 A 지역의 정치적 정서와 문화에 많은 영향을 받아왔다. 그 결과 갑은 보수당과 매우 높은 심리적 일체감을 형성하고 있다.

을은 경제 문제에 많은 관심을 가진 것으로 보인다. 그리고 지난 보수당 정부가 경제 문제에 대해 많은 실정(失政)을 했다고 판단해 이번 선거에서는 진보당 후보에게 투표하려 한다. 즉, 을은 경제적 쟁점을 투표 결정의 중요한 준거로 삼으며, 이전 보수당 정부의 경제 성과를 부정적인 차원에서 회고적으로 평가해 이전 선거와는 다른 투표 결정을 내리고자 한다.

병은 을과 마찬가지로 경제 문제에 많은 관심을 가지고 있지만, 투표 결정은 을과 차이를 보인다. 병은 을과 달리 앞으로의 경제 문제를 해결하는 데에는 그래도 보수당이 상대적으로 낫다고 평가한다. 즉, 병은 을과 달리 경제 문제에 대한 회고적 평가보다는 긍정적인 차원의 전망적 평가에 비중을 두면서 보수당을 지지한다.

정은 자신이 가장 좋아하는 노동당 후보를 지지하는 것에 대해 고민하고 있다. 군소정당인 노동당 후보가 당선될 가능성은 매우 낮다. 그러므로 정이 노동당 후보에게 투표할 경우, 이념적으로 가장 싫어하는 보수당 후보의 당선 가능성을 상대적으로 높일 수 있다. 정은 그러한 결과를 피하기 위해 최선은 아니지만 차선으로 진보당에 투표하려고 한다.

대의민주주의 체제에서 유권자는 자신의 선호에 따라 투표를 결정하고, 그 결과 선출된 대표자가 국정을 운영한다. 그리고 앞 장들에서 설명한 것처럼 선거에서 유권자의 선호는 사회경제적 배경과 쟁점에 대한 평가 등 집단과 개인 차원에서 설정할 수 있는 다양한 요인의 영향을 받는다. 그러나 위의 예시에서 정은 투표를 하는 데 친구들과는 다른 고민을 하고 있다. 정이 친구들과 다른 차원에서 투표 결정을 고민하는 이유는 무엇일까? 다음의 두 가지로 집약된다. 첫째, 정은 친구들과 달리 당선 가능성이 낮은 군소정당의 노동당 후보를 지지하고 있다. 둘째, 한국 대통령선거에서는 한 표라도 많이 득표한 후보가 당선되는 **단순다수제**(simple plurality)를 채택하고 있다.

이것을 보면 우리는 대의민주주의 체제에서 모든 유권자가 자신의 선호대로 투표하는 것만은 아님을 알 수 있다. 즉, 군소정당을 지지하는 유권자는 당선 가능성을 고려해 자신에게 최선이 되는 선택을 포기하고 차선을 선택해야 하는 상황에 직면할 수 있다. 이때 유권자의 투표 결정에 중요한 영향을 미치는 요인은 바로 **제도**(institution)이다.

모든 경기에서 규칙이 중요하듯 대의민주주의에서도 선거와 관련한 제도, 특히 유권자의 선호(표)가 정치적인 결과(의석)로 어떻게 전환되는지는 중요한 정치적 의미를 지닌다. 대의민주주의 체제에서 선거제도는 어떠한 형태로든 유권자의 투표행태에 영향을 미친다. 그러므로 선거제도가 어떻게 설정되었는지에 따라 선거에서 승자와 패자가 달라질 수 있다(Farrell, 1997; Taagepera and Shugart, 1989). 이러한 이유로 선거제도는 정치권의 복잡한 이해관계를 반영하며, 그 결과 근본적인 변화를 도모하기가 쉽지 않은 측면도 있다(Knight, 1992).

대의민주주의에서 선거제도가 중요한 이유를 한국 사례에 적용해 살펴보자. 제2장에서 설명한 바와 같이 1980년대 민주화가 이루어지기 이전까지 한국 선거에서 유권자는 주로 '민주 대 반민주'의 균열에 기반을 두고 투표를 결정했다. 그러나 민주주의로의 이행을 통해 직선제가 실시된 제13대 대통령선거에서, 유권자는 민주 대 반민주 균열보다는 후보자의 출신 지역을 고려한 지역주의적 투표행태를 강하게 표출했다. 그 결과 민주정의당의 노태우 후보가 36.6%의 낮은 득표율로 대통령에 당선될 수 있었다.

이처럼 제13대 대통령선거에서 노태우 후보가 낮은 득표율로도 당선될 수 있었던 것은 한 표라도 많은 후보자가 당선되는 선거제도와 밀접한 연관이 있다. 역사에 가정은 없다고 하지만, 만약 당시 한국이 1차 선거에서 과반수 득표자가 없을 경우 2차 결선투표를 진행하는 선거제도를 채택했다면 어떤 선거 결과가 나타났을까? 아마도 민주화 세력인 김영삼 후보와 김대중 후보는 2차 결선투표를 염두에 둔 후보 단일화를 시도했을 것이고, 노태우 후보가 당선되기는 어려웠을 것이다. 당시 민주화 세력이 연합을 통해 정권을 장악했다면 민주화 이후 선거 과정에서 나타난 지역감정의 문제가 심각하게 대두되지 않았을 수도 있다. 한국의 정치사도 지금과는 다른 국면으로 전개되었을 가능성이 높다.

이러한 점을 고려할 때 선거제도와 유권자 투표행태 사이의 관계에 대한 이해는 대의민주주의가 현실정치에서 어떻게 운용되고 어떠한 정치적 결과를 초래하는가를 파악하는 데 가장 핵심적인 부분이다. 따라서 이 장은 의회(하원 기준)선거제도를 중심으로 선거제도와 유권자 투표행태의 관계를 논의한다. 대의민주주의 국가의 정치체계는 대통령제와 의원내각제, 양원제와 단원제 등의 기준에 따라 다양한 차이를 보인다. 그러나 어떠한 형태이든 국민이 직접 선출하는 의회가 있다. 그러므로 한정된 지면에서 논의의 간결성과 일관성을 유지하기 위해 대의민주주의 국가에서 공통적으로 실시하는 의회선거를 대상으로 그 제도의 특징과 유권자 투표행태에 미치는 영향을 알아보기로 한다. 대통령, 상원, 지방자치단체장 등의 선출과 관련된 선거제도의 경우, 연방제 특성을 반영해 선거인단 투표로 대통령을 선출하는 미국의 경우를 제외하고는 의회선거제도를 거의 동일한 차원에서 적용해 살펴볼 수도 있다.

2. 신제도주의와 유권자의 투표행태

정치학에서 '제도'에 대한 연구는 제1차 세계대전 이후 본격적으로 진행되었다. 당시 국가기관의 공식적인 구조와 법체계에 초점을 맞춘 이 연구들은 **구제도주의**(old institutionalism)로 지칭된다(Selznick, 1996). 구제도주의는 정치제도가 어떻게 형성되었고, 어떠한 도덕적·규범적 원칙을 포괄하는지 등의 문제를 구체적으로 서술하는 연구를 주로 진행했다(Stinchcombe, 1997). 그러나 이와 같은 구제도주의는 기본적으로 정치 현상에 대한 경험적 분석을 소홀히 하고 있으며, 제도가 집단이나 개인에게 미치는 영향에 대한 관심이 부족하다는 이유로 비판받는다.

이러한 상황 속에서 1960년대 구제도주의에 대한 비판을 통해 등장한 **행태주의**(behaviorism)는 크게 각광을 받았다. 행태주의는 정치제도 자체에 대한 연구보다는 이를 운용하는 개인(또는 집단)의 행태에 대한 과학적 접근과 경험적 분석이 유용하다는 입장을 보인다. 구체적으로 행태주의는 자신의 이익을 극대화하기 위해 행동하는 개인을 전제하고, 이와 같은 개인의 행태가 집합적으로 수렴되어 나타난 것을 정치 현상으로 인식한다(March and Olsen, 1984).

행태주의는 정치학의 과학화를 주도하면서 정치 현상에 대한 설명력과 예측력을 높이는 데 크게 기여했다. 그러나 행태주의는 기본적으로 원자화된 개인과 선험적으로 주어진 선호를 극대화하는 개인을 가정한다는 점에서 문제가 제기되었다. 즉, 행태주의는 개인이 다른 개인과의 관계 속에서, 그리고 자신이 행동하는 제도적 맥락 속에서 존재 의미를 갖고 선호를 형성한다는 점을 간과한다는 비판에 맞닥뜨린다.

신제도주의(new institutionalism)는 이러한 행태주의의 문제점을 비판하면서 등장했다(March and Olsen, 1984, 1989; Powell and DiMaggio, 1991; 하연섭,

2003). 신제도주의는 제도적 맥락 속에서 개인의 선호, 전략, 행태, 상호작용의 유형이 달라진다는 점에 초점을 맞추어 논의를 전개한다. 구체적으로 신제도주의에서 제도는 개인의 행태를 제약하는 구조적 요인이다. 그리고 개인의 행태는 제도의 영향력하에서 '안정적'이고 '규칙적'인 특징을 보인다. 즉, 특정한 제도에서 개인의 행태나 개인 간의 상호작용은 무작위로 이루어지는 것이 아니라 일정한 유형을 보이기 때문에 양자 간의 관계에 대한 연구는 중요한 의미를 띤다.

대의민주주의 체제에서 선거제도가 유권자의 투표행태와 관련해 정치적 중요성을 갖는데도 양자의 관계에 대한 연구는 비교적 최근에야 활발하게 진행되었다. 즉, 제2차 세계대전 이전까지 정치학에서 제도에 대한 연구는 제도의 법적 요건과 내용에 대한 기술에 초점이 맞추어졌기 때문에 선거제도와 유권자의 투표행태의 관계에 대한 연구는 제대로 이루어지지 못했다.

이러한 상황 속에서 선거제도와 유권자의 투표행태 간 관계에 대한 선도적인 연구는 뒤베르제(Maurice Duverger)에 의해 이루어졌다. 뒤베르제는 "소선거구 단순다수제를 채택한 국가에서는 양당제가 형성될 가능성이 높은 반면, 비례대표제를 채택한 국가에서는 다당제가 형성될 가능성이 높다"라는 주장을 전개해 이 분야의 탁월한 연구 업적을 남겼다(Duverger, 1954). 그의 주장에 대해서는 뒤에서 좀 더 세부적으로 살펴볼 것이다. 선거제도가 유권자의 투표행태에 미치는 영향 때문에 선거제도별 정당체제가 차이를 나타낼 수 있다는 뒤베르제의 주장은 이 분야에서 하나의 법칙으로 인정되면서 오늘날 선거제도와 유권자의 투표행태에 대한 다양한 논의뿐만 아니라 경험적 연구도 가능하게 했다.

여기서는 선거제도별로 유권자의 투표행태가 어떠한 차이를 보이는지를 살펴볼 것이다. 이와 관련해 구체적으로 다음 두 가지 관점에서 논의를 전개한다. 첫째, 선거제도의 유형을 다수결 선거제도, 비례적 선거제도, 혼합형 선거제도로 분류한 후 이를 중심으로 유권자 투표행태와의 관계를 논의한다. 선거제도는 국가별로 다양하고 복잡한 특징을 보인다. 이 장은 선거제도의 대표적 유형과 유권자 투표행태와의 관계를 중심으로 논의한다.

둘째, **진성 투표**(sincere vote)와 **전략적 투표**(strategic vote)에 초점을 맞추어 유권자의 투표행태에 대한 논의를 전개한다. 선거제도와 유권자 투표행태의 관계는 다양한 측면에서 고찰해볼 수 있다. 즉, 선거제도와 관련한 유권자 투표행태는 진성 투표와 전략적 투표 외에도 인물 투표와 정당 투표, 그리고 투표 참여의 문제 등과 연계해 논의할 수 있다. 다만 이때 대의민주주의 체제에서 유권자의 선호가 자유롭게 형성되고 표명되게 하는 것이 무엇보다도 중요하다는 점을 인식할 필요가 있다(Dahl, 1971). 그리고 이와 같은 관점에서 보면 유권자가 선거에서 자신이 가장 좋아하는 정당이나 후보자에 대해 별다른 고민 없이 순수하게 투표하는지, 아니면 선거제도의 효과로 인해 유권자가 자신이 가장 좋아하는 정당이나 후보자가 존재하는데도 당선 가능성 등을 고려해 다른 정당이나 후보자에게 전략적으로 투표하는지(전략적 투표)의 문제는 중요한 의미를 지닌다. 그뿐 아니라 후보자에게 투표하도록 규정한 선거제도에서 특정 후보자에 대한 지지가 그 후보자가 속한 정당에 대한 지지인지, 그 후보자 개인에 대한 지지인지를 명확하게 구분하기는 현실적으로 어렵다. 그리고 실제 선거에서 유권자는 인물과 정당을 종합적으로 고려해 투표 결정을 한다고 보는 것이 적실성을 갖는다. 유권자의 투표 참여와 관련된 논의는 이 책의 제8장에서 별도로 다루고 있다. 이러한 상황들을 고려해 이 장에서는 이와 같은 부분에 대한 논의는 일부 보완적인 차원에서만 설명한다.

3. 선거제도와 유권자의 투표행태

1) 선거제도의 유형과 특징

각국의 선거제도는 투표 방식, 선거구제, 의석 배분 방식 등에서 복잡하고 다양한 차이를 보인다. 하지만 일반적으로 선거제도는 크게 **비례적 선거제도**(proportional system)와 **다수결 선거제도**(majoritarian system) 두 유형으로 구분할 수 있다(Farrell, 1997). 비례적 선거제도는 유권자의 정치적 선호를 왜곡하지 않고 최대한 정치적 결과로 반영하는 것을 주요 목적으로 한다. 반면 다수결 선거제도는 유권자의 정치적 선호가 정치적 결과로 정확히 반영되지 않지만, 책임정치와 정치적 안정성을 추구하는 것을 주요 목적으로 한다.

이 밖에 대표적인 다수결 선거제도인 소선거구 단순다수제(후보자 투표)와 대표적인 비례적 선거제도인 정당명부식 비례대표제(정당 투표)를 병행해 실시하는 1인 2표 **혼합형 선거제도**(mixed system)가 있다. 혼합형 선거제도의 경우 다수결 선거제도와 비례적 선거제도가 혼합된 선거제도로서 어느 한 유형으로 분류하기가 어렵다. 하지만 혼합형 선거제도의 경우에도 후보자 투표와 정당 투표로 선출하는 의석의 비율과 전체 의석이 배분되는 방식에 따라 비례적 선거제도에 더 근접한 특성을 보이는지, 아니면 다수결 선거제도에 더 근접한 특성을 보이는지를 가늠할 수 있다.

예컨대 한국과 일본의 경우 후보자 투표로 배분되는 의석이 정당 투표로 배분되는 의석보다 훨씬 많은 특징을 보인다. 그리고 후보자 투표와 정당 투표에 의해 배분되는 의석이 상호 독립적인 특징을 보여 **병립형**(parallel) 1인 2표제로 명명된다. 그러므로 1인 2표 병립제의 경우 비례적 선거제도와 다수결 선거제도의 특징을 동시에 표출하는 가운데 상대적으로 다수결 선거제도의 특징이 강하다고 평가된다. 반면 독일과 뉴질랜드의 경우에는 후보자 투

〈표 7-1〉 선거제도의 유형과 분포

선거제도 유형	선거제도	국가 수	비율
다수결 선거제도 (47.1%)	소선거구 단순다수제(FPTP)	47	24.3%
	결선투표제(TRS)	22	11.4%
	선호투표제(AV)	3	1.6%
	블록투표제(BV)	19	9.8%
혼합형 선거제도 (15.6%)	1인 2표 병립제(PS)	21	10.9%
	1인 2표 연동제(MMP)	9	4.7%
비례적 선거제도 (37.3%)	정당명부식 비례대표제(List PR)	70	36.3%
	단기이양식 비례대표제(STV)	2	1.0%
합계		193	100.0%

자료: Reynolds, Reilly and Ellis(2005: 30)의 표를 토대로 재구성.

표와 정당 투표에 의해 배분되는 의석 비율이 전체 의석의 절반씩 동일하게 설정되어 있다. 그리고 전체 의석의 배분이 정당 투표의 결과를 기준으로 상호 연동적으로 배분되는 특징을 보이기 때문에 **연동형**(compensatory) 1인 2표제라고 명명된다. 그러므로 1인 2표 연동제의 경우 상대적으로 비례적 특징이 강한 선거제도로 평가된다.

〈표 7-1〉은 앞서 설명한 다수결 선거제도, 비례적 선거제도, 혼합형 선거제도 유형하에서 대표적인 선거제도가 전 세계적으로 어떻게 분포되어 있는지를 나타낸 것이다. 물론 이 표에서 제시한 선거제도에 포함되지 않은 다른 선거제도, 예를 들어 1996년 선거제도 개혁을 단행하기 이전 일본이 채택했던 **단기비이양식 선거제도**(Single Non-Transferable Vote: SNTV)[1]를 채택한 국가

---

1 단기비이양식 선거제도의 경우 다수의 대표자를 선출하는 중선거구에서 유권자가 후보자에 대한 선호 차이를 명시하지 않은 채 자신이 행사할 수 있는 제한된 표(일반적으로 선출하는 대표자 수보다는 적다)만큼 후보자를 선택하는 선거제도이다. 단기비이양식 선거제도에서 유권자가 복수로 선택한 후보자에게는 각각 한 표씩 동일하게 돌아가며,

〈표 7-2〉 가상적 선거 결과 1

전체 유권자 수	전체 투표자 수	I (보수)	II (중도 진보)	III (진보)	IV (급진 진보)
200	100	42	16	38	4

도 있다. 하지만 전 세계적으로 이 같은 기타 선거제도를 채택한 국가는 6개국(3.0%)에 불과하다(Reynolds, Reilly and Ellis, 2005: 30). 그러므로 이 연구에서 제시한 선거제도 분류를 통해 현존하는 거의 모든 종류의 선거제도를 설명할 수 있다고 해도 과언이 아니다.

일단 선거제도의 세계적 분포를 볼 때 다수결 선거제도를 채택한 국가가 가장 많고, 혼합형 선거제도를 채택한 국가가 가장 적다. 세부적으로는 정당명부식 비례대표제를 채택한 국가가 가장 많고, 그다음으로 소선거구 단순다수제를 채택한 국가가 많다.

〈표 7-2〉에서 가상적으로 설정한 선거 결과를 토대로 각 선거제도의 특징을 자세히 살펴보자. 〈표 7-2〉는 정당I, 정당II, 정당III, 정당IV가 전국 수준에서 받은 가상적 득표수를 보여주고 있다. 이때 비례적 선거제도는 기본적으로 각 정당의 의석 비율도 득표율을 기초로 하기에 정당I이 42%, 정당II가 16%, 정당III이 38%, 정당IV가 4%를 차지한다. 반면 다수결 선거제도는 비례적 선거제도와 달리 42%의 득표율을 기록한 정당I이 50% 이상의 의석을 차지할 수도 있고, 4%의 득표율을 기록한 정당IV는 단 한 석의 의석도 차지하지 못할 수 있다. 혼합형 선거제도의 경우 1인 2표제를 채택하기에 후보자 투표와 정당 투표가 별도로 존재한다. 그러므로 1인 1표를 전제로 한 이 선거 결과에서 정당별 의석 배분이 정확하게 어떻게 이루어질 것인지를 예측

많은 득표를 한 순서대로 해당 선거구에서 선출하는 대표자 수만큼 당선된다.

하기는 쉽지 않다. 다만 이 선거 결과가 1인 2표 연동제의 정당 투표 결과라고 한다면 각 정당의 전체 의석의 비율은 정당 투표의 결과를 기초로 결정되기 때문에 정당I이 42%, 정당II가 16%, 정당III이 38%, 정당IV가 4%에 근접하는 의석을 차지할 것이라고 예상할 수 있다.

2) 다수결 선거제도와 유권자의 투표행태

(1) 소선거구 단순다수제와 투표행태

다수결 선거제도에서 유권자의 투표행태는 어떠한 특징을 보이는지 좀 더 세부적으로 살펴보도록 하자. 먼저 가장 대표적인 다수결 선거제도인 **소선거구 단순다수제**(First-Past-The-Post: FPTP)의 경우 말 그대로 의원 한 명을 뽑는 소선거구에서 유권자가 후보자에 대한 투표를 진행하며, 후보자 중 가장 많은 득표를 한 후보자가 당선된다. 예를 들어 〈표 7-2〉의 선거 결과가 소선거구 단순다수제를 채택한 어느 선거구의 후보자별 득표 결과라고 가정할 경우 후보자I이 가장 많이 득표(42%)해 당선된다.

이렇게 소선거구 단순다수제에서 후보자 I이 당선되었을 때 우리는 대의민주주의와 관련해 어떤 질문을 던질 수 있을까? 첫째, 이 선거에서 나타난 유권자의 민심은 과연 무엇인지 질문할 수 있다. 선거 결과상 후보자I이 가장 많은 득표를 한 것은 분명한 사실이다. 하지만 다른 한편으로 이 선거 결과를 두고 유권자의 다수(58%)는 후보자I이 당선되는 것을 원하지 않았다고 해석할 수도 있다. 특히 후보자가 속한 정당의 이념적인 성향을 고려할 때, 선거제도의 효과로 유권자 다수는 진보적 정당을 지지하는 성향을 보였는데도 보수적 성향의 정당 후보자I이 당선되는 역설이 발생했다고 볼 수 있다.

둘째, 이 선거에서 당선된 후보자I은 어느 정도의 선거 정통성을 가질 수 있을지의 의문도 제기된다. 일단 후보자I은 앞서 지적한 것처럼 선거에서 유권자 과반수의 지지를 확보하지 못했다는 점에서 선거 정통성이 상대적으로 취약할 수 있다. 더욱이 이 선거구의 투표율은 50%이기 때문에 후보자I은 실질적으로 전체 유권자의 21%라는 낮은 지지로 당선되었다는 점도 문제가 된다. 물론 합의된 선거제도를 통해 후보자I이 선출되었기 때문에 선거 과정상 부정이 없는 한 선거 정통성의 문제를 제기하기는 어렵다고 주장할 수도 있다. 하지만 대의민주주의의 원칙과 이상을 고려할 때 전체 유권자의 79%, 투표한 유권자의 58%는 선거 결과에 아무 영향을 미치지 못한 상태에서 단지 전체 유권자 중 21%의 지지로 당선된 후보자 I의 선거 정통성을 어떻게 평가할 것인지는 여전히 문제로 남는다. 이러한 이유로 소선거구 단순다수제의 문제점에 대한 지적과 개혁에 대한 요구는 충분히 제기될 수 있다. 더욱이 극단적으로 가정해 모든 선거구에서 〈표 7-2〉와 같은 선거 결과가 나타났다면 보수정당이 의석을 독점하는 상황이 나타날 수 있다. 유권자의 이념적 성향을 고려했을 때 정치권력을 독점한 보수정당이 선거 이후 오히려 자신과 이념적 성향이 다른 절대 다수의 진보적 유권자를 상대로 국정을 운영해야 한다는 점에서 많은 저항에 직면할 가능성도 높다. 그리고 이 때문에 심각한 정치적 위기가 초래될 수도 있다.

그렇다면 이러한 방식으로 의석이 배분되는 소선거구 단순다수제에서 유권자는 어떠한 투표행태를 보이고, 이는 궁극적으로 어떠한 정치적 결과를 초래하는가? 일단 소선거구 단순다수제의 경우 가장 많이 득표한 단 한 명의 후보자만 당선되기 때문에 기본적으로 이와 같은 후보자를 낼 수 있는 거대정당에 유리한 선거제도이다. 뒤베르제는 이처럼 투표구조, 선거구 크기, 의석 배분 방식 등에 따라 거대정당에 유리하게 작용하는 선거제도의 효과를 **장치적 효과**(mechanical effect)라고 명명했다(Duverger, 1954). 이 같은 선거제도의 장치적 효과는 단 한 번의 선거에서도 곧바로 나타난다(Taagepera and Shugart, 1989: 65).

하지만 더욱 중요한 점은 이러한 소선거구 단순다수제의 장치적 효과에 대한 유권자의 인지와 학습 경험 때문에 **심리적 효과**(psychological effect)가 발생한다는 것이다. 〈표 7-2〉와 같은 선거 결과가 나타났을 때 가장 실망한 유권자는 진보정당의 후보자를 지지한 유권자일 것이다. 물론 진보정당 후보자를 지지한 유권자 사이에도 중도파와 급진파 같은 노선 차이는 있다. 하지만 이들은 기본적으로 보수정당 후보자가 당선되는 것을 원하지 않는다는 점에서 공통점을 지닌다. 그렇기 때문에 진보정당 후보자를 지지한 유권자는 다음 선거에서 이전과는 다른 차원의 투표 결정을 내릴 가능성이 있다. 즉, 보수정당이 단일화되어 있고 진보정당이 분열되어 있는 정치 상황과 소선거구 단순다수제의 장치적 효과를 고려할 때 소수 진보정당 후보자II와 후보자IV를 지지한 유권자는 다음 선거에서 상대적으로 당선 가능성이 높은 거대 진보정당 후보자III을 지지할 가능성이 높다. 왜냐하면 이 유권자들이 자신의 기본적인 선호에 입각해 소수 진보정당 후보자에게 투표할 경우 그 표는 선거 결과에 아무런 영향을 못 미치는 사표(死票)가 되고, 그 결과 가장 원하지 않는 보수정당 후보자가 당선되는 결과를 초래하기 때문이다. 다시 말해 소선거구 단순다수제하에서 소수정당 후보자를 지지하는 유권자는 선거제도의 효과를 학습함으로써 자신의 기본적인 선호를 변경해 당선 가능성이 높은 거대정당에 전략적으로 투표하는 행태를 보일 수 있다.[2]

뒤베르제가 일찍이 소선거구 단순다수제에서 양당제가 형성될 가능성이

2 소선거구 단순다수제에서 군소정당을 지지하는 유권자의 경우 선호도가 떨어지는 거대정당에 대한 지지를 선택하기보다는 기권을 선택할 수도 있다. 이러한 이유로 다수결 선거제도의 경우 비례적 선거제도와 비교해 유권자의 정치효능감(자신의 선호에 입각한 투표행위가 선거 결과에 영향을 미칠 수 있다는 인식)이 상대적으로 떨어지고, 그 결과 투표율이 낮은 특징을 보인다(Franklin, 2004). 이 같은 군소정당 지지 유권자의 기권은 궁극적으로 군소정당의 존립 근거를 더욱 취약하게 만드는 요인으로 작용한다.

높다고 주장한 것은 바로 이와 같은 소선거구 단순다수제의 장치적 효과와 심리적 효과의 문제를 인식했기 때문이다(Duverger, 1954). 즉, 〈표 7-2〉에서 소수 진보정당은 선거제도의 심리적 효과에 따른 지지자의 지속적 이탈로 존립 근거가 점점 취약해질 가능성이 높다. 마찬가지로 단일화된 보수정당에 불만을 품은 집단이 있더라도 선거제도의 장치적 효과와 심리적 효과를 고려할 때 새로운 보수정당을 창당해 선거에 임할 가능성은 상대적으로 높지 않다. 그리고 이러한 상황 속에서 선거가 거듭될수록 선거 경쟁은 보수와 진보 양 진영의 거대정당을 중심으로 전개될 가능성이 점점 더 높아진다.

(2) 결선투표제와 투표행태

결선투표제(Two-Round System: TRS)도 소선거구 단순다수제와 마찬가지로 한 선거구에서 한 명의 의원을 선출한다. 하지만 결선투표제의 경우 일반적으로 1차 투표에서 50% 이상의 지지를 획득한 후보자가 없으면 2차 결선투표를 진행한다. 2차 결선투표에 참여할 수 있는 자격은 국가별로 다소 차이가 있지만 일반적으로 정당 간 사전협상을 통해 1차 투표에서 가장 많은 득표를 한 양대 정당을 중심으로 진행되는 경향을 보인다(안순철, 1998: 132).

〈표 7-2〉를 결선투표제 1차 투표의 결과라고 가정한다면, 2차 결선투표에서는 어떤 결과가 도출될까? 일단 이념적으로 유사한 정당 간의 협력이 원활하게 진행된다(de Swaan, 1973)는 점을 고려할 때 1차 투표 이후 진보정당들은 협의를 통해 선거공조를 결정할 가능성이 높다. 그리고 이러한 선거공조 속에서 진보정당들은 각 선거구별로 당선 가능성이 높은 후보자를 선정해 지원하는 모습을 보일 것이다. 이때 〈표 7-2〉의 경우 진보정당 후보자II와 IV가 후보자III을 돕는 구조로 2차 결선투표가 진행될 가능성이 높다. 진보정당 후보 중 후보자III이 1차 투표에서 가장 많은 득표를 했고, 급진 진보의 성향을 보이는 후보자IV의 경우 중도 진보의 성향을 보이는 후보자II보다 진

보 성향을 보이는 후보자III에 이념적으로 더욱 근접한 특징을 보이기 때문이다. 그리고 이렇게 2차 결선투표가 진행된다면 소선거구 단순다수제와는 달리 결선투표제에서는 후보자III이 당선될 가능성이 높다.

이와 같이 결선투표제도 기본적으로 소선거구제에 기반을 둔 다수결로 선거 결과가 결정되기 때문에 유권자의 전략적 투표행태가 나타날 가능성은 높다. 하지만 결선투표제에서 유권자는 소선거구 단순다수제에서와는 다른 투표행태를 보일 수도 있다. 결선투표제의 경우 현존 선거제도 중 유일하게 유권자에게 두 번의 투표 기회를 제공하기 때문이다.[3] 단 한 차례밖에 투표할 수 없는 소선거구 단순다수제의 경우 한 번의 선거로 당선자를 결정하기 때문에 군소정당 후보자를 지지하는 유권자는 별다른 선택의 여지없이 전략적 투표를 해야 한다. 하지만 결선투표제에서 군소정당의 후보자를 지지하는 유권자의 경우 좀 더 다양한 고민을 통해 투표 결정을 할 수 있다.

1차 투표에서 어느 정당도 절대 다수의 지지를 확보하기 힘들다는 점이 유권자에게 충분히 인지된다면 군소정당 후보자를 지지하는 유권자는 어떤 투표행태를 보일까? 이들은 1차 투표에서 자신이 지지하는 후보자가 상대적으로 많은 지지를 얻어 2차 결선투표에 참여할 수 있는 자격을 얻어내거나 1차 투표 이후 진행될 정당 간의 협상에서 자신이 지지하는 정당이 유리한 입지를 갖기를 기대할 것이다. 그러므로 이러한 선거 상황에서 이 유권자들은 1차 투표에서는 비교적 자기의 선호에 입각한 진성 투표를 할 가능성이 충분히 존재한다. 그리고 2차 결선투표에서는 1차 투표의 결과를 토대로 제한된 선택하에서 전략적으로 투표하는 행태를 보일 수 있다.

---

3 사르토리(Giovanni Sartori)는 결선투표제가 유일하게 유권자들에게 두 번의 선거 기회를 제공하며, 2차 결선투표에서 유권자는 1차 투표와 달리 좀 더 많은 정보와 판단에 근거를 두고 투표 결정을 할 수 있어서 가장 이상적인 선거제도라고 평가한다(Giovanni Sartori, 1994).

(3) 선호투표제와 투표행태

선호투표제(Alternative Vote: AV)도 소선거구제를 채택한다는 점에서 소선거구 단순다수제나 결선투표제와 공통점을 지닌다. 하지만 선호투표제의 경우 유권자가 자신의 선호도에 따라 후보자의 순위를 매길 수 있다. 그리고 과반수 득표자가 나올 때까지 가장 적은 표를 얻은 후보자부터 유권자의 선호에 따라 표를 상위 득표자에게 이양한다는 특징을 보인다.

다시 〈표 7-2〉의 선거 결과가 선호투표제의 제1선호에 대한 투표 결과라고 가정하자. 일반적으로 정당의 이념은 유권자의 투표 결정에 중요한 영향을 미친다. 이때 유권자는 자신이 지지하는 정당의 이념 성향과 상반되는 정당에 대한 선호도가 가장 낮다. 그리고 자신이 지지하는 정당의 이념적 위치와 얼마나 근접한지에 따라 진영 내 다른 정당에 대한 선호도를 결정할 가능성이 높다. 그러므로 급진 진보정당 후보자IV를 지지하는 유권자의 경우 선호투표를 1순위 후보자IV(급진 진보) → 2순위 후보자III(진보) → 3순위 후보자II(중도 진보) → 4순위 후보자I(보수)의 순으로 할 가능성이 높다. 마찬가지로 중도 진보정당 후보자 II를 지지하는 유권자의 경우에는 후보자 II(중도 진보) → 후보자 III(진보) → 후보자 IV(급진 진보) → 후보자 I(보수)의 순으로 투표할 가능성이 높다. 그리고 이러한 식으로 선호투표가 진행되어 후보자IV와 II의 표가 순차적으로 이양될 경우 진보정당 후보자III이 당선될 가능성이 가장 높다.

선호투표제의 경우 유권자가 자신의 선호를 토대로 투표 결정을 할 수 있다는 점에서 소선거구 단순다수제와 비교해 장점을 지닌다. 하지만 선호투표제의 경우 1순위와 2순위 간 유권자 선호의 강도를 동일하게 고려한다는 점에 문제가 있다. 또한 소선거구 단순다수제와 마찬가지로 한 선거구에서 한 명의 의원만을 선출하기 때문에 사표가 많이 발생하고, 궁극적으로는 다수결 방식으로 당선자가 결정된다(Farrell, 1997). 선호투표제에서 유권자는 자신의 선호를 기초로 투표 결정을 하고, 이에 따라 선거 결과가 결정된다고 인식할 수 있다. 하지만 실질적인 선거 결과는 유권자의 제1선호에 따른 진성 투표의 결과가 아니라 제2선호, 제3선호 등이 강요된 선호투표와 그 과정에서 나타날 수 있는 전략적 투표의 결과가 반영된다.

(4) 블록투표제와 투표행태

블록투표제(Block Vote: BV)는 선거구에서 선출하는 의원 수만큼 유권자가 표를 던질 수 있는 선거제도이다. 이때 유권자의 표는 선호 차이에 대한 고려 없이 동일하게 각 정당 또는 후보자에게 한 표씩 돌아가며, 결국 다수 득표순으로 당선자가 결정된다. 〈표 7-3〉의 가상적 선거 결과를 토대로 블록투표제의 특징을 좀 더 구체적으로 살펴보도록 하자. 일단 〈표 7-3〉의 선거구가 의원 세 명을 선출하는 선거구라고 가정한다면 선거 결과 다섯 명의 후보자 중 가장 높은 득표율을 기록한 순으로 후보자B, C, D가 당선자로 결정될 것이다.

이때 〈표 7-3〉의 선거 결과를 유심히 관찰하면 다음과 같은 특징을 파악할 수 있다. 첫째, 당선자 간의 득표율 차이가 크다. 즉, 46%의 득표율로 당선한 후보자B의 득표율은 후보자D와 후보자C의 득표율과 비교해 거의 두 배와 세 배 정도 차이가 난다. 둘째, 이러한 차이로 인해 후보자B는 후보자C와 D의 득표율을 합한 것 이상의 득표율을 기록했으면서도 의석수에서는 한 석밖에 차지하지 못했다. 셋째, 보수와 진보 양 진영으로 구분했을 때 보수정당의 득표율이 56%로 진보정당의 득표율 44%보다 높은데도 의석수는 보수정당 한 석과 진보정당 두 석으로 차이를 보인다.

이러한 블록투표제에서 유권자는 복잡하고 다양한 고려를 할 가능성이 높다. 블록투표제에서는 특정 정당이나 후보자가 많은 득표를 기록하는 것보다 당선될 수 있는 수준에서 적절하게 득표가 분산되는 것이 유리할 수도 있

〈표 7-3〉 가상적 선거 결과 2

전체 유권자 수	전체 투표자 수	A (중도 보수)	B (보수)	C (중도 진보)	D (진보)	E (급진 진보)
200	100	10	46	16	22	6

기 때문이다. 블록투표제에서 유권자는 자신이 좋아하는 순서대로, 그리고 자신의 이념 성향과 가까운 정당이나 후보자를 고려해 투표 결정을 할 수 있다. 그러나 자신이 던져야 할 표의 수보다 이념적으로 가깝고, 더 선호하며, 정당이나 후보자의 수가 적을(또는 많을) 경우 복잡한 선거상황하에서 전략적으로 투표를 할 가능성이 존재한다.

3) 비례적 선거제도와 유권자 투표행태

지금까지 살펴본 다수결 선거제도와 상반되는 특징을 보이는 비례적 선거제도에 대해 살펴보도록 하자. 비례적 선거제도는 앞서 설명한 것처럼 유권자의 선호(표)가 그대로 정치적 결과(의석)로 전환되는 것을 주된 목적으로 하는 선거제도이다. 정당명부식 비례대표제가 가장 보편적인 비례적 선거제도이며, 이 밖에 단기이양식 비례대표제가 있다.

비례적 선거제도에서 유권자는 다수결 선거제도하의 유권자와 달리 자신의 표가 사표가 될 것을 우려해 전략적으로 투표를 할 가능성이 낮다. 비례적 선거제도에서는 각 정당이 획득한 득표수에 비례해 의석이 배분되기 때문에, 유권자는 자신의 선호에 따라 투표한다. 이러한 이유로 뒤베르제가 지적했듯이 비례대표제에서 군소정당을 지지하는 유권자는 당선 가능성을 고려한 전략적인 선택을 하지 않고 자신의 순수한 선호를 직접 표명할 가능성이 높으며, 그 결과 다당제가 형성될 가능성이 높다(Duverger, 1954). 그렇다면 비례적 선거제도로 분류되는 선거제도의 주요 특징을 좀 더 구체적으로 살펴보도록 하자.

(1) 정당명부식 비례대표제와 투표행태

먼저 **정당명부식 비례대표제**(List Proportional Representation: List PR)의 경우 유권자는 정당이 제시한 명부에 투표한다. 그리고 다양한 방식으로 정당이 하나의 의석을 차지하기 위해 필요한 득표수, 즉 '당선기수(electoral quota)'를 산출해 그 기준에 따라 비례적으로 의석을 배분하게 된다.

하지만 이러한 명부식 비례대표제의 경우에도 선거에서 득표한 모든 정당을 대상으로 의석을 배분하지 않고, 일정 수준 이상을 득표한 정당만을 대상으로 의석을 배정한다. 이러한 이유로 명부식 비례대표제도 완벽하게 비례적으로 의석이 배분되지 않으며, 일정 수준 이상의 거대정당이 유리한 측면이 있다(Cox, 1997). 이처럼 정당명부식 비례대표제에서 정당이 의석을 배분받기 위해 요구되는 득표 기준을 '봉쇄조항(threshold)'이라고 한다.

정당명부식 비례대표제에서 봉쇄조항을 설정하는 것은 이 선거제도하에서 너무 많은 정당이 의석을 차지할 수 있기 때문이다. 즉, 군소정당의 난립에 따른 정국의 불안정을 막기 위한 일종의 제도적 장치이다. 하지만 봉쇄조항이 너무 높게 설정된 경우 정당명부식 비례대표제는 비례적 선거제도로서의 기능을 제대로 수행하지 못함에 따라 '강요된 비례대표제(reinforced PR)'라는 비판을 받을 수 있다.

이 밖에 정당명부식 비례대표제와 관련해 다음의 두 가지 점을 인식할 필요가 있다. 첫째, 정당명부식 비례대표제의 경우 일반적으로 각 권역별로 분리된 선거구를 대상으로 의석 배분이 진행되기 때문에 당선기수를 채우고 남은 정당의 잔여표를 어떻게 처리할 것인지의 문제가 제기될 수 있다. 일반적으로 잔여표는 권역별로 상대적으로 더 많은 잔여표가 생긴 정당에 순차적으로 배분하거나 이와 같은 잔여표만을 전국적으로 취합해 2차 의석 배분을 별도로 진행하기도 한다. 이때 전국적인 수준에서 정당의 잔여표를 취합해 2차 의석 배분을 진행하는 것이 더욱 비례적인 방식으로서 군소정당에 유리한 측면이 있다.

둘째, 정당명부식 비례대표제의 경우 정당 명부상 후보자의 순위가 사전에 결정되어 유권자가 선거에서 후보자에 대한 선호를 표명할 수 없는 **폐쇄명부식**(closed list) 비례대표제와 정당 명부상 후보자의 선호를 유권자가 자유롭게 결정할 수 있는 **개방명부식**(open list) 비례대표제가 있다.[4] 이때 중요한 점은 개방명부식 비례대표제에서 유권자가 얼마나 후보자에 대한 선호투표를 하는가이다. 이 문제와 관련해 서구 민주국가 유권자의 대부분은 후보자에 대한 선호투표를 하지 않는 행태를 보인다. 즉, 정당에 일괄적으로 투표함으로써 정당의 당선자 결정권을 인정하는 모습을 보인다.[5] 이처럼 서구 민주국가의 유권자가 개방명부식 비례대표제에서도 후보자 투표보다는 정당투표를 하는 이유는 제도화된 정당을 토대로 한 의원내각제의 전통이 확고히 구축되어 있기 때문이다. 즉, 선거는 국정을 운영할 정당을 선택하는 작업이라는 인식이 강하다.

---

4 이 밖에도 정당의 명부상에서 특정 후보자에게 복수의 표를 누적해줄 수 있는 정당명부식 비례대표제가 있다. 또한 한 정당 내에서 후보자를 선택할 수 있을 뿐 아니라 여러 정당의 후보자에 대해 교차정당 투표(panachage)를 할 수 있는 정당명부식 비례대표제도 있다.

5 예를 들어 네덜란드 유권자의 90%는 정당명부상 제일 위에 있는 후보자에게 투표한다. 또한 하위 후보자가 상위 후보자를 누르고 당선되기 위해서는 50% 이상의 득표를 더 해야 한다. 이러한 이유로 네덜란드에서 하위 후보자가 상위 후보자를 누르고 당선되는 경우는 매우 드물다(신명순, 1999: 334).

(2) 단기이양식 비례대표제와 투표행태

또 다른 비례적 선거제도의 하나인 **단기이양식 비례대표제**(Single Transferable Vote: STV)에 대해 살펴보도록 하자. 단기이양식 비례대표제의 경우 보통 3~5명 정도를 선출하는 중선거구에서 유권자가 후보자에 대한 선호 순위를 표시하는 방식으로 투표가 진행된다. 그리고 '드룹(Droop)' 공식[6]으로 당선기수를 산출해 이를 초과한 후보자를 우선 당선시킨다. 그다음 당선기수를 초과한 당선자의 표를 차순위 선호에 따라 이양한다. 이렇게 해도 당선기수를 초과한 추가 당선자가 나오지 않을 경우 가장 적은 득표를 기록한 후보자의 표를 차순위 선호를 고려해 상위 득표 후보자에게 이양한다. 이러한 방식으로 표를 계속 이양해 해당 선거구에서 선출해야 하는 수만큼의 당선자가 나오면 더는 표를 이양하지 않고 의석 배분을 마무리한다.

한편으로 이와 같은 단기이양식 비례대표제는 앞서 다수결 선거제도에서 살펴본 선호투표제와 매우 유사한 특징을 보인다. 하지만 다음 두 가지 점에서 선호투표제는 다수결 선거제도로 분류되고, 단기이양식 비례대표제는 비례적 선거제도로 분류된다. 첫째, 선호투표제의 경우 특정 후보자가 절대 다수의 지지를 얻을 때까지 유권자의 표가 이양되지만 단기이양식 비례대표제는 당선기수를 초과할 때까지만 유권자의 표가 이양된다. 둘째, 선호투표제의 경우 한 선거구에서 한 명의 의원을 선출하는 소선거구제를 기본으로 하지만, 단기이양식 비례대표제는 하나의 선거구에서 3~5명의 의원을 선출하는 중선거구제를 기본으로 한다. 즉, 단기이양식 비례대표제의 경우 선호투표제와 달리 중선거구에서 당선기수를 토대로 당선자를 결정하기 때문에 비례적 선거제도의 특징을 보인다.

---

6 해당 선거구 의석수에 1을 더한 수로 전체 유효투표 수를 나눈 후 다시 1을 더해 당선기수를 산출하는 방식이다.

단기이양식 비례대표제에서 유권자는 후보자에게 투표한다. 그러므로 정당명부식 비례대표제보다는 인물 투표의 영향력이 상대적으로 강하게 나타난다. 하지만 앞서 지적한 것처럼 특정 후보자에 대한 유권자의 지지는 후보자에 대한 독립적인 지지라기보다는 정당에 대한 지지 등도 포함한다고 볼 때 그 관계를 단정하기는 쉽지 않다. 다만 단기이양식 비례대표제의 중요한 점은 이 선거제도에서 유권자의 표는 다수 후보자가 당선기수를 초과하기 전까지 지속적으로 이양되는 특징을 보인다는 것이다. 즉, 이 선거제도에서 유권자의 표는 사표가 되지 않고, 어떠한 형태로든 선거 결과에 영향을 미칠 가능성이 높다. 이러한 이유로 단기이양식 비례대표제에서 유권자는 후보자의 당선 가능성을 고려해 전략적으로 투표하는 행태를 보일 가능성이 낮다.

4) 혼합형 선거제도와 유권자 투표행태

이제 마지막으로 혼합형 선거제도에 대해 살펴보도록 하자. 앞서 설명한 바 있듯이 혼합형 선거제도는 1인 2표를 기본으로 하며, 후보자 투표는 소선거구 단순다수제로, 정당 투표는 정당명부식 비례대표제로 진행된다. 그러므로 후보자 투표와 정당 투표 각각의 영역에서는 앞서 설명한 선거제도의 효과가 동일하게 나타난다. 즉, 유권자는 혼합형 선거제도의 경우, 소선거구 단순다수제로 진행되는 후보자 투표는 당선 가능성을 고려해 전략적으로 투표할 가능성이 높다. 반면 정당명부식 비례대표제로 진행되는 정당 투표에서는 순수하게 선호를 표명해 투표할 가능성이 높다(Johnston and Pattie, 2002; Karp et al., 2002; Kohno, 1997).

문제는 후보자 투표와 정당 투표의 의석 배분 방식에 따라 혼합형 선거제도는 1인 2표 병립제와 1인 2표 연동제로 구분할 수 있고, 이에 따라 선거 결과가 큰 차이를 보일 수 있다는 것이다. 〈표 7-4〉는 혼합형 선거제도하에서 병

〈표 7-4〉 가상적 선거 결과 3

정당 \ 선거 결과	정당 투표 득표율	후보자 투표 의석	정당 투표 의석		전체 의석	
			병립제	연동제	병립제	연동제
새누리당	40%	9	4	0	13	9
더불어민주당	20%	0	2	4	2	4
국민의당	30%	1	3	5	4	6
정의당	10%	0	1	2	1	2

립제와 연동제의 차이를 살펴보기 위해 가상의 선거 결과를 제시한 표이다. 일단 이 선거 결과를 새누리당의 지지가 상대적으로 강한 영남 지역에서 전체 20석의 의석을 정당 투표와 후보자 투표에서 각각 절반씩 선출하는 상황이라고 가정해보자. 〈표 7-4〉에서 볼 수 있듯 새누리당은 영남 지역에서 상대적으로 강한 지지를 받기 때문에 정당 투표에서 가장 높은 40%의 득표율을 기록했다. 그리고 후보자 투표에서는 전체 10석 중 9석을 차지하는 성과를 거두었다.

이때 1인 2표 병립제를 채택한 경우 정당 투표에 배정된 의석 10석은 정당 투표 득표율에 비례해 새누리당 4석, 더불어민주당 2석, 국민의당 3석, 정의당 1석으로 배분된다. 그리고 이 경우 전체 의석은 새누리당 13석, 더불어민주당 2석, 국민의당 4석, 정의당 1석으로 나타난다. 혼합형 선거제도에서 정당 투표의 경우 비례적으로 의석이 배분되기 때문에 유권자가 자신의 선호를 순수하게 표명할 가능성이 높다. 이때 이와 같은 병립제의 선거 결과는 다음과 같은 의문으로 이어진다. 정당별 득표율과 전체 의석의 배분을 고려할 때 과연 이 선거 결과는 유권자의 선호를 잘 반영한다고 볼 수 있는가?

소선거구 단순다수제로 진행된 후보자 투표에서 새누리당이 9석을 장악했다는 점을 고려할 때 정당 투표를 통해 절반의 의석을 비례적으로 배분하지 않았다면 거의 모든 의석을 새누리당이 차지할 가능성이 높다. 하지만 1

인 2표 병립제에서 거대정당은 여전히 자신이 받은 득표 이상의 의석을 장악할 가능성이 높기 때문에 다수결 선거제도의 속성이 상대적으로 강한 특징을 보인다.[7]

반면 1인 2표 연동제를 채택할 경우 선거 결과는 1인 2표 병립제를 채택하는 경우와 많은 차이를 보인다. 1인 2표 연동제의 경우 정당 투표의 결과를 토대로 전체 의석(20석)이 배분된다. 그러므로 40%의 정당 투표 득표율을 기록한 새누리당은 8석, 20%의 정당 투표 득표율을 기록한 더불어민주당은 4석, 30%의 정당 투표 득표율을 기록한 국민의당은 6석, 10%의 정당 투표 득표율을 기록한 정의당은 2석을 배분받는다. 이때 이미 후보자 투표에서 9석을 차지한 새누리당의 경우 정당 투표 의석 배분에서 단 한 석의 의석도 차지하지 못한다. 반면 후보자 투표에서 한 석을 차지한 국민의당의 경우 정당 투표 의석 배분에서 5석을 차지한다. 그리고 더불어민주당과 정의당은 정당 투표 득표율에 따라 각각 4석과 2석을 배분받는다.[8]

---

7 이와 같은 1인 2표 병립제의 특징은 우리에게 두 가지 시사점을 제공한다. 첫째, 1인 2표 병립제의 경우 다수결 선거제도의 안정성과 비례적 선거제도의 비례성 장점을 모두 추구하기는 어렵다(Sartori, 1994). 둘째, 한국의 선거문화를 고려할 때 이와 같은 1인 2표 병립제의 경우 지역주의의 문제를 해소하는 데 한계가 있다.

8 최근 한국에서 1인 2표 병립제 유지와 1인 2표 연동제 도입의 문제가 논란이 되고 있다. 어떠한 선거제도를 채택하느냐에 따라 정당들의 이해관계가 차이를 보이기 때문이다. 즉, 군소정당들의 경우 1인 2표 연동제를 채택하는 것이 유리하다고 인식하고 있고, 거대정당인 새누리당의 경우 호남 지역과 비교해 영남 지역의 득표율이 상대적으로 낮다는 점에서 1인 2표 연동제 도입에 반대한다. 이러한 인식은 1인 2표 병립제의 투표 결과를 1인 2표 연동제에 그대로 적용함으로써 생겨난다. 하지만 새로운 선거제도가 도입되면 그에 따라 유권자의 투표행태도 변화하는 모습을 보이기 때문에 적실성이 높다고 평가하기는 힘들다. 예를 들어 1인 2표 연동제를 채택하면 지역주의가 존재하는 곳에서는 1인 2표 병립제를 시행했을 때보다 더 많은 표를 정당 투표에서 몰아주어야 특정 정당이 과거와 같은 의석을 유지할 수 있다. 그러므로 지역주의 투표행태가 더욱 강화될 수도 있다.

이때 정당 투표 득표율을 고려하면 8석을 배분받아야 할 새누리당의 경우 이미 후보자 투표에서 9석을 장악했다는 점에서 어떻게 전체 의석을 배분할지가 문제이다. 후보자 투표의 경우 소선거구 단순다수제로 지역의 대표자를 선출하는 것이기 때문에 아무도 공석으로 처리할 수 없다. 그러므로 후보자 투표의 결과는 무조건 인정해야 한다. 다만 당초 20석으로 설정되었던 전체 의석수를 21석으로 늘려 정당 투표에 비례한 의석 배분을 수행할 수 있다. 이런 식으로 1인 2표 연동제에서는 후보자 투표에서 특정 정당이 정당 투표 득표율 이상의 의석을 장악했을 경우 '초과 의석(additional seat)'이 생길 수 있다. 그러므로 앞의 사례에서 1인 2표 연동제를 채택했을 경우 새누리당은 9석, 더불어민주당은 4석, 국민의당은 6석, 정의당은 2석을 배분받는다. 1인 2표 연동제의 경우 유권자의 선호가 직접 표명되는 정당 투표의 결과에 따라 정당별 의석이 결정된다는 점에서 비례적 선거제도의 특징을 강하게 보인다고 평가할 수 있다.

마지막으로 혼합형 선거제도에서 유권자 투표행태와 관련해 주목할 점은 **분할투표**(split ticket voting)와 **일관투표**(straight ticket voting) 문제이다. 혼합형 선거제도의 경우 유권자에게 두 표를 주고, 후보자 투표와 정당 투표의 의석 배분 방식에 차이가 있기 때문에 분할투표와 일관투표 문제를 고찰할 수 있다.[9] 즉, 비례적으로 의석이 배분되는 정당 투표와 다수결적으로 의석이 배분되는 후보자 투표에서 두 표를 가진 유권자가 모두 동일한 정당에 일관되게 투표하는지 아니면 서로 분리된 투표를 하는지가 혼합형 선거제도에서 중요한 의미일 수 있다. 혼합형 선거제도에서 유권자가 일관투표를 하는지

9 물론 대통령선거와 국회의원선거가 동시에 실시될 경우 또는 여러 종류의 지방선거들이 동시에 실시될 경우 유권자가 각각의 선거에서 일관된 투표행태를 보였는지 분할된 투표행태를 보였는지를 분석할 수도 있다.

분할투표를 하는지에 따라 선거 결과의 차이가 발생할 수 있기 때문이다.

혼합형 선거제도에서 분할투표와 일관투표 문제는 다양한 차원에서 논의할 수 있다. 하지만 이와 관련한 논의는 기본적으로 군소정당을 지지하는 유권자가 후보자 투표에서 자신이 지지하는 정당의 후보자에게 투표하는가 아니면 다른 정당의 후보자에게 투표하는가에 초점이 맞추어진다. 정당 투표의 경우 의석 배분이 비례적으로 이루어진다. 그러므로 거대정당을 지지하는 유권자나 군소정당을 지지하는 유권자 모두 자신의 선호를 순수하게 표명할 가능성이 높다. 반면 후보자 투표의 경우 거대정당을 지지하는 유권자와 군소정당을 지지하는 유권자는 다른 생각을 할 소지가 있다. 거대정당을 지지하는 유권자의 경우 자신이 지지하는 정당의 후보자도 당선 가능성이 높다는 점에서 일관된 투표를 할 가능성이 높다. 하지만 군소정당을 지지하는 유권자의 경우 당선 가능성을 고려할 때 지지하는 정당의 후보자에게 일관되게 투표하는 것은 자신의 표를 사표로 만드는 것이라고 생각할 수 있다. 그리고 이러한 이유로 이 유권자는 당선 가능성이 높은 다른 후보자에게 표를 분할해 투표할 가능성이 있다.

4. 한국의 선거제도와 유권자 투표행태 연구

한국 선거 연구의 효시로 많은 학자들이 윤천주(1963)를 꼽는다. 윤천주는 근대화 이론에 입각해 농촌 지역의 경우 도시 지역과 달리 동원 투표의 영향으로 여당을 지지하는 비율이 높고(與村野都), 투표율도 높은 특징(村高都低)을 보인다고 주장함으로써 한국의 선거 연구에 선도적인 업적을 남겼다. 하지만 한국에서 실질적인 선거 연구는 민주화 이후, 특히 유권자에 대한 설문조사가 실시되고, 그 자료를 활용해 경험적 분석이 가능했던 시점부터 본격적으로 진행되었다.

한국의 선거 연구는 그 역사가 짧은데도 지금까지 많은 연구를 생산해냈다. 초기 한국의 선거 연구는 외국의 선거 관련 이론을 소개하고, 한국의 상황에 적용하는 것을 중심으로 이루어졌다. 이후에는 지역주의, 이념과 세대, 온라인 선거운동 등과 같은 한국의 특수한 선거 상황을 다각적으로 고찰하는 연구들이 등장했다. 이러한 상황 속에서 한국의 선거 연구는 다른 정치학 연구 분야와 비교해 뒤떨어지지 않을 만큼 활성화되었다.

이것은 민주화 이후 대의민주주의의 공고화를 달성하기 위한 노력의 일환으로 선거 연구에 대한 학자들의 관심이 급증했음을 의미한다. 하지만 이 장에서 다루는 선거제도와 유권자의 투표행태와 관련한 연구는 상대적으로 많이 이루어지지 못했다. 선거제도에 관심을 가졌던 학자들은 외국 선거제도를 소개하고, 한국 선거제도의 문제점을 지적하는 데 초점을 맞추어 연구를 진행하는 모습을 보였다. 그리고 이러한 상황에서 한국의 정치 문화와 선거 문화를 고려할 때 어떠한 선거제도를 채택하는 것이 좋을지에 대한 논의가 이어졌다.

이러한 한국 상황에서 선거제도와 유권자 투표행태 간의 관계에 대한 본격적인 연구는 2004년 제17대 국회의원선거에서 1인 2표 병립제가 도입됨에 따라 진행되기 시작했다. 박찬욱(2004)의 경우 분할투표를 통해 군소정당인 민주노동당이 가장 큰 혜택을 받았다는 점을 보여주었으며, 김왕식(2006)과 장훈(2006)은 1인 2표 병립제를 도입했는데도 선거제도의 비례성과 정당체계의 변화는 크게 일어나지 않았다는 점을 주장했다. 조진만과 최준영(2006)은 1인 2표 병립제가 도입된 제17대 국회의원선거를 대상으로 분할투표와 일관투표의 결정 요인을 경험적으로 분석하면서 정당 지지와 쟁점의 강도, 그리고 당선 가능성이 유권자로 하여금 분할투표를 할 것인지 일관투표를 할 것인지에 중요한 영향을 미친다는 점을 밝혔다. 또한 이 연구는 군소정당 지지자의 경우 무작위로 분할투표를 하는 것이 아니라 이념적 거리를 고려한 전략적 차원의 분할투표를 한다고 주장했다. 한상익(2014)은 후보자 투표와 정당 투표의 결과를 분석해 치열한 선거 경쟁이 예상되는 선거구에서는 분할투표를 하는 유권자들이 많을 수 있다는 논리를 전개했다. 이 외에도 강원택(2010)은 지방선거의 광역단체장선거와 기초단체장선거에서 서로 다른 정당 후보자에 투표하는 유권자들의 특성을 분석해 선거의 중요성에 대한 유권자의 인식이 이와 같은 분할투표의 경향을 이끈다고 주장했다.

대의민주주의에서 선거제도가 갖는 정치적 중요성을 고려할 때 여전히 선거제도와 유권자 투표행태를 다룬 논의는 좀 더 심층적으로 이루어질 필요가 있다. 특히 향후 비교적 관점에서 선거제도와 유권자 투표행태 간의 관계를 고찰하는 연구를 진행함으로써 특정 선거제도의 정치적 효과가 국가별로 차이를 보이는 이유, 특히 한국적 특수성을 밝히는 작업은 중요한 의미를 가질 수 있다. 향후 전개될 선거제도 개혁과 관련된 논의에서 그 적실성을 제고하는 데 기여할 수 있기 때문이다.

5. 나오며

대의민주주의에서 선거는 정기적으로 국민의 의사를 파악해 대표기구를 구성하는 핵심 기제이다. 즉, 대의민주주의에서 선거는 다수 국민의 정치적 선호가 반영되는 정통성을 갖춘 대표기구를 구성하는 기능을 수행한다. 하지만 실제 선거에서 이 원리가 그대로 적용되는 것만은 아니다. 대통령선거에서 과반수에 미치지 못하는 득표를 한 후보자가 당선되기도 하고, 국회의원선거에서 상당수를 득표한 정당이 의석을 확보하는 데 실패하기도 한다.

이처럼 선거에서 국민의 의사가 왜곡되어 나타나는 이유는 선거제도와 관련이 있다. 즉, 비례적 선거제도를 채택하고 있는지, 아니면 다수결 선거제도를 채택하고 있는지에 따라 국민의 의사가 정치적으로 반영되는 양상은 차이를 보일 수 있다(Farrell, 1997: 1~11). 이러한 이유로 선거제도의 정치적 효과를 분석하는 연구는 매우 중요한 의미를 갖는다. 특히 선거제도가 유권자 투표행태에 미치는 영향에 대한 연구는 선거제도와 정치적 결과의 관계를 실질적으로 규명할 수 있다는 점에서 중요하게 부각된다.

지금까지 우리는 다양한 선거제도가 어떠한 특징을 지니고 있으며, 각 선거제도하에서 유권자는 어떠한 투표 결정을 내리는지에 대해 개괄적으로 살펴보았다. 결국 선거제도와 유권자 투표행태에서 가장 중요한 점은 선거제도상 의석 배분 방식이 어떻게 설정되어 있고, 이에 따라 유권자가 자신의 선호에 입각한 진성 투표를 하는지, 아니면 자신의 선호를 변경해가면서 전략적으로 투표하는 행태를 보이는지에 있다. 그리고 이러한 선거제도의 정치적 효과를 고려할 때, 어떠한 선거제도를 통해 대의민주주의의 공고화를 좀 더 효과적으로 달성할 수 있는지의 문제를 제기할 수 있을 것이다.

현실에서 다양한 선거제도가 존재하는 것은 국가마다 정치 문화와 선거 상황이 다르고 선거제도를 통해 궁극적으로 달성하려는 정치적 목적이 다르기 때문이다. 양대 정당을 중심으로 한 안정된 책임정치를 현실에서 구현하고자 할 경우 다수결 선거제도를 통해 유권자의 다양한 선호를 집약할 가능성이 높다. 반면 대의민주주의의 이상에 입각해 유권자의 선호를 그대로 정치적으로 반영하고자 할 경우 비례적 선거제도를 채택할 가능성이 높다. 또한 선거제도의 변화와 개혁 등은 선거제도 자체뿐 아니라 정당체제를 포함해 대통령제와 의원내각제 같은 통치권력구조 등에 대한 종합적인 고려가 필요하다.

이 장에서 지면의 제한으로 포함하지 못했지만 대통령선거, 지방자치선거, 재·보궐선거와 같이 선거 종류와 시점의 차이에 따른 유권자 투표행태의 특징도 다양한 차원에서 규명될 필요가 있다. 그뿐 아니라 선거제도의 범위를 좀 더 포괄적으로 설정해 선거법, 정당법, 정치자금법 같은 정치관계법이 유권자의 인식과 행태에 어떠한 영향을 미치는지에 대한 다각적인 고찰과 논의도 필요하다. 이러한 선거제도와 투표행태에 대한 다양한 연구 성과가 축적될 때 한국은 대의민주주의 공고화를 달성할 제도적 개선을 다각도로 수행할 수 있을 것이다.

핵심 주제어

다수결 선거제도(Majoritarian System)

과반수의 안정적 의석을 확보한 정당이 책임정치를 수행하는 것을 목적으로 하는 선거제도. 정당이 받은 득표율만큼 의석이 배분되지 않기 때문에 사표가 많이 발생한다. 그 결과 거대정당에 유리하게 작용해 양당제가 형성되기 쉽다. 소선거구 단순다수제, 절대다수제, 선호투표제 등이 대표적이다.

분할투표(Split Ticket Voting)

1인 2표제에서 정당 투표와 후보자 투표를 진행할 경우나 대통령선거와 국회의원선거가 동시에 진행될 경우, 각 선거에서 지지하는 정당이나 후보자가 일치하지 않는 투표행태.

비례적 선거제도(Proportional System)

정당이 받은 득표율만큼 의석이 배분되는 것을 목적으로 하는 선거제도. 유권자의 표가 사표가 될 가능성이 적기 때문에 군소정당도 의석을 차지할 가능성이 높으며, 그 결과 다당제가 형성되기 쉽다. 명부식 비례대표제와 단기이양식 비례대표제가 대표적이다.

일관투표(Straight Ticket Voting)

분할투표와 반대되는 개념으로 1인 2표제하에서 정당 투표와 후보자 투표를 진행할 경우나 대통령선거와 국회의원선거가 동시에 진행될 경우, 각 선거에서 지지하는 정당이나 후보자가 일치하는 투표행태.

전략적 투표(Strategic Vote)

유권자가 당선 가능성을 고려해 자신이 가장 좋아하는 정당이나 후보자에게 투표하지 못하고 전략적으로 차선으로 좋아하는 정당이나 후보자에게 투표하는 것.

진성 투표(Sincere Vote)

전략적 투표의 반대되는 개념으로 유권자가 자신이 가장 좋아하는 정당이나 후보자에게 투표하는 것.

혼합형 선거제도(Mixed System)

1인 2표를 기본으로 정당 투표와 후보자 투표를 병행하는 선거제도. 의석 배분 방식에 따라 병립제와 연동제로 나눌 수 있다. 정당 투표 결과로 정당의 전체 의석이 결정되는 연동제의 경우 비례적인 성격이 강하다. 반면 정당 투표와 후보자 투표의 결과가 독립적인 병립제의 경우 다수결적인 성격이 강하다.

🕮 추천 문헌

Duverger, Maurice. 1954. *Political Parties: Their Organization and Activity in the Modern State*. London: Methuen. 선거제도와 정당체제의 관계에 대한 선도적인 연구 업적으로 인정되는 중요한 저서. 선거제도의 효과로 소선거구 단순다수제하에서는 양당제가 형성될 가능성이 높고, 비례대표제하에서는 다당제가 형성될 가능성이 높다는 그의 주장은 이 분야에서 하나의 법칙으로 인정될 정도로 영향력이 크다.

Farrell, David M. 1997. *Comparing Electoral Systems*. New York: Prentice Hall. 선거제도의 주요 쟁점에 대한 논의, 다양한 선거제도에 대한 세부적인 소개, 선거제도와 유권자의 투표행태 간의 관계 등이 잘 정리되어 있다. 특히 다양한 선거제도의 투표 용지가 책 안에 제시되어 복잡한 선거제도를 이해하는 데 많은 도움을 받을 수 있다.

Lijphart, Arend. 1994. *Electoral Systems and Party Systems: A Study of Twenty-Seven Democracies 1945~1990*. New York: Oxford University Press. 제2차 세계대전 이후 27개 민주국가에서 진행된 선거에 대한 자료를 수집해 선거제도와 정당체제 간의 관계를 다양한 차원에서 분석한 저서. 선거제도의 다양한 특징과 이에 따른 정당체제의 특징을 다각적으로 이해할 수 있다.

Sartori, Giovanni. 1994. *Comparative Constitutional Engineering: An Inquiry into Structures, Incentives and Outcomes*. New York: New York University Press.

전반부에 선거제도에 대한 논의를 전개하고 있는 저서. 다양한 차원의 분석을 수행해 제시하기보다는 많은 영감을 줄 수 있는 논리와 주장을 전개한다는 점에서 흥미롭게 독파할 수 있다.

Taagepera, Rein and Matthew Soberg Shugart. 1989. *Seats and Votes: The Effects and Determinants of Electoral Systems*. New Haven: Yale University Press. 선거제도의 효과를 다양한 수식과 도식화를 통해 자세히 보여주는 저서. 경험적인 차원에서 밝혀진 사실 중 우리가 일반적으로 생각했던 부분과 다른 부분도 있어 관심을 끌기도 하지만 무엇보다도 선거와 관련한 주요 개념을 수치로 조작화하고, 이를 통해 정치 현상을 간단명료하게 설명한다는 점에서 많은 자극을 준다.

토론 주제

1. 대의민주주의에서 어떤 선거제도가 가장 이상적이라고 생각하는가?
2. 한국의 정치 문화와 현실을 고려할 때 어떤 선거제도가 가장 이상적인가?
3. 선거제도 개혁으로 한국의 지역주의가 완화될 수 있을까?

제8장 투표 참여와 기권

조성대

갑 어제가 국회의원선거일이었는데 투표했어?

을 아니. 내가 투표해봐야 뭐가 달라지겠어?

병 나는 했는데. 그래도 투표하는 것이 시민의 의무 아닐까?

정 사실 나도 안 했어. 지지하는 정당도 없고 좋아하는 후보도 없어서.

1. 들어가며

우리말로 '얼간이'라는 뜻의 영어단어 'idiot'은 자신의 세계에 갇혀 공적인 일에는 관심이 없고 개인적인 관심거리밖에 모르는 사람을 나타내는 고대 그리스어 'idios'에서 유래했다. 비록 시민권과 재산을 소유한 남성이라는 단서가 붙긴 했지만 '직접민주주의(direct democracy)'의 전형을 보여주었던 고대 그리스에서 시민의 정치 참여는 오늘날로 치면 일종의 정규직(full-time job)과 같은 것이었다. 그리고 공공 영역에 참여하기를 등한시하는 사람은 얼간이로 평가되었다. 모든 시민은 그날그날의 사회적 쟁점에 대한 계몽된 이해와 지식을 바탕으로 정책 결정의 장에 참여하도록 요구되었다. 여기서 '모든(all)'과 '계몽된(informed)'이라는 단어는 민주주의의 기본을 이해하는 데 매우 중요하다. 대중의 지배로 정의되는 민주주의를 실현하기 위해서는 모든 국민이 지배의 주체가 되어야 한다. 아울러 국민은 국가의 과거, 현재와 미래에 대한 평가, 전망과 대안을 폭넓게 이해해야 하고 자신의 견해를 정치 영역에 전달해야 한다. 즉, 참여에는 모든 사람이 국가의 사무에 대해 깊게 성찰하고 현명한 판단을 내리며 목소리를 낼 줄 알아야 한다는 것이 전제된다. 그러나 아쉽게도 현대사회의 시민은 먹고살기에 바쁘다.

대의제는 이처럼 일상생활에 바쁜 시민에게 도움이 될지 모른다. 몇 년마다 주기적으로 열리는 선거에서 자신의 '대표자(representatives)'를 평가하고 선택하는 행위로 참여의 폭이 축소되었기 때문이다. 그러나 참정권이 확대되면서 대의제 민주주의는 크게 두 가지 문제를 야기했다. 첫째는 과연 선거 참여가 민주주의의 유지와 발전에 긍정적 역할을 하는지에 대한 규범적 차원의 문제이다. '모든 사람이 참여하는 것이 과연 바람직한가?'라는 질문은 활발한 논쟁을 불러 일으켰다. 둘째는 어떤 요인이 시민의 투표 참여와 기권에 영향을 미치는가 하는 실증적 차원의 문제이다. 이 문제는 다시 두 가지 질문으로 구분된다. 첫 번째는 참여하거나 기권하는 유권자에 대한 이해로 '어떤 사람이? 왜?'라는 질문이다. 두 번째는 어떤 정치적·제도적 환경이 유권자를 투표소로 이끄는가 하는 질문이다.

이 장의 목적은 위의 세 가지 질문에 답을 구하는 것이다. 제2절은 시민의 투표 참여를 민주주의 이론의 관점에서 고찰한다. 정치 참여와 민주주의 사이의 관계, 대중의 투표 참여에 대한 엘리트주의 시각과 보수주의 시각의 해석, 그리고 이에 대한 비판은 시민의 정치 참여에 대한 이론적 이해를 도와 첫 번째 질문에 대한 해답을 모색할 수 있게 할 것이다.

제3절은 투표 참여에 영향을 미치는 요인에 대한 두 가지 질문을 이론적으로 다룬다. 즉, '어떤 사람이? 왜?'라는 미시적 차원의 설명 요인과 '어떤 환경에서?'라는 거시적 요인에 대한 기존 학계의 다양한 이론을 정리한다.

제4절은 제3절의 이론들을 한국 유권자의 투표 참여 사례에 적용한 연구에 대해 소개한다. 한 가지 유의할 점은 제4절의 구성이 제3절과 같지 않다는 것이다. 한국이라는 하나의 사례는 모든 유권자를 같은 제도적 환경 아래 놓기 때문에, 그 효과가 유권자 개인별로 다르지 않다. 물론 같은 제도라도 받아들이는 사람에 따라 달리 반응하게 마련이지만, 이는 제도의 효과이기보다는 유권자 개개인의 정치적 성향이나 판단이 다르기 때문이라고 봐야 할 것이다. 따라서 제4절은 유권자 개인의 판단과 행위에 영향을 미치는 요인의 효과를 크게 유권자의 사회경제적 지위, 정치효능감과 정당일체감, 정치적 효용과 정당체제의 세 부문으로 나누어 고찰한다.

아울러 독자의 이해를 돕고자 한국선거학회와 한국사회과학데이터센터가 공동으로 조사한 '2012년 제19대 국회의원선거 유권자 의식조사'와 '2012년 제18대 대통령선거 유권자 의식조사' 자료를 활용해 기존 연구들이 중요하게 다룬 요인들이 투표 참여에 미치는 영향을 살펴본다. 마지막으로 제5절에서는 이러한 논의를 바탕으로 한국에서 투표율을 높일 수 있는 방안에 대한 토론거리를 제공한다.

2. 민주주의와 선거

민주주의는 '대중(demo: people)의 지배(cracy: rule)'를 뜻한다. 그러나 링컨이 말한 "국민(people)을 위한, 국민에 의한, 국민의 정치"가 실질적으로 구현되려면 다음 두 가지가 필요하다. 첫째, 통치의 주인인 국민 모두가 자신 앞에 제시된 사회적 혹은 국가적 쟁점을 놓고 바람직한 미래는 어떤 것인지(ideas), 어떤 종류의 대안이 있는지(alternatives), 어떤 대안을 최종적으로 선택해야 하는지(choices)에 대해 이성적으로 평가해야 한다. 둘째, 그 판단을 기초로 어떠한 형태이든 정책 결정 과정에 참여해 자신의 목소리를 내야 한다. 그러나 오늘날처럼 고도로 분화된 현대사회에서 매우 높은 전문성이 요구되는 정책적 판단을 일반 시민에게 요구한다는 것은 상식적으로 납득하기 힘들다. 아울러 '모든' 사람이 정치 과정에 참여한다는 것은 전혀 현실적이지 않다. '먹고 살기도 힘든 세상에 정치는 무슨 정치!'라는 냉소가 팽배한 사회에서 '모든 국민의 계몽된 참여'라는 고대 그리스의 직접민주주의의 이상은 유토피아일 뿐이다. 그리고 그 자리는 **대의제 민주주의**(representative democracy)가 대체했다.

대의제 민주주의의 요체는 주권자인 국민이 직접 참여하는 대신 그들을 대표할 지도자를 선출하고 그들에게 '권한(power)'과 '책임(accountability)'을 부여하는 동시에 그들의 업적에 대해 정기적으로 '상벌(reward and punishment)'을 내린다는 것이다. 선거는 선출된 대표들이 그동안 정부를 얼마나 잘 운영해왔는지를 평가하고 합당한 상벌을 내리는 공적 기능을 수행한다. 물론 대의제 민주주의에서도 주권자인 국민은 여전히 주민소환제도와 같이 지도자를 임기 중에 심판대에 올려놓거나 심지어 공공장소에서 불합리한 정부 시책에 대해 항의하거나 시위할 수 있는 권한을 지닌다. 즉, 선거는 민주주의에 필수적인 정치 행동의 한 가지 형태일 뿐이라는 점에 유의할 필요가 있다. 그럼에도 대의제 민주주의는 그 기본 골격에서 국민의 직접 참여를 간접 참여로 바꾸어놓았고, 이때 선거는 인체에 피를 공급하는 심장 역할을 하는 제도적 수단으로 자리 잡았다.

이제 우리는 '모든 국민의 계몽된 참여'라는 고대 그리스의 직접민주주의를 떠나 주권을 표현할 수 있는 거의 유일한 제도적 방법이 선거뿐인 대의제 하에 아래 살고 있다. 그렇다면 대의제를 좀 더 민주적으로 만들 수 있는 방법은 없을까? 우선 대표를 되도록 많이 선출하거나 선거를 자주 치르는 방법을 생각해볼 수 있다. 전자는 더 많은 대표자를 통해 더 많은 주권자의 목소리를 정치 과정에 투입할 수 있다는 의미에서, 후자는 대표의 책임을 따질 수 있는 권리를 주권자에게 더 자주 부여한다는 차원에서 더욱 민주적이라고 볼 수 있을 것이다. 그러나 이 두 가지 방법은 더 많은 비용을 수반한다. 대표를 많이 뽑거나 선거를 자주 치르게 되면 그만큼의 정치비용이 추가되며 궁극적으로 국민의 세금 부담이 늘기 마련이다. 따라서 어느 정도의 비용이 적당한지에 대해서는 이념적·학술적 논쟁과 함께 주권자인 국민의 합리적 판단을 요구한다.

다음으로 이 장의 주제가 되는, 좀 더 많은 주권자를 선거에 참여시키는 방법이 있다. 여기서 **투표율**(turnout rate)이 자연스럽게 핵심어로 등장한다. 그러나 과연 높은 투표율을 유지하는 것이 민주주의의 발전에 바람직한지에 대해서는 크게는 민주주의를 바라보는 시각, 작게는 주권자의 투표 참여 동기를 바라보는 시각에 따라 상반된 해석이 있다. 앞서 언급한 '모든'과 '계몽된'이라는 단어는 논쟁의 핵심 주제어가 된다.

먼저 높은 투표율이 민주주의의 작동에 그렇게 바람직하지 않으며, 따라서 투표율이 낮다고 해도 그다지 심각한 문제는 아니라는 보수주의 혹은 엘리트주의 시각이 있다. 엘리트주의자들은 '계몽된' 참여에 초점을 맞춘다. 이들에게 기권자는 사회적 쟁점에 대해 잘 모르고 정치에 관심이 없으며 선거는 남의 일이라고 생각하는 부류이다. 따라서 투표율을 높이려는 시도가 타인의 선동에 쉽게 현혹되거나 자신의 협소한 이해관계만을 생각하는 계몽되지 못한 국민을 투표장으로 유도할 뿐 결코 민주주의의 발전에 도움이 되지 않는다고 판단한다. 이처럼 '계몽된 소수의 결정이 더 현명한 결정'을 이끌어낸다고 생각하는 시각에서 '질(quality)' 높은 선거를 통해 민주주의를 발전시키는 방법은 투표율을 진작하기 위해 어떤 처방도 내놓지 않는 것이다.

일부 보수주의자는 '모든' 국민의 투표 참여가 바람직하지 않을 수 있다는 데 초점을 맞춘다. 높은 투표율은 한편으로 정치체제에 대한 '열광(enthusiasm)'과 '헌신(committment)'의 표현일 수도 있지만 반대로 높은 사회적 '긴장(tension)'과 '갈등(conflict)'을 나타낼 수도 있다. 예를 들어 1930년대 독일 파시스트 권력이나 1980년대 한국의 군사독재 정권 아래 나타났던 높은 투표율은 체제에 대한 열광과 헌신이라기보다는 환멸과 절망의 표현이라고 볼 수 있으며, 이 경우 높은 투표율은 결코 정치체제의 건전성을 나타내는 것이 아니다. 오히려 낮은 투표율은 사회적 긴장과 갈등이 낮은 상태를 의미하는 것이고, 따라서 사회적 소외의 표현이기보다는 만족의 표현일 수도 있다는 것이다.

그러나 엘리트주의와 보수주의 시각은 그들이 옹호하는 '시민적 덕성을 갖춘 소수만의 참여'가 가져오는 '과소대표(under-representation)' 문제를 간과한다(Lijphart, 1997). 투표 참여자가 전체 국민보다 상대적으로 더 부자이거나 더 많이 교육받았거나 더 나이가 많거나 특정 지역 혹은 특정 피부색의 사람이라고 가정해보자. 선거는 특정 지역, 피부색, 계층의 지엽적인 목소리만을 위한 잔치가 되고 만다. 아울러 선거를 통해 당선된 지도자도 재선을 위해 특정 지역, 피부색, 계층의 이해관계를 반영하는 정책만 추구할 개연성이 높다. 한마디로 선거는 그 자체로 '편향(bias)'될 수밖에 없고, 이는 국민 일반의 통치라는 민주주의의 이상과도 걸맞지 않다.

낮은 투표율은 과소대표 문제만이 아니라 대의제 민주주의의 핵심이라고 할 정당체제에도 심각한 영향을 미칠 수 있다. 이미 제2장의 사회균열론에서 설명된 바와 같이 일반적으로 미국이나 유럽 정당의 이념체계는 그들의 사회적 '이익대표(interest representation)' 기능에 따라 구분된다. 예를 들어 '친기업적(pro-business)' 정당은 보수적 이념과 정책을 추구하는 반면, '친노동적(pro-labor)' 정당은 진보적 이념과 정책을 추구하면서 상호 견제하고 균형을 맞춘다. 여기서 노동자와 서민의 투표 참여가 전혀 없다고 가정해보자. 선거 결과가 위에서 언급한 편향을 띠리라는 것은 말할 필요도 없거니와 선거의 전 과정을 통해 서민적 쟁점이 부각될 가능성도 희박해진다. 즉, 노동자와 서민의 일상생활에 크게 영향을 미칠 수 있는 일자리, 교육, 의료, 사회복지, 부동산, 소득 재분배 등 진짜 쟁점이 뒷전으로 물러나는 반면, 특정 '쟁점 집단(issue group)'의 '특수 이익(special interests)'을 추구하는 목소리가 선거 과정을 좌우할 가능성이 높다. 결과적으로 정당 간의 경쟁은 균형을 상실하고 정당체제도 전체 사회의 이익을 대표하지 못하는 기형적 구조를 갖게 될 것이다.

논의를 종합하면 민주적 사회는 구성원 전체의 참여와 목소리가 정치 과정에 투영되는 형태이다. 선거를 대의제 민주주의에서 국민의 목소리가 반영되는 최소한의 장치라고 했을 때, 더 많은 구성원이 참여하는 선거일수록 더 민주적이라고 할 수 있다. 따라서 어떻게 하면 좀 더 많은 유권자가 참여할 수 있는지에 대한 고민은 진지한 학문적인 주제일 뿐만 아니라 긴급한 정책적 과제이기도 하다.

3. 투표 참여와 기권에 대한 이론과 논의

〈표 8-1〉은 제2차 세계대전 이후부터 2005년까지 세계 각국 의회선거의 평균 투표율을 나타낸 것이다. 강제투표를 실시하고 있는 오스트레일리아, 벨기에, 룩셈부르크 등이 90%대의 높은 투표율을 보이고 있는 가운데 폴란드, 미국, 스위스, 러시아, 인도 등은 50%대의 저조한 투표율을 보이고 있다. 의무투표제에 대해서는 뒤에 자세히 논의하도록 하고 우선 다양한 수준의 투표 참여율은 그 결정 요인에 대한 우리의 궁금증을 자아낸다. 국가마다 다양한 문화적 양식과 선거제도 등 그들만의 독특한 원인을 지님은 물론이다. 그러나 좀 더 일반론적인 관점에서 투표율의 차이를 설명할 필요가 있다. 그

〈표 8-1〉 세계 각국의 의회선거 평균 투표율(1945~2005년) (단위: %)

국가	투표율	국가	투표율	국가	투표율
오스트레일리아(23)	95	베네수엘라(11)	80	아일랜드(16)	73
벨기에(19)	92	그리스(18)	80	불가리아(4)	70
오스트리아(17)	91	이스라엘(16)	80	라트비아(5)	70
이탈리아(15)	90	브라질(14)	78	일본(22)	69
룩셈부르크(13)	89	코스타리카(14)	77	헝가리(4)	69
아이슬란드(17)	89	핀란드(16)	76	에스토니아(5)	66
뉴질랜드(20)	89	포르투갈(11)	76	리투아니아(3)	62
몰타(15)	88	대한민국(16)*	76	인도(13)	59
네덜란드(18)	87	영국(16)	75	러시아(3)	58
덴마크(23)	86	프랑스(16)	75	스위스(15)	56
스웨덴(86)	86	캐나다(18)	74	미국(14)**	55
독일(15)	85	스페인(8)	74	폴란드(50)	50
노르웨이(15)	80	체코(5)	73		

주: 괄호 안의 숫자는 선거 횟수를 의미한다.

* 1950년 5월 30일의 제2대 국회의원선거를 제외한 1948년 5월 10일 제1대 국회의원선거부터 2004년 4월 15일 제17대 국회의원선거까지의 투표율이 계산되었다. 그러나 실제 민주화 이후 1988년 4월 26일 제14대 국회의원선거 이후의 평균 투표율은 66%밖에 되지 않았다.

** 대통령선거가 있는 해의 의회선거만 계산된 것이다.

자료: Fiorina, Peterson, Johnson and Mayer(2007: 156).

러한 노력은 '누가, 왜 투표하는가?'라는 미시적 차원의 연구와 '어떤 환경이 투표율을 진작하는가?'라는 거시적 차원의 연구를 통해 제시되어왔다.

1) 누가, 왜 투표하는가

먼저 제1장에서 논의되었던 컬럼비아 학파의 사회학적 접근법은 성(gender), 교육수준, 소득수준, 직업, 연령 등과 같은 유권자의 사회경제적 지위(socio-economic status)가 투표 참여에 미치는 효과에 주목하는데, 남성일수록, 교육과 소득수준이 높을수록, 나이가 많을수록 높은 투표율을 보여왔음을 입증했다(Lazarsfeld, Berelson and Gaudet, 1968). 특히 미국의 경우 교육수준이 투표 참여율과 가장 높은 상관관계를 보였다(Verba and Nie, 1972; Wolfinger and Rosenstone, 1980). 이러한 현상은 투표행위가 수반하는 비용과 밀접한 관계가 있다. 사람들은 바쁜 일상에도 투표장으로 가기 전 각 정당의 후보자는 누구이고 어떤 정책을 추구하는지에 대해 알아야 한다. 투표일이 공휴일이 아닌 경우 투표 참여는 직업인에게 생계를 일정하게 희생해야 하는 부담이 된다. 젊은이나 학생은 데이트나 문화생활, 혹은 공부 시간을 할애해 투표장에 가야 한다. 노약자도 힘든 몸을 이끌고 투표장으로 향해야 하는 부담을 느낀다. 투표소가 먼 곳에 있을 경우에는 교통비도 지출해야 한다. 이처럼 투표행위는 정보 획득이나 그 밖의 경제적·문화적 '기회비용'을 수반하는데, 사회경제적 지위가 더 나은 사람일수록 비용에 대한 부담을 적게 느낀다는 것이다.

그러나 우리는 지난 반세기 동안 세계 각국에서 소득수준이나 교육수준이 향상되고 사회 전체의 평균 연령이 증가했는데도 투표율이 증가하지 않거나 오히려 하락하는 역설적인 현상을 종종 발견한다. 또한 개개인을 두고 볼 때 성별, 학력, 직업, 소득수준 등에 변화가 없는데도 어떤 선거에는 투표하고 어떤 선거에는 기권하는 모습을 발견하기도 한다. 사회학적 접근법은 '상수(constant)'에 가까운 유권자의 사회경제적 지위와 '변수(variable)'인 투표율 사이의 엇박자를 명쾌하게 설명하지 못하고 있는 셈이다.

그리하여 유권자의 투표 참여에 대한 설명은 '누가'에서 '왜'라는 질문으로 자연스럽게 옮겨간다. '합리적 선택(rational choice)' 이론가인 다운스는 이에 대한 대답을 다음과 같은 투표 참여의 모형으로 제시했다(Downs, 1957).

$$R = PB - C$$

R(reward): 투표행위에서 개인 유권자가 받는 보상
P(probability): 유권자 개인의 한 표가 혜택을 가져올 확률
B(benefit): 선호하는 후보가 당선된 후 실천에 옮길 정책 혜택
C(cost): 투표에 참여함으로써 지불해야 하는 비용

이 공식에 의하면 유권자는 투표 참여에서 '기대할 수 있는 **혜택**(expected benefit: PB)'이 지불해야 할 **비용**(C항)보다 클 때, 즉 투표행위에서 개인 유권자가 받게 될 보상(R항)이 0보다 클 때 투표장으로 향하며, 그 반대의 경우에는 기권한다. 즉, 유권자는 지지하는 후보나 정당이 국가 전체나 지역사회 혹은 개인의 삶 등의 영역에서 기대하는 정책을 실현하리라는 것과 자신의 한 표가 지지 후보 혹은 정당의 승리에 공헌할 것이라는 생각이 지불해야 할 비용보다 클 경우 투표에 임한다는 것이다.

그러나 이 모형의 문제점은 P항에 있었다. 다운스의 개념 정의에 의하면 P항은 유권자의 한 표가 선거의 승패에 결정적 역할을 할 수 있는 확률을 의미한다. 그러나 작게는 수십만, 많게는 수천만의 유권자가 참여하는 선거에서 개인의 한 표가 선거 결과에 영향을 미칠 확률은 극히 낮을 수밖에 없다. 이는 P항을 거의 0으로 수렴시키고, 따라서 PB항도 0이 되게 만든다. 결국 다운스가 제시한 투표 참여의 모형은 비용만을 남기게 되는 셈이고, 효용의 산술은 '$0-C<0$'이 되고 만다. 다시 말해 일반적으로 유권자의 투표 참여는 혜택이 비용을 초과할 때 이루어지지만, 그 혜택에 대한 기대효용이 선거의 승패에 미칠 수 있는 확률이 미미하기 때문에 낮아질 수밖에 없고, 따라서 기대효용이 비용을 초과할 수 없기에 합리적 유권자라면 기권하는 것이 당연하다는 결론에 이른다. 이른바 **투표의 역설**(paradox of voting)의 논리는 여기

에서 생겨난다. 자신의 기대효용을 극대화하는 합리적 유권자라면 기권하는 것이 자연스러우나, 우리는 일상생활에서 투표율 0%가 아니라 여전히 많은 유권자가 투표장으로 향하는 현상을 목격하고 있기 때문이다.

그리하여 합리적 선택 이론가들의 노력은 투표의 역설 현상을 치유하는 것으로 이어졌다. 첫 번째 수정 노력은 라이커(William H. Riker)와 오데슈크(Peter C. Ordeshook)가 제시했다. 그들은 다운스 모형에 시민적 의무(citizen duty: D)라는 항을 추가해 'R > 0'이 될 수 있는 가능성을 도출했다.

$$R = PB - C + D$$

그들은 D항의 구체적인 예로 ① 민주주의 전통에 부응했다는 만족감, ② 정치체제에 대한 충성을 확인했다는 만족감, ③ 자신의 정당선호도를 확인했다는 만족감, ④ 투표장에 갔다는 만족감, ⑤ 정치체제에 대한 효능감을 확인했다는 만족감 등을 들었다. 즉, 'PB−C'는 0보다 작지만 D항이 더해져 전체 투표함수는 0보다 커지기 때문에 투표 참여가 합리적 행위가 된다는 것이다(Riker and Ordeshook, 1968).

그러나 D항의 첨가가 과연 투표의 합리성에 대한 만족할 만한 해결책인지에 대해서는 논란이 있어왔다. 무엇보다도 시민의 투표행위 자체가 합리적 선택 이론에서 강조하는 혜택(B항)과 확률(P항)로 설명되지 못하고 그 외의 심리적 만족감(D항)으로 설명된다는 것 자체가 합리적 선택 이론의 틀을 넘어섰다는 것이다. 그리하여 다운스 모형의 확장판인 라이커·오데슈크 모형은 '동어 반복적 설명'에 불과하다는 비판이 제기되기도 했다.

물론 D항을 단순히 심리적인 요인으로 파악해서는 안 된다는 비판도 있다. 다운스의 B항에 대한 해석에 의하면 개인의 투표행위가 수반하는 혜택은 '투표행위 자체(voting per se)'의 혜택과 '제대로 된 선택(voting correctly)'의 혜택으로 구분할 수 있다.[1] 그리고 투표 참여 모형은 개인이 지지한 후보가 당선되었을 때 정책 실행으로 표현되는 물질적인 혜택(PB항)뿐 아니라 투표 행위 그 자체가 가져올 혜택도 고려해야 한다. 다운스는 그 구체적인 예로 '민주주의의 유지'에서 오는 혜택을 든 바 있다. 즉, 투표하러 가는 것과 투표장에서 선호하는 후보를 선택하는 것은 다르며, 따라서 투표와 기권 사이의 효용함수는 전자가 수반하는 가치도 반영해야 한다는 것이다(Downs, 1957).

그러나 일반적으로 B항으로 표현되는 혜택은 주로 후보 선택의 효용을 반영할 뿐, 투표 참여가 가져오는 혜택 모두를 정확히 반영하지 않는다. 따라서 D항으로 표현되는 정치적 만족감은 그것이 비록 '도구적(instrumental)' 혜택은 아닐지라도 투표행위가 가져오는 '내재적(intrinsic)' 혹은 '표현적(expressive)' 혜택으로 간주할 수 있을 것이다(김욱, 1998).

다운스의 모형에 대한 두 번째 구원은 다른 차원의 이론적 접근을 보인다. 페레존(John A. Ferejohn)과 피오리나(Morris P. Fiorina)는 유권자가 '내가 투표하지 않아서 내가 지지하는 후보가 진다면?'이라는 질문을 스스로 하고 자신이 가장 후회할 일이 벌어질 가능성을 최소화하는 결정, 즉 **최소최대 후회의 결정**(minimax regret decision)을 내린다고 주장한다. 즉, 다운스가 투표행위가 가져올 미래의 혜택이라는 긍정적 효과에 의해 투표 참여가 결정된다고 간주했다면, 페레존과 피오리나는 투표를 하지 않았을 때 최악의 상태가 발생할 부정적 효과가 투표 참여를 결정할 수도 있음을 고려했다(Ferejohn and

---

1 다운스는 "합리적 인간은 단기적인 이익이나 손실과는 상대적으로 구분되는 사회적 책임감에 의해 동기가 부여되며", "그러한 책임감은 투표행위가 수반하는 혜택의 한 종류가 된다"라고 논의하면서, 투표행위에서 한 시민이 받을 수 있는 혜택에 영향을 미치는 요인으로 ① 정당 간 차이의 규모(size of party differential: B항), ② 타인의 투표를 고려했을 때 정당 혜택의 정도, 즉 선거의 경합 정도(electoral closeness: P항), ③ 투표 자체의 가치(value of voting per se)를 들었다(Downs, 1957: 266~268).

Fiorina, 1974).

이 밖에 다운스의 P항과 B항에 대한 해석도 다양하다. 합리적 개인은 "만약 모두가 투표하지 않는다면 나의 한 표가 승부를 결정지을 확률은 100%가 된다"라는 역설적인 사고에서 투표 참여를 결정할지도 모른다. 아울러 현대 사회에서 개인은 원자화된 존재가 아니라 다양한 공동체나 집단에 소속되어 있고, 따라서 개인의 투표 결정은 선거 결과가 중요하게 생각하는 소속집단에 얼마만큼의 이익을 가져다줄 수 있는가에 따라 결정될 수 있다는 집단 합리성(group rationality)도 고려해볼 만한 이론적 의미가 있다(Uhlaner, 1989).

2) 어떤 환경이 투표율을 높이는가

좀 더 거시적인 차원에서 투표율의 높낮이를 설명하는 이론도 있다. 전통적인 사회학적 접근법은 사회경제적 혹은 정치적 환경의 중요성을 강조한다. 예를 들어 문맹률, 1인당 국민총생산(GNP)이나 GNP 성장률, 민주주의의 발전 정도, 인구의 규모나 밀집도 등이 주요 지표로 등장한다. 즉, 경제가 좋아지거나 개인 소득이 증가하면 개인은 먹고사는 문제보다 정치에 훨씬 더 많이 신경을 쓰게 되고 따라서 투표율이 증가하리라는 것이다(Powell, 1986). 특히 신생 민주주의 국가에서 경제 발전과 민주주의 발전 수준은 시민의 투표 참여와 밀접한 관계가 있음이 입증되었다(지병근, 2006). 그러나 아직 이러한 경제 상황과 관련해 일관된 이론 틀이 마련된 것 같지는 않다. 경제적인 번영을 구가하는 안정된 사회가 오히려 사람들을 더욱 정치적으로 무관심하게 만들지도 모르기 때문이다. 혹은 사람들은 종종 경제위기에 처해 있는 상황에서 자신을 구해줄 지도자를 애타게 기대하게 되고, 따라서 정치 문제에 민감하게 반응하며 능동적으로 참여할지도 모른다. 결국 사회경제적 혹은 정치적 환경의 효과는 그것이 개인에게 어떤 동기를 부여하는지에 따라 다르게 해석될 여지를 지닌다.

'법적·제도적 접근법(legal-institutional approach)'은 사회학적 접근법에 비해 선거제도(electoral system)나 정당체제 등 다양한 정치제도의 효과에 주목한다. 먼저 선거제도의 효과를 살펴보자. '다수제(plurality or majoritarian system)'보다 '비례대표제(proportional system)'를 채택한 국가가 높은 투표율을 보이고 있음이 경험적으로 입증되었다(Lijphart, 1997). 제7장에서 살펴보았듯 비례대표제의 경우 유권자의 표가 전국적 혹은 권역별 단위로 집산되어 총 득표율에 따라 의석수가 결정된다. 이 경우 개인의 한 표는 지지 정당의 득표율이 진입장벽을 넘어서는 한 사표로 처리되지 않는다. 이 경우 유권자는 자신의 표가 낭비되지 않기에 좀 더 쉽게 투표에 임할 수 있다는 논리가 성립된다. 아울러 비례대표제는 다당제를 낳는 효과가 있는데, 양당제보다는 다당제가 유권자의 다양한 정치적 선호를 충족하기 쉽기 때문에 높은 투표율을 유도하는 효과가 있다는 논리도 제시된다. 그러나 이와 정반대로 다당제보다 양당제가 유권자에게 좀 더 명확한 대안을 제시하기 때문에 오히려 높은 투표율을 유도한다는 주장도 있다.

이 외에도 투표용지의 구조, 투표 등록 절차, 참정권의 범위 등 제도적 요인들도 투표율에 영향을 미칠 수 있다. 투표하려면 유권자가 직접 선거관리위원회에 등록해야 하는 미국의 경우, 관공서에서 등록 사무를 처리해주는 자동등록제도를 채택하고 있는 한국의 경우보다 유권자가 더 많은 부담을 느낄 수밖에 없으며, 따라서 투표율이 상대적으로 저조할 수 있다. 선거가 자주 있어도 유권자가 식상함을 느껴 투표율이 하락할 가능성이 있다.

한편, 대통령, 국회의원, 주(도)지사, 시장, 교육감 등의 선거를 한꺼번에 치르고 한 투표용지에 모든 종류의 선거 후보자가 명기되어 있다고 가정해 보자. 이러한 오스트레일리아식 투표용지(Australian ballot)를 사용하면 유권자는 대통령이나 국회의원처럼 상대적으로 중요하다고 생각하는 선거에만

표기하고 그렇지 않은 선거는 표기하지 않은 채 그냥 지나쳐버릴 수 있다. 이 경우 하위기관에 대한 투표율은 자연스럽게 낮아질 것이다(Rusk, 1970).

또한 참정권이 새로 부여되어 선거권자 수가 늘어나는 경우에도 투표율은 일시적으로 낮아질 수 있다. 예를 들어 미국의 경우 1870년 수정헌법 15조에서 인종과 관계없이 모든 성인 남성에게, 1920년 수정헌법 19조를 통해 모든 성인 여성에게 투표권을 부여했으며, 1971년에는 수정헌법 26조를 통해 18세 이상의 모든 성인에게까지 참정권을 확대한 바 있다. 이러한 법적 조치에 의한 참정권의 확대는 새로운 유권자의 증가를 가져왔고, 단기적으로 투표율을 하락시키는 효과를 낳았다(Converse, 1972).

반면 투표행위에 강제성을 부여하는 법적 장치는 투표율을 높이는 효과를 지닌다. 의무투표제를 실시하는 국가는 대체로 ① 기권에 대한 정당한 설명, ② 벌금, ③ 금고(벌금을 내지 않은 경우), ④ 공민권이나 시민적 권리 박탈, ⑤ 공공 영역에서의 구직이나 서비스 이용 배제 등의 처벌 규정 중 상황에 맞는 처벌 조항을 적용하고 있다. 예를 들어 오스트레일리아(①, ②), 벨기에(①, ②, ④, ⑤), 룩셈부르크(①, ②), 사이프러스(①, ②), 피지(①, ②, ③), 나우루(①, ②), 싱가포르(④), 우루과이(②, ④) 등은 처벌 규정을 엄격하게 적용하고 있다. 특히 벨기에의 경우 네 번 이상 투표를 하지 않은 경우 15년간 투표권을 박탈하고 있고, 싱가포르의 경우 정당한 해명과 함께 투표권을 재차 신청하지 않는 한 투표인 명부에서 이름이 삭제된다.

처벌 규정을 두고 있으나 강하게 적용하지 않는 국가로 아르헨티나(①, ②, ④), 오스트리아(①, ②, ③), 브라질(②), 칠레(①, ②, ③), 에콰도르(②), 그리스(①, ⑤), 이탈리아(⑤), 리히텐슈타인(①, ②), 페루(①, ④), 터키(①, ②) 등이 있다.[2] 즉, 투표를 하지 않을 경우 발생할 역비용에 대한 부담이 유권자를 투

2 더 자세한 내용은 민주주의와 선거 지원을 위한 국제기구(International Institute for

표장으로 향하게 한다는 것이다.

또 다른 접근법은 '정당체제의 경쟁력'에 주목한다. 예를 들어 정당이 전체 국민과 유리된 채 소수 엘리트에 의해 독점 운영되거나 매관매직 등 정당 내 부패가 심한 경우 유권자는 정치적으로 소외되며 선거를 외면하기 쉽다. 반면 정당들이 명확하게 대비되는 정책 대안을 내걸고 서로 치열하게 경쟁할 경우 유권자는 선거에 더 많은 관심을 가지고 투표장으로 향하게 될 것이다 (Palfrey and Rosenthal, 1983). 특히 정당체제가 사회계급이나 종교 혹은 그 밖의 사회집단과 강한 연계를 지닌 경우나 정당의 조직적 힘이 강한 경우 정당은 유권자에게 강한 '정당일체감(party identification)'을 주입하며 그들을 캠페인 과정에 쉽게 동원할 수 있다(Powell, 1986; Chambers and Davis, 1978). 미국의 경우 지방선거(Patterson and Caldeira, 1983), 의회선거(Cox and Munger, 1989), 대통령선거(Kleppner and Baker, 1980) 등에서 치열한 정당 경쟁과 투표율 사이에 강한 비례관계가 있음이 입증되었다.

4. 한국에서의 투표 참여와 기권 연구

1980년대 중반 민주화 이후 한국의 투표율은 서구 민주주의 국가와 마찬가지로 하락 추세를 보이다 2000년대 후반을 기점으로 다시 증가하는 추세이다. 〈그림 8-1〉은 1980년대 중반 이후 최근까지 한국 주요 선거의 투표율 추이를 나타낸 것이다. 우선, 지방선거보다는 국회의원선거가, 국회의원선거보다는 대통령선거가 높은 투표율을 보이고 있다.

좀 더 구체적으로 살펴보자. 대통령선거의 경우 투표율은 1987년 제13

Democracy and Electoral Assistance)의 웹사이트(http://www. idea.int)를 참조.

〈그림 8-1〉 민주화 이후 한국의 주요 선거 투표율 추이 (단위: %)

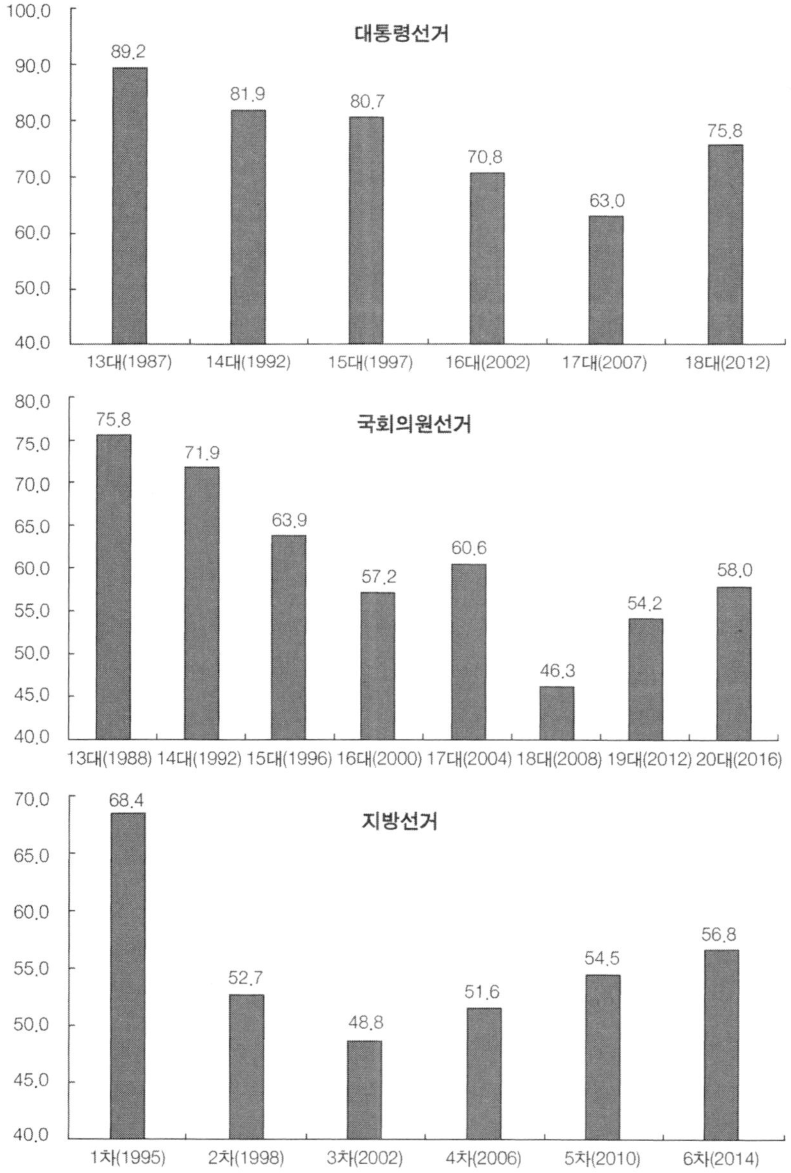

자료: 중앙선거관리위원회 웹사이트(http://www.nec.go.kr).

대 대통령선거에서 89.2%를 기록했으나 1992년 제14대 대통령선거에서는 81.9%, 1997년 제15대 대통령선거에서는 80.7%, 2002년 제16대 대통령선거에서는 70.8%, 그리고 지난 2007년 제17대 대통령선거에서는 역대 최저인 63%를 기록했다. 제13대 대통령선거와 비교하면 26.2%나 하락한 셈이다. 그러나 2012년 대통령선거는 75.8%로 제16대 대통령선거의 투표율을 상회했다.

국회의원선거도 마찬가지였다. 1988년 제13대 국회의원선거에서 유권자의 참여율은 75.8%로 나타났으나, 1992년 제14대에서는 71.9%, 1996년 제15대에서는 63.9%, 급기야 2000년 제16대에서는 57%에 머물렀다. 2004년 노무현 대통령에 대한 탄핵 때문에 투표율이 잠시 60%로 반등하긴 했으나 2008년 역대 최저점인 46.3%를 기록했다. 이는 1988년과 비교하면 29.5%나 감소한 것이었다. 그러나 투표율은 점차 회복되기 시작해 2012년 제19대에서는 54.2%, 그리고 2016년 제20대에서는 58.0%를 기록했다.

마지막으로 1995년 이후 치러진 지방선거도 두 종류의 선거와 유사한 추세를 보인다. 구체적으로 1995년의 제1차 지방선거에서 투표율은 68.4%로 30년 만에 다시 실시되는 지방자치선거에 상대적으로 높은 관심을 표명했었다. 그러나, 1998년 제2차 지방선거에서 52.7%로 떨어졌고, 급기야 2002년 제3차 지방선거에서는 48.8%로 재차 떨어졌다. 투표율은 2006년 제4차 지방선거부터 51.6%로 반등하기 시작해 2010년 제5차 지방선거에서 54.5%, 그리고 2014년 제6차 지방선거에서는 56.8%를 기록했다.

요약하면 최소한 민주화 이후 한국 선거의 투표율은 모든 종류의 선거에서 거의 같은 패턴을 보이고 있다. 그렇다면 무엇으로 이 현상을 설명할 수 있을까? 이를 지금까지 나온 대표적인 연구들과 같은 해(2012년)에 치러진 제19대 국회의원선거 및 제18대 대통령선거를 사례로 한국선거학회와 한국사회과학데이터센터가 공동으로 조사한 데이터를 통해 살펴보도록 하자.

〈그림 8-2〉 실제 투표율과 설문조사 투표 응답 비교 (단위: %)

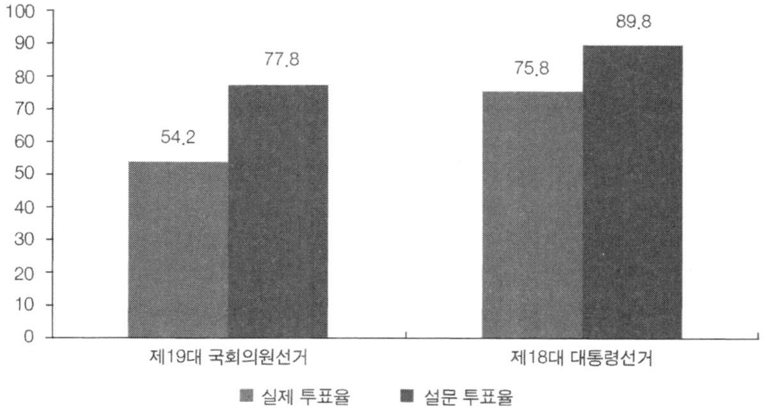

이에 앞서 한 가지 주의해야 할 것이 있다. 다음의 〈그림 8-2〉는 실제 투표율과 설문조사에서 투표했다고 응답한 비율을 비교한 것이다. 설문조사에서 투표했다고 응답한 비율이 두 선거에서 각각 23.6%p와 14.0%p가 높다. 이는 투표 참여에 대한 설문이 "정치적으로 올바른(politically correct)" 응답을 요구하는 것이라 실제 투표하지 않은 사람들도 투표했다고 응답한 사람들이 많기에 빚어진 일이다. 이를 염두에 두고 다음을 살펴보자.

1) 사회적 환경과 유권자의 사회경제적 지위

한국 선거에서 투표율의 하락에 대한 전통적인 이해의 하나는 도저촌고(都低村高) 현상의 해체로 인한 동원 투표의 감소를 원인으로 지적한다(길승흠 외, 1987). 공동체 의식이 약하고 사회구조가 분화된 도시와는 달리 공동체 생활과 위계질서가 중요시되는 농촌사회에서는 관권·금권에 의한 압력이나 가족·마을 등의 집단 압력에 의해 지역주민이 동원되어 높은 투표율을 보였다. 그러나 산업화로 인해 과거 농촌사회에 귀속되었던 지역이 빠른 속도로 도시화됨에 따라 농촌사회에서 작용했던 동원 압력이 더는 통하지 않게 되고, 따라서 이 지역의 투표율 감소가 전체 투표율 감소로 이어졌다는 설명이다. 몇몇 경험적 연구는 도저촌고 현상을 비교적 최근까지 발견했다. 1996년 제15대 국회의원선거 당시 각 지역구를 사례로 한 분석에서 황아란(1996)은 도시 규모와 투표율의 관계에서 13.5%의 차이를 발견했으며, 김욱(1999)도 1998년 제2차 지방선거의 설문조사 분석에서 농촌 지역 유권자가 도시 지역 유권자에 비해 타인의 동원 압력을 더 많이 받은 것으로 분석했다. 그러나 도저촌고 현상이 모든 선거에서 확인된 것은 아니었다. 제14대 국회의원선거를 분석한 박찬욱(1992)은 도시화 정도가 오히려 투표 참여를 강화하는 방향으로 작용했음을 보여주었고, 이남영(1993)도 도시화와 투표율이 직접적인 인과관계를 보이지 않는다는 결론을 내렸다.

〈그림 8-3〉은 도시화 정도와 투표 참여의 관계를 계산한 것이다. 도시화 정도에 따라 투표 참여를 구분했을 때, 두 선거는 다소 다른 패턴을 보여준다. 제19대 국회의원선거의 경우 농촌 지역 응답자들의 투표율은 대도시 거주 응답자들의 그것보다 약 1.3% 낮다. 반면 제18대 대통령선거에서는 농촌 응답자들의 투표율이 대도시 응답자들의 그것보다 반대로 2.3% 높다. 따라서 일단은 도저촌고 현상이 한국 선거에서 일관되게 나타나고 있지 않다고 판단할 수 있을 것이다. 한 가지 흥미롭게 생각해볼 수 있는 것은 도시화의 정도에 따른 투표율이 선거 종류에 따라 다르게 나타날 수 있다는 가설이다. 농촌 지역이 지방선거나 국회의원선거보다 대통령선거에서 상대적으로 강한 참여를 보일 가능성에 대한 향후 적절한 연구가 필요하지 않을까 한다.

이어진 연구로 유권자의 사회경제적 지위와 투표 참여가 일정한 관계를 갖는다는 사회학적 접근법을 적용해 한국 사회의 투표 참여 유형을 검증하려는 시도를 들 수 있다. 그러나 한국의 경우는 인종, 연령, 학력, 소득수준

〈그림 8-3〉 도시화의 정도와 투표 참여의 관계 (단위: %)

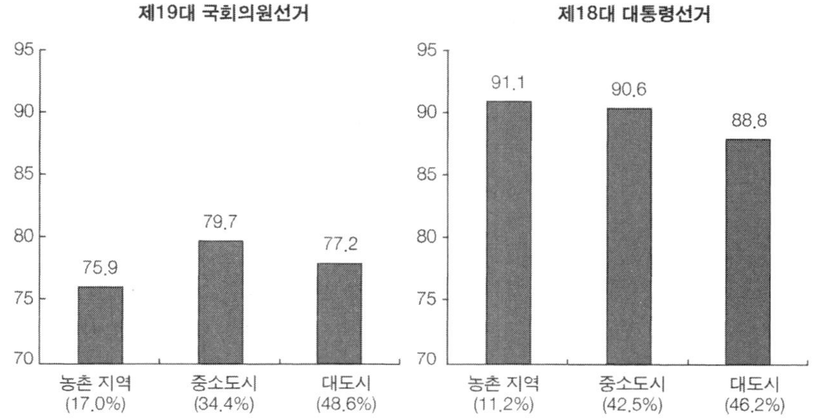

주: X축 괄호 안의 숫자는 전체 응답자 중 해당 값의 비율이다.

등이 투표 참여와 밀접하게 관련된 것으로 나타난 미국과는 달리 연령을 제외하고는 지금까지 일관된 유형을 보이는 요인이 없는 것으로 밝혀지고 있다. 구체적으로 살펴보면 이남영(1993)은 제14대 국회의원선거에서 사무직이나 전문직보다는 농업이나 단순노동에 종사하는 사람들의 투표 참여가 높았음을 밝히고 있다. 김욱(2002)의 경우 제2차 지방선거에서 교육수준의 부정적 영향력을 발견했으나, 통계적인 유의미성은 약했다. 나머지 대부분의 연구는 한국 선거에서 유권자의 사회경제적 지위와 관련해 연령을 투표 참여에 영향을 미치는 유일한 변수로 지적하고 있는데, 고연령층으로 갈수록 투표 참여율이 높다는 경험적 증거는 제14대 국회의원선거(박찬욱, 1992), 제15대 대통령선거(김욱, 1998), 제17대 국회의원선거(조성대, 2006) 등에서 제시되었다.

〈그림 8-4〉은 앞서 사용한 제19대 국회의원선거와 제18대 대통령선거 관련 여론조사 자료를 이용해 유권자의 성, 연령, 교육수준, 소득수준과 투표 참여 사이의 관계를 분석한 것이다. 이를 차례로 살펴보자. 우선 교육수준이

〈그림 8-4〉 유권자의 사회경제적 지위와 투표 참여 (단위: %)

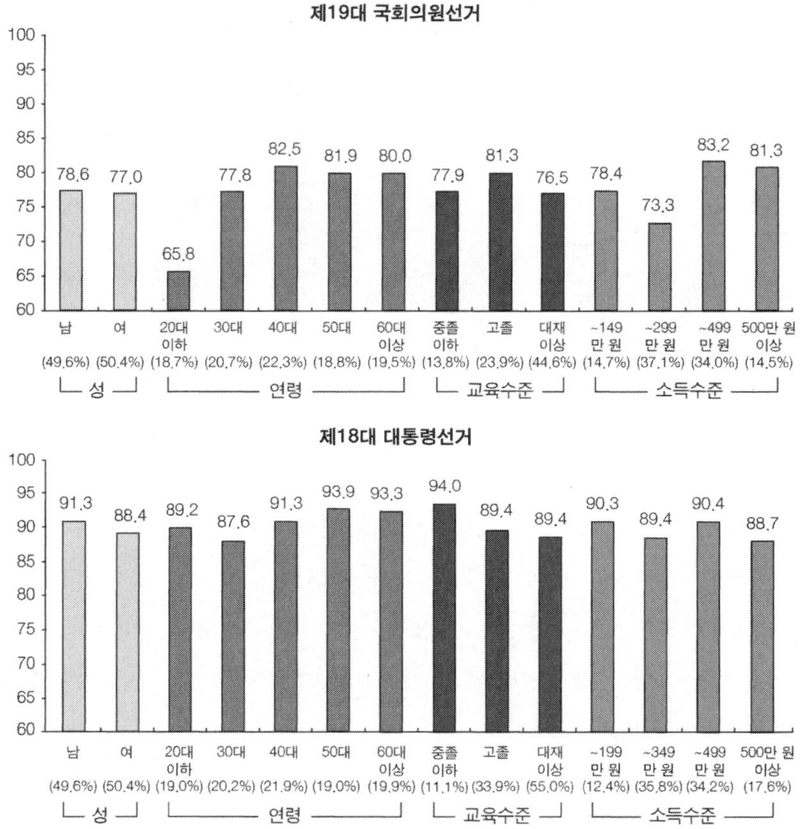

주: X축 괄호 안의 숫자는 전체 응답자 중 해당 값의 비율이다.

나 소득수준이 높을수록 투표 참여율이 높다는 전통적인 사회학적 접근법의 주장이 한국에서는 경험적으로 검증되지 않음을 볼 수 있다. 유권자 교육수준의 경우 두 번의 선거 모두에서 중졸 이하(제18대 대통령선거 94.0%)나 고졸(제19대 국회의원선거 81.3%) 등 상대적으로 저학력층에서 투표율이 높음을 알 수 있다. 소득수준을 보면 제19대 국회의원선거와 제18대 대통령선거 모두 중상층(499만 원 이하층 각각 83.2%, 90.4%)에서 가장 높은 투표 참여율을 보이지만 소득수준에 따라 투표율이 높아지는 선형관계는 나타나지 않는다.

유권자의 사회경제적 지위 중 양 선거에서 모두 일관된 효과를 보이는 것은 성별과 연령이었다. 그러나 성별의 경우 비록 두 선거 모두 남성이 여성보다 많이 참여하지만 참여율이 각각 1.6%p와 2.9%p밖에 차이나지 않아 성별에 따른 정치 참여가 명확하게 차이난다고 말할 수 없어 보인다.

이에 반해 유권자의 연령은 네 변수 중 유일하게 투표 참여에 여전히 큰 영향을 미치고 있다. 통계분석 결과를 30대를 기준으로 구분해보면, 청년층 유권자들의 투표 참여가 장년층과 노년층 유권자들의 그것에 비해 심각하게 낮음을 알 수 있다. 예를 들어, 제19대 국회의원선거에서 20대의 투표율은 50대에 비해 16.1%p나 낮고, 제18대 대통령선거에서 30대의 투표율은 50대의 투표율에 비해 6.3%p낮다.

종합하면 유권자의 사회경제적 지위와 관련해 한국 선거의 투표 참여에 영향을 미치는 요인은 유권자의 연령이며, 젊은 층의 저조한 투표 참여가 투표율 하락의 주요한 원인 중 하나라고 할 수 있을 것이다.

2) 정치효능감과 정당일체감

다음으로 유권자가 느끼는 '정치효능감'과 '정당일체감'을 들 수 있다. 첫째, 정치효능감은 자신의 정치적 행위가 실제 정치 과정에 영향을 미칠 수 있다는 신념으로 정의되며 투표 참여와 정비례의 관계를 지니는 것으로 조사되어왔다. 아울러 기존 연구는 제14대 국회의원선거(박찬욱, 1992)와 제4차 지방선거(이재철, 2007) 등에서 정치효능감의 긍정적 역할을 경험적으로 입증했다. 제19대 국회의원선거와 제18대 대통령선거 사례를 살펴보자.

〈그림 8-5〉는 "투표는 아주 많은 사람이 하기 때문에 내가 투표하는가 안 하는가는 그리 중요하지 않다"라는 여론조사 문항에 대한 유권자의 응답과

〈그림 8-5〉 정치효능감과 투표율 (단위: %)

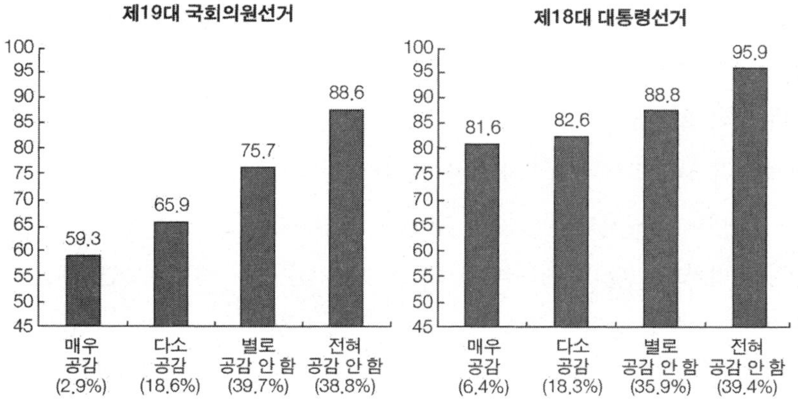

주: X축 괄호 안의 숫자는 전체 응답자 중 해당 값의 비율이다.

투표 참여 사이의 관계를 분석한 것이다. 결과는 유권자가 자신의 한 표 행사가 중요하다고 생각할수록, 즉 투표 참여의 효능감이 높을수록 높은 투표율로 이어지고 있음을 보여준다. 예를 들면 질문에 "전혀 공감하지 않는다"고 응답한 유권자는 두 번의 선거 모두에서 각각 88.6%와 95.5%의 가장 높은 투표율을 보인 반면, 비록 소수이지만 "매우 공감한다"고 응답한 유권자의 투표 참여율은 각각 59.3%와 81.6%로 가장 낮다. 최대치와 최소치의 차이값이 양 선거에서 각각 29.3%p와 13.9%p로 유권자의 사회경제적 지위에 따른 차이보다도 더 크다.

둘째, 유권자의 정당 지지 여부는 유권자 속의 정당의 역할과 기능에서 파생되는 효과를 그대로 보여준다. 기존 연구는 정당이 사회적으로 강한 뿌리를 내리고 있는 경우, 유권자는 자신이 지지하는 정당에 강한 일체감을 가지며 선거에 적극 참여해 지지 의사를 표명한다는 것이다. 특히 지지 정당의 유무는 유권자의 정치효능감과 직접 연결되는데, 예를 들어 이현출(2001)은 정치적 무당파층 사이에서 정치효능감이 낮다는 경험적 증거를 제시했다.

〈그림 8-6〉 정당일체감과 투표율 (단위: %)

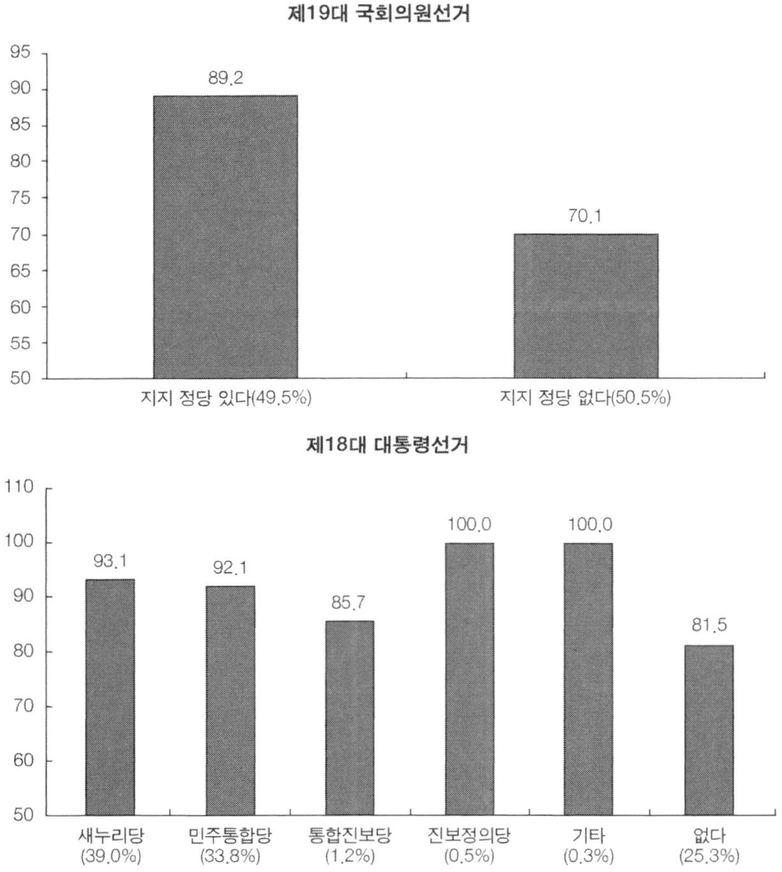

주: X축 괄호 안의 숫자는 전체 응답자 중 해당 값의 비율이다.

아울러 기존 연구는 유권자의 정당에 대한 신뢰나 지지 정당의 유무 등이 투표 참여에 긍정적인 역할을 해왔음을 밝히고 있는데, 제14대 국회의원선거(박찬욱, 1992), 제16대 국회의원선거(이현출, 2001), 제15대 대통령선거(김욱, 1998; 황아란, 1998) 등에서 경험적으로 입증되었다.

이를 양 선거에 적용해 살펴보면 다음과 같다. 〈그림 8-6〉는 제19대 국회의원선거에서 "평소 가깝게 느끼는 (혹은 좋아하는) 정당이 있습니까?"라는 질문에 긍정적인 대답을 한 사람과 그렇지 않은 사람의 투표 참여 차이를 분석했고, 제18대 대통령선거에 대해서는 "평소 가장 좋아하는 정당은 어느 정당입니까?"라는 질문을 분석한 결과이다. 양 선거 모두 지지 정당이 있음과 없음이 투표 참여에 미치는 영향이 상당히 큼을 알 수 있다. 예를 들면, 제19대 국회의원선거에서 지지 정당이 있다고 응답한 사람은 그렇지 않은 사람들보다 19.1%p 투표율이 높다. 그리고 제18대 대통령선거에서도 새누리당이나 민주통합당을 지지한다는 사람들의 투표율은 지지 정당이 없다는 사람들보다 약 11%p가량 높다.

물론 정당일체감을 이론적으로 어떻게 해석해야 하는지는 학파에 따라 차이가 있다. 제3장에서 자세히 다룬 것처럼 미시간 학파로 대표되는 사회심리학적 접근법에 의하면 주로 청소년기에 부모나 동료집단의 영향을 받아 형성된 정당일체감은 선거 과정에서 정책 이슈에 대한 의미 있는 판단과 평가보다는 유권자의 '습관적인 참여'를 끌어내는 작용을 한다(Campbell et al., 1960). 그러나 제4장에서 논의된 합리적 선택 이론의 관점에서 보면 정당일체감은 구체적인 후보자나 정책에 대한 정보 없이도 정당이라는 상표에 대한 정보만으로 선택을 할 수 있는 '정보의 지름길(informational shortcut)' 역할을 담당한다. 아울러 정당일체감은 집단 수준의 투표에서 얻을 수 있는 기대혜택을 계산할 수 있게 하고 정당이나 후보자는 이에 부응해 다양한 혜택을 제시하는, 앞서 언급한 '집단 합리성'의 도구로 간주할 수도 있을 것이다.

3) 정치적 효용과 정당체제

앞에서 언급했듯 대의제 민주주의에서 사회적 연계가 강한 정당은 유권자 속에 깊이 뿌리를 내리고 그들을 정치 영역으로 끌어들이기 쉽다. 즉, 유권자 사이에 정치효능감과 정당정치에 대한 헌신을 높이기 위해서는 정당체제가 사회적 경쟁력을 갖추어야 한다는 것이다. 이는 한편으로 정당 간 치열한 경쟁이 높은 투표 참여를 유도한다는 경험적 발견으로 뒷받침된다. 한국에서도 김재한(1993b)의 제14대 대통령선거 분석과 김영태(2000)의 제16대 국회의원선거 분석에서 정당 간의 치열한 경쟁과 높은 투표율 사이에 밀접한 상관관계가 있음이 입증되었다.

그러나 정당이 사회적인 경쟁력을 갖추기 위해서는 무엇보다도 유권자가 정당이나 후보자에게서 느끼는 '효용(utility)'이 높아야 한다. 허시먼(Alberto O. Hirschman)이 제기한 소비자의 '시장행위(market behavior)'를 예로 들어보자. 소비자는 기존에 사용하던 특정 제품의 질이 떨어졌다고 판단하면 '퇴장(exit)', '항의(voice)', '충성(loyalty)'이라는 선택을 하게 된다. 즉, 제품이 형편없는데도 한 번 더 믿고 다시 구입할 것인지(충성), 제품을 생산해내는 회사에 불만을 제기해 개선시킬 것인지(항의), 다른 대안을 찾거나 아예 그 제품에 대한 소비를 중단할 것인지(퇴장) 세 가지 선택의 기로에 놓인다. 여기서 항의와 퇴장 사이의 선택은 대안이 현재 사용 중인 제품을 얼마나 대체할 수 있는가에 달려 있다. 만약 새로운 대안이 현재 사용하는 제품을 대체할 수 있다면 소비자는 애물단지를 내버리고 새로운 회사의 제품을 선택할 것이다(Hirschman, 1970).

정당정치로 돌아가보자. 지금까지 지지했던 정당이 이제 자신의 목소리를 대변하지 않는다고 판단하는 경우에 유권자는 일단 다른 대안 정당을 찾아 나설 것이다. 그러나 이러한 퇴장행위는 대안으로 판단되는 정당이 과연 기존에 지지하던 정당을 대체할 수 있는지에 따라 달라질 수 있다. 즉, 대안으로 선택한 정당이 그런대로 만족할 만하다면 유권자는 여전히 선거에 참여할 것이고 유권자 투표행위는 지지 정당을 교체하는 투표, 즉 **스윙투표**(swing vote)에 머물 것이다. 그리고 현재의 정당체제는 여야가 교체된다는 것 외에 그런대로 유지될 것이다. 그러나 만약 대안 정당이 제대로 된 구실을 하지 못한다면 유권자의 퇴장은 정치시장에서의 퇴장(기권)이라는 행위로 나타날 것이다. 결국 정당체제는 더욱 불안정해질 것이다.

이처럼 유권자가 정당 또는 후보자에게 느끼는 효용의 정도는 투표 참여에 영향을 미치는데, 구체적으로 김재한(1993b)은 유권자가 느끼는 후보자 간 차별감과 유권자와 후보자 간 거리감으로 기대효용을 측정해 후보 간 선호도에 차이가 있는지 없는지가 투표 참여에 긍정적인 영향을 미쳤음을 입증한 바 있다. 김욱(1998)은 유권자의 여야 성향과 이념 성향을 기대효용항으로 이용해 여야 성향이 있는 유권자일수록 투표 참여도가 높았음을 보였다. 아울러 조성대(2006)는 라이커와 오데슈크의 모형 중 혜택항인 B항이 '소선거구 단순다수제(single member district with plurality)'와 '양당제(two party system)'에서 직접적인 의미를 지닐 뿐 선거제도와 정당체계에 따른 이론적 수정이 필요함을 제17대 국회의원선거를 사례로 경험적으로 검증했다.[3]

선거 과정에서 정당이 제기해 이목을 끄는 쟁점도 유권자가 정당이나 후보자에게 느끼는 효용과 직결되어 투표 참여에 영향을 미친다. 예를 들어 조기숙과 김선웅(2002)은 제16대 국회의원선거에서 시민단체의 낙천·낙선운동이 시민 정치 참여 의식을 고양해 투표 참여에 긍정적인 영향을 미쳤음을 입증하고 있다. 이준한(2006)은 제17대 국회의원선거에서 '탄핵 쟁점'이 유권

3 조성대(2006)의 주장을 간추리면 다음과 같다. 첫째, 제3절에서 설명했듯 비례대표제는 유권자의 표가 사표로 처리될 확률을 현저히 줄이기 때문에 유권자는 라이커와 오데슈크의 B항인 두 정당 사이의 효용의 차이[예를 들어 A정당과 B정당 사이의 효용(U) 차이인 U(A - B)]보다는 '내가 A(혹은 B) 정당을 얼마나 좋아하는지' 자체가 더 중요할 수 있다는 것이다. 둘째, 정당체제가 다당제이고 유권자가 선호하는 정당이 당선 가능성이 없을 경우 유권자는 전략적 투표(strategic voting, 최선의 선택이 아닌 차선의 선택을 하는 경우)를 고려하게 되는데, 이 경우 B항은 최선 정당과 차선 정당의 혜택 차이보다는 차선 정당과 그다음 선호 정당 사이의 혜택 차이를 고려해야 한다는 것이다.

〈그림 8-7〉 정당·후보 간 정책 차이와 투표율 (단위: %)

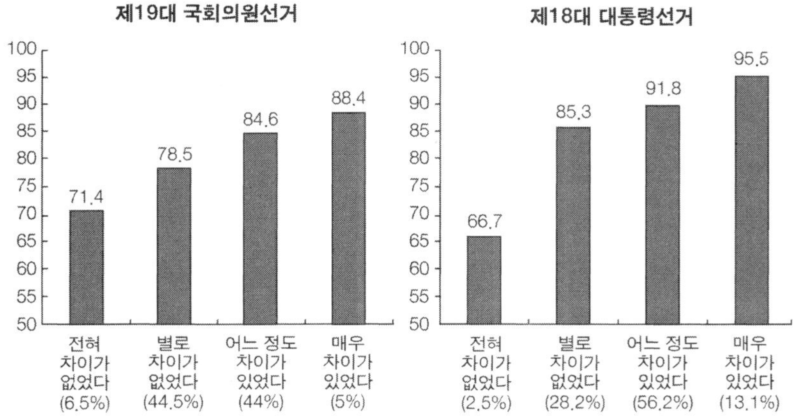

주: X축 괄호 안의 숫자는 전체 응답자 중 해당 값의 비율이다.

자, 특히 젊은 층의 참여 의식을 증대해 투표율을 진작시켰다고 주장한다.

이처럼 특정 쟁점이 투표율을 진작시키는 것은 한편으로 쟁점 자체가 유권자의 정치의식을 고양하기도 하지만, 다른 한편으로는 유권자가 정당 간의 차이를 명확하게 구분할 수 있게 하기 때문이다. 즉, 특정 쟁점을 둘러싼 정당 간의 입장 차이가 뚜렷할 경우 혹은 정당들이 서로 명확하게 대비되는 정책이나 쟁점에 대한 대안을 유권자에게 제공하는 경우에 유권자의 정치 참여는 더욱 증대된다.

〈그림 8-7〉은 제19대 국회의원선거와 제18대 대통령선거 자료에서 "이번 선거에서 정당·후보 간에 정책적 차이가 얼마나 있었다고 생각하십니까?"라는 질문에 대한 유권자의 응답과 그들의 투표 참여 사이의 관계를 분석한 것이다. 결과는 제19대 국회의원선거와 제18대 대통령선거에서 후보자 간 정책 차이를 뚜렷하게 느낀 유권자와 그렇지 못한 유권자 사이에 투표율이 각각 17%p와 28.8%p 차이가 난다.

5. 나오며

앞서 언급했듯 지금까지의 논의는 크게 두 가지 질문에 답하고자 했다. 첫째, 시민의 투표 참여는 민주주의의 유지와 발전에 어떤 의미가 있는가, 둘째, 어떤 요인이 시민의 투표 참여에 영향을 미치는가이다. 전자는 대의제 민주주의에서 시민의 투표 참여가 민주주의의 심장에 해당한다는 교훈을 얻기 위한 질문이었고, 후자는 실질적으로 투표율을 높일 수 있는 방안을 모색하려는 질문이었다. 이러한 질문의 저변에는 1980년대 민주화 이후 각종 선거에서 한국의 투표율이 계속 하락해왔다는 현실이 놓여 있다.

모든 사람이 계몽된 이해를 가지고 참여한다는 직접민주주의의 이상이 비록 실현될 수 없는 유토피아일지는 모르지만, 엘리트주의나 보수주의에서 주장하듯 소수의 시민적 덕성을 갖춘 현명한 자만의 참여가 건전한 민주주의를 위해 오히려 바람직하다는 견해는 받아들이기 힘들다. 민주주의가 모든 국민이 통치의 주체가 되는 정치라는 정의를 벗어나지 않는 한 우리는 되도록 많은 국민이 정치에 흥미를 가지고 사회의 제반 쟁점을 이해하며 정치영역에 자신의 목소리를 낼 수 있도록 노력해야 한다. 그렇다면 어떻게 사회 전체 구성원의 참여를 이끌어낼 수 있을까? 이 장에서 논의된 이론과 경험적 분석을 토대로 하나씩 검토해가며 글을 마무리하고자 한다.

첫째, 제3절의 법적·제도적 접근에서 살펴보았듯 오스트레일리아나 벨기에처럼 투표에 강제 규정을 두는 것은 어떨까? 예를 들어 기권하는 사람에게 벌금을 물리거나 계속해서 투표에 참여하지 않을 경우 공직에 임용될 수 있는 자격에 제한을 둔다면 어떨까? 이 대안은 투표 참여를 '비용(cost)'의 측면에서 접근하려는 시도이다. 한국의 선거제도는 다른 국가에 비해 투표 참여의 비용이 적은 편이다. 미국처럼 유권자가 투표하기 위해 직접 선거관리위원회에 등록해야 하는 개인등록제를 채택하지 않고 있다. 관공서에서 대신

등록해주기 때문이다. 투표일은 공휴일로 지정되기 때문에 직장인이 생계를 희생할 필요도 없다. 투표소도 비교적 집에서 가까운 곳에 설치된다. 즉, 제도가 부여하는 비용은 거의 없다고 할 수 있다.

의무투표제는 투표 참여에 일종의 '역비용' 혹은 벌칙을 부여하자는 것으로 그 저변에는 투표 참여가 '시민적 의무(civic duty)'임을 강조하는 발상이 자리 잡고 있다. 물론 투표에 대한 강제 규정이 강할수록 투표율이 증가할 것임은 비교적 분명하다. 그러나 대개의 경우 투표 참여는 시민의 도덕적 혹은 규범적 의무로 인식될 뿐 법적 의무까지 인식을 확장하는 데에는 '사회적 합의(consensus)'가 필요하다. 아직 많은 사람들은 투표를 의무보다는 권리로 인식하고 있기 때문이다. 민주주의 사회는 시민이 기권할 수 있는 권리도 보장해야 한다는 논리도 여전히 설득력이 있다.

혹은 정반대로 투표에 참여하는 사람에게 상품권이나, 대학생의 경우 장학금 혜택 등 일종의 '선택적 유인(selective incentive)'을 제공하면 어떨까? 이 또한 투표율을 높이는 데 도움이 될 것이다. 그러나 비용은 결국 국민의 몫이라는 점을 유념해야 한다. 아울러 고비용 정치구조에 일조할 수 있다는 점도 고려해야 할 것이다. 투표 참여는 시민의 자발적인 정치 참여라는 모습을 띠는 것이 가장 바람직해 보인다. 이런 의미에서 투표 참여에 역비용이나 유인책을 부가하는 것은 그리 자연스럽지 않게 여겨진다.

둘째, 제4절에서 살펴보았듯 한국 유권자의 사회경제적 지위와 관련해 20~30대의 저조한 투표 참여 문제를 고려해보자. 한국의 젊은이는 공휴일로 지정된 투표일을 여가 생활을 위한 좋은 기회로 여길 수 있다. 또한 라이커와 오데슈크가 말한 시민적 의무감이 높지 않을 수도 있다. 젊은 유권자 사이에 정치에 대한 실망이나 소외감이 높다는 것도 어제오늘의 이야기는 아니다. 어떻게 하면 이들을 투표장으로 나가게 할 수 있을까? 우선 시민교육의 중요성을 지적할 수 있다. 공동체와 사회에 대한 신뢰를 포함하는 '사회적 자본(social capital)'은 민주주의 발전의 근간이 된다. 그러나 한국에서는 초·중·고등교육을 통틀어 사회적 자본에 대한 학습과 훈련을 받을 수 있는 프로그램이 드물다. 공동체에 대한 헌신과 자발적 참여 및 봉사는 대학 입시를 위한 명목상의 준비에 불과하다. 이를 실질적인 프로그램으로 활성화해야 한다. 아울러 시민단체와 함께 청년교육 프로그램도 활성화할 필요가 있다. 다양한 형태의 자발적 봉사나 참여활동이 특히 장학금이나 그 밖의 구직 및 직업교육의 기회 등 각종 유인책과 결합된다면 나름의 효과를 기대할 수 있을 것이다.

셋째, 유권자 교육은 정치 수요자에 대한 접근이라는 점에서 한계가 뚜렷하다. 다시 말해 유권자는 마치 시장의 소비자와 같이 정치라는 상품이 만족할 만한 효용을 보이지 않을 때는 기꺼이 시장에서 퇴장해버린다. 따라서 공급 기제에 대한 처방이 중요하다. 그러나 민주화 이후 한국의 정당정치는 유권자에게 실망감과 혐오감을 불러일으키기에 충분했다. 지역주의에 대한 집착, 잦은 이합집산과 당명 교체, 정책은 오간 데 없이 이전투구만 남아 있는 파벌의 권력투쟁 등은 유권자의 구매욕을 자극하기보다는 오히려 퇴장이라는 선택을 강요하는 것이었다. 정치시장에서 소비자의 구매욕은 정당이 서로 질 높은 상품을 내놓고 경쟁할 때 한층 자극되며, 이는 유권자의 높은 정치효능감과 정당일체감으로 나타날 것이다. 무엇보다도 한국 정당은 지역적 연고를 탈피해 사회계층적 연대를 강화해야 한다. 그리고 지지 기반의 계층적 이익을 위한 대안과 쟁점을 중심으로 정당정치와 선거에 임해야 한다. 이는 한국의 정당체제를 지역 중심에서 정책과 이념 중심으로 전환할 것이다. 물론 사회 일각에는 이념적 대립을 경계하는 우려의 목소리가 있는 것이 사실이다. 그러나 정치는 갈등의 사회화와 갈등의 해소를 통해 성장한다. 따라서 갈등 자체를 두려워해서는 안 된다.

이 밖에 새 술은 새 부대에 담듯 정치 영역의 인적 쇄신도 중요하다. 그동안 우리는 정당 공천이 돈과 파벌 싸움에 찌들어왔음을 잘 알고 있다. 따라서 공직후보 선출을 포함한 정당 운영을 소수의 지도부 중심에서 당원과 유권자 중심구조로 탈바꿈해야 한다. 즉, 정당이 민주화되어야 한다. 공직후보 선출권을 당원과 유권자에게 돌려주어야 하는 것은 물론이다.

결론적으로 한국 정치에서 유권자의 정치 참여를 향상시키기 위해서 정치 시장의 수요와 공급 기제에 대한 대대적인 개편이 필요하다. 물론 이러한 개혁을 요구하는 것이 결국 시민의 목소리여야 한다는 점도 놓쳐서는 안 된다.

핵심 주제어

기권(Abstention of Voting)
투표권을 가진 유권자가 투표를 거부하거나 투표하지 않는 행위.

대의제 민주주의(Representative Democracy)
주권자인 국민이 직접 정치에 참여하는 대신 선거를 통해 그들을 대표할 지도자를 선출하고, 그들에게 '권한'과 '책임'을 부여하는 동시에 그들의 업적에 대해 정기적으로 선거를 통해 '상벌'을 내릴 수 있게 만든 제도.

도저촌고(都低村高) 현상
도시 지역의 투표율은 낮은 반면 농촌 지역의 투표율은 높게 나타나는 현상.

투표 참여(Voting Participation)
투표권을 가진 유권자가 선거에 참여해 자신이 가진 투표권을 행사하는 행위.

정치효능감(Political Efficacy)
자신의 정치적 행위가 실제 정치 과정에 영향을 미칠 수 있다는 신념.

최소최대 후회의 결정(Minimax Regret Decision)
유권자가 만약 자신이 투표를 하지 않아 후회할 일이 발생할 가능성을 최소화하기 위해 투표 참여를 결정하는 행위.

추천 문헌

Riker, William H. and Peter C. Ordershook. 1968. "A Theory of the Calculus of Voting." *American Political Science Review*, Vol.62, No.1, pp.25~42.

유권자의 투표행태와 득표율을 수리적 계산 방법을 통해 설명함으로써 투표에 관련된 기본 원리를 포괄적으로 이해할 수 있는 고전적 논문.

Lijphart, Arend. 1997. "Unequal Participation: Democracy's Unresolved Dilemma." *American Political Science Review*, Vol.91, No.1, pp.1~14. 대의민주주의 체제에서 정치 참여와 관련된 기본 원리와 평등 문제를 기술한 연구논문.

김 욱. 1998.「투표 참여와 기권: 누가, 왜 투표하는가?」. 이남영 엮음.『한국의 선거 II』. 서울: 푸른길. 한국의 선거 과정에서 표출되고 있는 투표 참여와 기권의 문제를 이론적 검토와 실증적 분석으로 다룬 논문.

박찬욱. 1992.「유권자의 선거관심도, 후보인지능력과 투표 참여 의사: 제14대 총선 전 조사 결과를 중심으로」. ≪한국정치학회보≫, 제26집 3호, 153~174쪽. 한국의 선거 과정에서 유권자의 투표 참여에 영향을 미치는 제반 요인을 제14대 국회의원선거를 중심으로 분석한 논문.

조기숙·김선웅. 2002.「총선연대의 낙선운동이 16대 총선 투표율을 낮추었나?」. ≪한국정치학회보≫, 제36집 1호, 163~183쪽. 한국의 제16대 국회의원선거와 관련해 총선연대의 낙천·낙선운동이 투표 참여에 미친 영향을 분석한 논문.

조성대. 2006.「투표 참여와 기권의 정치학: 합리적 선택 이론의 수리모형과 17대 총선」. ≪한국정치학회보≫, 제40집 2호, 51~74쪽. 제17대 국회의원선거를 중심으로 합리적 선택 이론의 기본 모형을 이용해 투표 참여와 기권의 문제를 분석한 논문.

토론 주제

1. 민주주의 발전을 위해 높은 투표율이 바람직한지를 토론해보자. 특히 '시민적 덕성을 갖춘 소수만의 참여'가 바람직하다는 엘리트주의와 보수주의의 주장

에 대한 자신의 견해를 정리해보자.

2. 지난 선거에서 왜 투표했는지 혹은 기권했는지를 제3절에 제시된 이론들을 적용해 설명해보자. 그리고 주위 친구들의 설명과 함께 종합해 대학생의 투표 참여와 기권 모형을 만들어보자. 어떤 이론이 오늘날 대학생의 투표 참여와 기권을 가장 적절하게 설명하는가?
3. 지난 2008년 제18대 국회의원선거의 투표율인 46.3%는 민주주의 측면에서 여러 가지 논란을 일으키기에 충분하다. 가장 대표적으로 과연 50% 미만이 참여해 당선된 국회의원이 대표성을 지니는지이다. 이에 대해 토론해보자.
4. 한국에서 투표율을 높이기 위해서는 어떤 방안이 효과적인지 제5절을 토대로 토론해보자.

참고문헌

R&R 정치사회본부 엮음. 2004.『제17대 국회의원 총선거 자료집』. 서울: R&R.

가상준. 2003.「미국 의회와 지역구 의원에 대한 평가에 있어 모순성과 상호 관련성」. ≪국제정치논총≫, 제43집 3호.

강명세. 2001.「한국 정당체제의 구조와 변화: 지역정당체제의 대두」. ≪세종정책연구≫, 2001-1.

______. 2005.「지역주의 정치와 한국정당체제의 개편?」. ≪한국정당학회보≫, 제4권 2호.

강원택. 1998.「유권자의 이념적 성향과 투표행태」. 이남영 엮음.『한국의 선거 II: 제15대 대통령선거를 중심으로』. 서울: 푸른길.

______. 2000.「지역주의 투표와 합리적 선택: 비판적 고찰」. ≪한국정치학회보≫, 제34집 2호.

______. 2002.「유권자의 정치이념과 16대 총선: 지역균열과 이념균열의 중첩?」. 진영재 엮음.『한국의 선거 IV: 제16대 국회의원선거를 중심으로』. 서울: 한국사회과학데이터센터.

______. 2003.『한국의 선거정치: 이념·지역·세대와 미디어』. 서울: 푸른길.

______. 2008.「2007년 대통령 선거와 이슈: 회고적 평가 혹은 전망적 기대?」. ≪의정연구≫, 제14권 1호.

______. 2010.「2010 지방선거에서의 분할투표: 서울 지역을 중심으로」. ≪한국과 국제정치≫, 제26권 4호.

______. 2011.「한국에서의 정치 균열 구조의 역사적 기원: 립셋-록칸 모델의 적용」. ≪한국과 국제정치≫, 제27권 3호

______. 2012.「3당합당과 한국 정당 정치」. ≪한국정당학회보≫, 제11권 1호.

강원택·임성학. 2013.「한국정치의 민주화」. 한국국제교류재단 엮음.『한국 정치, 경제 개론』. 서울: 한국사국제교류재단.

고 원. 2014.「안철수 '중도정치'의 효과성에 관한 연구: 방향이론(directional theory)의 관점을 중심으로」. ≪한국정치연구≫, 제23집 3호.

곽진영. 1998.「정당체제의 사회적 반영의 유형과 그 변화: 한국·일본·미국의 비교 분석」. ≪한국정치학회보≫, 제32집 1호.

권인석. 1991.「심리적 변수에 의한 정당선호의 예측」. ≪한국정치학회보≫, 제25집 1호.

______. 2000.「정당 관련 유권자 행태의 이론적 분석: 모형화를 향하여」. ≪한국정치학회보≫, 제34집 2호.

길승흠. 1992.「한국인의 정치의식 구조 변화: 1963~1993」. ≪한국정치학회보≫, 제26집 3호.

길승흠 외. 1987.『한국선거론』. 서울: 다산출판사.

길정아. 2013.「제19대 국회의원선거와 정당일체감: 유권자의 투표선택을 중심으로」. ≪한국정

치연구≫, 제22권 1호.
김관규·구교태·이준웅. 2006. 「후보의 텔레비전 효과연구: 2006년 서울시장 선거를 중심으로」. ≪언론과학연구≫, 제6권 4호.
김만흠. 1995. 「정치균열, 정당정치, 그리고 지역주의」. ≪한국정치학회보≫, 제28집 2호.
김무경·이갑윤. 2005. 「한국인의 이념정향과 갈등」. ≪사회과학연구≫, 제13권 2호.
김민성 외. 2013. 「지지후보자에 따른 유권자의 선택적 정보 접근에 관한 연구」. ≪정치커뮤니케이션 연구≫, 제30호.
김민전. 2007. 「17대 대선 균열 점검 (1) 대한민국 여성, 정치적 독립선언 여성: 성(性)인지적 정치의식 보유하기 시작」. 동아시아연구원 프로젝트 '2007 17대 대통령선거 패널조사' 웹페이지. http://www.eai.or.kr/korean/project/pjBBS/pjbbsView02.asp?seq=609&blockNum=1&pageNum=1&searchType=&searchText=&cat1_code=&cat2_code=(검색일: 2008.10.22).
김성애·이종혁. 2011. 「뉴스 프레임과 수용자 스키마 일치가 프레이밍 효과에 미치는 영향: 남북한 대학생 비교분석」. ≪한국언론학회보≫, 제55권 2호.
김수진. 1997. 「균열구조와 정당정치: 한국 정당정치 발전을 위한 성찰」. ≪계간사상≫, 제33호.
______. 2008. 『한국 민주주의와 정당정치』. 서울: 백산서당.
김영태. 2000. 「제16대 국회의원선거의 투표참여와 선거경쟁도: 합리적 선택이론의 관점에서」. 2000년도 한국정치학회 연례학술회의 발표논문.
김왕식. 2006. 「1인 2표제 도입의 정치적 효과」. 어수영 엮음. 『한국의 선거 V: 제16대 대통령선거와 제17대 국회의원선거』. 서울: 오름.
김 욱. 1998. 「투표참여와 기권: 누가, 왜 투표하는가?」. 이남영 엮음. 『한국의 선거 II: 제15대 대통령선거를 중심으로』. 서울: 푸른길.
______. 1999. 「거주지 규모와 연령이 투표참여에 미치는 영향」. 조중빈 엮음. 『한국의 선거 III』. 서울: 푸른길.
______. 2002. 「한국 유권자의 투표참여에 관한 통합적 연구방향의 모색」. 진영재 엮음. 『한국의 선거 IV』. 서울: 한국사회과학데이터센터.
______. 2006. 「16대 대선에서 세대, 이념, 그리고 가치의 영향력」. 어수영 엮음. 『한국의 선거 V: 제16대 대통령선거와 제17대 국회의원선거』. 서울: 오름.
김장수. 2005a. 「비대칭적 활성화와 정당에 대한 상충적 태도」. ≪한국정치학회보≫, 제39집 2호.
______. 2005b. 「정당일체감에 따른 인식의 양극화: 기제와 완충요인을 중심으로」. ≪국제정치논총≫, 제45집 5호.
______. 2007. 「선거연구의 동향: 지속과 변화」. 한국정치학회 엮음. 『현대 정치학 이론의 발전』. 서울: 한국정치학회.

______. 2015. 『하드볼 게임: 선거는 우리를 어떻게 배신하는가』. 서울: 사회평론.
김재한. 1993a. 「양당제하에서의 선거: 중간투표자 정리」. 이남영 엮음. 『한국의 선거 I』. 서울: 나남.
______. 1993b. 「투표참여의 합목적성: 14대 대선에서의 기권행태를 중심으로」. ≪한국과 국제정치≫, 제9권 1호.
______. 1999. 「한국의 이념성향과 선거정치」. 조중빈 엮음. 『한국의 선거 III』. 서울: 푸른길.
김재한·경제희. 1998. 「선거방식과 전략적 투표」. 이남영 엮음. 『한국의 선거 II: 제15대 대통령 선거를 중심으로』. 서울: 푸른길.
김종림·이남영. 1997. 「투표자들은 후보자를 어떻게 선택하는가?」. ≪의정연구≫, 제4호.
김종욱. 2012. 「지방선거에서의 정당경쟁: 자치단체장 후보자의 선거공약 분석을 중심으로」. ≪한국지방자치학회보≫, 제24권 3호.
김주찬·윤성이. 2003. 「2002년 대통령선거에서 이념성향이 투표에 미친 영향」. ≪21세기정치학회보≫, 제13권 2호.
김형준. 2006. 「17대 총선과 세대: 정당지지 분석을 중심으로」. 어수영 엮음. 『한국의 선거 V: 제16대 대통령선거와 제17대 국회의원선거』. 서울: 오름.
김형준·유성모. 1996. 「유권자의 정당 지지 분석: 서울 지역을 중심으로」. ≪한국정치학회보≫, 제30집 4호.
노정규·민영. 2012. 「정치 정보에 대한 선택적 노출이 태도 극화에 미치는 효과: 비정치적 온라인 커뮤니티 이용자들을 대상으로」. ≪한국언론학보≫, 제56권 2호.
드루 웨스턴(Drew Westen). 2007. 『감성의 정치학』. 뉴스위크 한국판 편집팀 옮김. 서울: 중앙일보 시사미디어.
마인섭. 2003. 「한국 사회균열구조의 변화와 민주주의의 정착」. ≪한국정당학회보≫, 제2권 1호.
마인섭·장 훈·김재한. 1993. 「제14대 대통령선거에 나타난 경제적 투표」. ≪한국정치학회보≫, 제27집 1호.
______. 1997. 「한국에서의 탈물질주의적 가치관의 등장과 사회적 균열구조의 변화」. ≪한국과 국제정치≫, 제13권 2호.
박경산. 1993. 「제14대 대통령선거에 나타난 경제적 투표」. ≪한국정치학회보≫, 제27집 1호.
박상훈. 2001. 「한국의 유권자는 지역주의에 의해 투표하나: 제16대 총선의 사례」. ≪한국정치학회보≫, 제35집 2호.
박원호. 2013a. 「세대론의 전환: 제18대 대통령 선거와 세대」. 박찬욱 외 엮음. 『한국 유권자의 선택 2: 18대 대선』. 서울: 아산정책연구원.
______. 2013b. 「정당일체감의 재구성」. 박찬욱·강원택 엮음. 『2012년 대통령선거 분석』. 서울:

나남.
______. 2014. 「이슈선점과 정당일체감: 제18대 대통령선거를 중심으로」. ≪한국정당학회보≫, 제13권 1호.
박원호·송정민. 2012. 「정당은 유권자에게 얼마나 유의미한가?: 한국의 무당파층과 국회의원 총선거. ≪한국정치연구≫, 제21권 2호.
박원호·신화용. 2014. 「정당 선호의 감정적 기반: 세월호 사건과 지방선거를 중심으로」. ≪한국정치학회보≫, 제48권 5호.
박찬욱. 1992. 「유권자의 선거관심도, 후보인지능력과 투표참여 의사: 제14대 총선 전 조사결과를 중심으로」. ≪한국정치학회보≫, 제26집 3호.
______. 1993. 「제14대 국회의원 총선거에서의 정당지지 분석」. 이남영 엮음. 『한국의 선거 I』. 서울: 나남.
______. 2004. 「제17대 총선에서 2표 병립제와 유권자의 분할투표: 선거제도의 미시적 효과 분석」. ≪한국정치연구≫, 제13집 2호.
______. 2005. 「한국인 정치참여의 특징과 결정요인: 2004년 조사결과 분석」. ≪한국정치연구≫, 제14집 1호.
반 현. 2004. 「선거후보자의 이미지 특성에 관한 연구: 2차 의제설정 이론을 중심으로」. ≪한국언론학보≫, 제48권 4호.
서현진. 2003. 「미국 유권자의 정치적 신뢰도와 투표참여의 관계: 경로분석을 통한 재검토」. ≪한국정치학회보≫, 제37집 1호.
______. 2013. 「18대 대통령 선거에서의 미디어 이용과 후보 선택」. 이내영·서현진 엮음. 『변화하는 유권자 5』. 서울: 동아시아연구원.
성경륭. 2015. 「이중균열구조의 등장과 투표기제의 변화: 18대 대통령선거를 중심으로」. ≪한국사회학≫, 제49권 2호.
소순창·현 근. 2006. 「한국 선거에서 나타난 '무당파층'과 정당정치」. ≪한국정책과학학회보≫, 제10권 2호.
송진미·박원호. 2014. 「이슈선점과 정당일체감: 제18대 대통령 선거를 중심으로」. ≪한국정당학회보≫, 제13권 1호.
신명순. 1999. 『비교정치』. 서울: 박영사.
안병만. 1992. 「제14대 총선에 있어서 유권자들의 정당관여와 투표행태」. ≪한국정치학회보≫, 제26집 3호.
안순철. 1998. 『선거체제 비교: 제도적 효과와 정치적 영향』. 서울: 법문사.
______. 2002. 「16대 총선의 이데올로기적 예측공간 분석」. 진영재 엮음. 『한국의 선거 IV: 16대

총선을 중심으로』. 서울: 한국사회과학데이터센터.
양재인. 2001.「한국의 선거와 투표행태: 지역주의가 표출된 국회의원선거를 중심으로」. ≪한국과 국제정치≫, 제17권 1호.
어수영. 2006.「세대와 투표양태」. 어수영 엮음.『한국의 선거 V: 제16대 대통령선거와 제17대 국회의원선거』. 서울: 오름.
윤성이. 2006.「한국사회 이념갈등의 실체와 변화」. ≪국가전략≫, 제12권 4호.
______. 2013.「트위터의 정치적 활용이 투표행태에 미치는 영향: 19대 총선 사례를 중심으로」. ≪21세기정치학회보≫, 제23권 3호.
윤종빈. 2006.「한국에서의 현직의원 지지에 관한 연구: 17대 총선을 중심으로」. ≪한국정치학회보≫, 제40집 3호.
윤천주. 1963.『한국정치체계: 정치상황과 정치참여』. 서울: 고려대학교 출판부.
______. 1981.『우리나라의 선거 실태: 도시화와 투표행태』. 서울: 서울대학교 출판부.
이갑윤. 1998.『한국의 선거와 지역주의』. 서울: 오름.
______. 2002.「지역주의의 정치적 정향과 태도」. ≪한국과 국제정치≫, 제18권 2호.
______. 2011.『한국인의 투표행태』. 서울: 후마니타스.
이갑윤·이현우. 2008.「이념투표의 영향력 분석: 이념의 구성, 측정, 그리고 의미」. ≪현대정치연구≫, 창간호.
이강형. 2007.「선거 커뮤니케이션의 이론적 개관: 투표행태 연구를 중심으로」. ≪커뮤니케이션이론≫, 제3집 1호.
이남영. 1993.「투표참여와 기권: 제14대 국회의원 선거분석」. 이남영 엮음.『한국의 선거 I』. 서울: 나남.
이소영. 2011.「정치적 태도와 선택에 있어서 정치적 정보의 영향: 18대 총선 유권자를 중심으로」. ≪현대정치연구≫, 제4권 1호.
______. 2014.「정당, 미디어, 그리고 정치적 선호: 6.4 서울시장 선거 유권자의 선택적 미디어 노출과 정치적 태도」. ≪21세기정치학회보≫, 제24집 3호.
______. 2015.「한국 선거에서의 미디어 매개효과」. ≪한국정치학회보≫, 제49집 5호.
이용마. 2014.「2000년대 이후 한국 사회 계층균열 구조의 등장」. ≪한국정치학회보≫, 제48권 4호.
이재철. 2007.「정치문화와 투표행위: 5·31 지방선거에 나타난 인지적, 정서적, 평가적 정향과 투표참여」. ≪한국과 국제정치≫, 제23집 2호.
이정복. 1992.「한국인의 투표행태: 제14대 총선을 중심으로」. ≪한국정치학회보≫, 제26집 3호.
이준웅. 1998.「후보 이미지의 정치적 영향력에 대한 사회인지론적 설명: 15대 대통령선거를 중심으로」. ≪한국언론학보≫, 제43권 2호.

이준한. 2006. 「17대 총선과 유권자의 정치참여」. 어수영 엮음. 『한국의 선거 V: 제16대 대통령 선거와 제17대 국회의원선거』. 서울: 오름.
이지호. 2009. 「정당 위치와 유권자 정향: 2007년 대선과 2008년 총선을 중심으로」. ≪현대정치연구≫, 제2권 1호.
이현우. 1996. 「경제문제와 정당선택: 미국의 경우. 1960~1992」. ≪한국정치학회보≫, 제30집 4호.
______. 1998a. 「한국에서의 경제투표: 제15대 대통령선거 분석과 정치개혁」. 1998년도 한국정치학회 특별학술회의 발표논문.
______. 1998b. 「한국에서의 경제투표」. 이남영 엮음. 『한국의 선거 II: 제15대 대통령선거를 중심으로』. 서울: 푸른길.
______. 1999. 「동시선거제도와 유권자의 선택」. 조중빈 엮음. 『한국의 선거 III: 1998년 지방선거를 중심으로』. 서울: 푸른길.
이현출. 2001. 「무당파층의 투표행태: 16대 총선을 중심으로」. ≪한국정치학회보≫, 제34집 4호.
______. 2004. 「한국 유권자의 정당지지 구조와 안정성」. ≪대한정치학회보≫, 제12권 2호.
임성학. 2007. 「17대 대선 균열 점검 (2) 세대와 연령: 40대 된 386세대」. 동아시아연구원 프로젝트 '2007 17대 대통령선거 패널조사' 웹페이지. http://www.eai.or.kr/korean/project/pjBBS/pjbbsView02.asp?seq=610&blockNum=1&pageNum=1&searchType=&searchText=&cat1_code=&cat2_code=(검색일: 2008.10.22).
장승진. 2012. 「한국 유권자들의 정당에 대한 태도: 정당지지와 정당투표의 이념적, 정서적 기초」. 박찬욱·강원택 엮음. 『2012년 국회의원선거 분석』. 서울: 나남.
장승진. 2013a. 「2012년 양대 선거에서 나타난 계층균열의 가능성과 한계」. ≪한국정치학회보≫, 제47권 4호.
______. 2013b. 「민주통합당은 좌클릭 때문에 패배하였는가?: 18대 대선에서의 이념투표」. ≪의정연구≫, 제19권 2호.
______. 2015. 「한국 유권자의 정당일체감과 투표행태: 정당 편향 유권자(partisan leaners)의 특성과 투표선택을 중심으로」. ≪한국정치연구≫, 제24권 2호.
장 훈. 2006. 「혼합형 선거제도의 정치적 효과」. ≪한국정치학회보≫, 제40집 5호.
정기진·이훈영. 2008. 「사회균열구조의 선거 영향력에 대한 유권자 인식에 관한 실증 연구: 투표에서 유권자의 정당선택 기준을 중심으로」. ≪한국정당학회보≫, 제7권 2호.
정낙원·김성욱. 2015. 「소셜미디어에서 의견 일치/불일치 대상과의 정치 토론이 가지는 정치적 효과 연구: 시각 다양성 인식, 정보습득감, 정치적 참여, 관심도, 지식, 효능감 변인을 중심으로」. ≪정치커뮤니케이션학보≫, 제38호.
정병은. 2005. 「유권자의 사회자본과 지역주의에 대한 연구: 17대 총선의 두 지역구 사례비교」.

≪한국사회학≫, 제39집 5호.
정성호. 2003. 「TV 토론이 유권자의 인지변화에 미치는 영향에 관한 연구: 제16대 대통령선거 TV 토론을 중심으로」. ≪한국언론학보≫, 제47권 3호.
정진민. 1993. 「한국사회의 세대 문제와 선거」. 이남영 엮음. 『한국의 선거 I』. 서울: 나남.
______. 1998. 「전후 미국 정당기반 재편과 정당체계의 변화」. ≪한국정치학회보≫, 제32집 4호.
______. 2000. 「1980년 이후 미국 정당정치의 변화: 세대요인을 중심으로」. ≪한국정치학회보≫, 제34집 1호.
______. 2008. 「미국 정당」. 미국정치연구회 엮음. 『미국 정부와 정치』. 서울: 명인문화사.
정진민·길정아. 2014. 「18대 대선에서 나타난 한국 무당파 유권자의 특성과 행태」. ≪국가전략≫, 제20권 3호.
조기숙. 1993. 「합리적 유권자 모델과 한국의 선거분석: 여촌야도, 지역주의, 정당본위 투표를 중심으로」. 이남영 엮음. 『한국의 선거 I』. 서울: 나남.
______. 1996. 『합리적 선택: 한국의 선거와 유권자』. 서울: 도서출판 한울.
______. 1997. 「지역주의 논쟁: 비판이론적 시각에 대한 비판」. ≪한국정치학회보≫, 제31집 2호.
______. 2000. 『지역주의 선거와 합리적 유권자』. 서울: 나남.
조기숙·김선웅. 2002. 「총선연대의 낙선운동이 16대 총선 투표율을 낮추었나?」. ≪한국정치학회보≫, 제36집 1호.
조성대. 2006. 「투표참여와 기권의 정치학: 합리적 선택이론의 수리모형과 17대 총선」. ≪한국정치학회보≫, 제40집 2호.
______. 2007. 「양극화시대 소득수준에 따른 미국 유권자 정당일체감의 이념적 재편성」. ≪한국과 국제정치≫, 제23권 1호.
______. 2008. 「균열구조와 정당체계: 지역주의, 이념, 그리고 2007년 한국 대통령선거」. ≪현대정치연구≫, 창간호.
______. 2015. ≪이념의 정치와 한국의 선거: 공간이론으로 본 한국의 대통령선거≫, 서울: 오름.
조은희·조성겸. 2013. 「다매체 이용수준과 숙의적 성향: 선택적 노출의 조절효과를 중심으로」. ≪언론과학연구≫, 제13권 2호.
조중빈. 1993. 「유권자의 여야성향과 투표결정 시기에 따른 정당지지」. 이남영 엮음. 『한국의 선거 I』. 서울: 푸른길.
조진만. 2012. 「19대 국회의원선거 매니페스토 아젠다 분석」. ≪의정논총≫, 제7권 1호.
조진만·최준영. 2006. 「1인 2표 병립제의 도입과 유권자의 투표행태: 일관투표와 분할투표의 결정요인 분석」. ≪한국정치학회보≫, 제40집 1호.
중앙선거관리위원회. 2007. 『제17대 대통령선거 관련 유권자 의식조사』. 서울: 중앙선거관리위원회.
중앙선거관리위원회 보도자료. 2013.2.15. "중앙선관위, 제18대 대선 투표율 분석 결과 공개".
______. 2008.『제17대 대통령선거 투표율 분석』. 서울: 중앙선거관리위원회.
지병근. 2006.「경제발전과 민주주의가 투표율에 미친 영향: 신생 민주체제에 대한 교차국가연구」. ≪비교민주주의연구≫, 제2집 2호.
______. 2013.「호남지역에서 나타난 정당후보득표율의 지역편향: 제18대 대선 사례 분석」. ≪한국정당학회보≫, 제12권 1호.
최영진. 2004.「성의 정치심리학: 한국 여성유권자의 정치의식과 투표행태」. ≪한국심리학회지: 여성≫, 제9권 5호.
최윤정·이종혁. 2011.「온라인 뉴스 사이트에서의 기사 선택에 관한 연구: 반대의견 노출과 의견 변화를 중심으로」. ≪한국언론학보≫, 제55권 4호.
최준영. 2007.「공화당의 남벌(南伐)전략과 남부의 정치적 변화」. ≪신아세아≫, 제14권 3호.
______. 2016.「정당일체감의 기능주의적 모델: 한국의 경우」. ≪오토피아≫, 제31권 1호.
최준영·조진만. 2005.「지역균열의 변화 가능성에 대한 경험적 고찰: 제17대 국회의원선거에서 나타나는 이념과 세대균열의 효과를 중심으로」. ≪한국정치학회보≫, 제39집 3호.
탁진영. 2005.「후보자 이미지 형성에 미치는 텔레비전 정치광고의 효과에 관한 연구: 이미지 구성요소를 중심으로」. ≪광고학연구≫, 제16권 1호.
하세헌·강명구. 2012.「인터넷 정치정보 이용과 정치적 관심: 2010년 지방선거를 중심으로」. ≪정치정보연구≫, 제15권 1호.
하연섭. 2003.『제도분석: 이론과 쟁점』. 서울: 다산출판사.
한규섭 외. 2013.「트위터 팔로잉 관계에 대한 대표성과 양극화에 대한 논의 검증: 한국과 미국의 의회구성원들의 트위터 팔로워들 네트워크 비교 연구」. ≪사이버커뮤니케이션학보≫, 제30권 1호.
한상익. 2014.「선거구 경쟁도와 전략적 분할투표: 17대와 18대 국회의원 총선거를 사례로」. ≪한국정치연구≫, 제23권 2호.
한정훈. 2012.「한국 유권자의 정당일체감: 정강, 정당지도자 및 정당활동가의 영향」. 박찬욱·강원택 엮음.『2012년 국회의원선거 분석』. 서울: 나남.
허석재. 2014.「한국에서 정당일체감의 변화: 세대교체인가, 생애주기인가」. ≪한국정당학회보≫, 제13권 1호.
황 근. 1993.「유권자의 정치적 도식이 투표행위에 미치는 영향: 정치커뮤니케이션 이론을 중심으로」. 고려대학교 대학원 신문방송학과 박사학위 논문.
황아란. 1996.「선거구 특성이 투표율에 미치는 영향: 제15대 국회의원 선거분석」. ≪한국정치학회보≫, 제30집 4호.
______. 1998.「정당 태도와 투표행태」. 이남영 엮음.『한국의 선거 II: 제15대 대통령선거를 중심으로』. 서울: 푸른길.
______. 2000.「경제투표에 대한 정치심리학적 접근: 제15대 대선을 중심으로」. ≪한국정치학회보≫, 제34집 2호.
______. 2008.「제17대 대통령 선거의 투표선택과 정당태도의 복합 지표 모형」. ≪현대정치연구≫, 제13권 1호.
황유선. 2013.「선택적 노출 행위를 통해 바라본 트위터 공간의 이념적 양극화」. ≪한국언론학보≫, 제57권 2호.

Abramson, Paul R. 1983. *Political Attitudes in America*. San Francisco: Freeman.
Abramson, Paul R. and John H. Aldrich. 1982. "The Decline of Electoral Participation in America." *American Political Science Review*, Vol.76, No.2.
Abramson, Paul R., John H. Aldrich and David W. Rohde. 2007. *Change and Continuity in the 2004 and 2006 Elections*. Washington, D.C.: CQ Press.
Achen, Christopher H. and Larry M. Bartels. 2004. "Blind Retrospection: Electoral Responses to Drought, Flu and Shark Attacks." Working Paper, Department of Politics, Princeton University.
Alford, Robert R. 1962. "A Suggested Index of the Association of Social Class and Voting." *The Public Opinion Quarterly*, Vol.26, No.3.
______. 1963. "The Role of Social Class in American Voting Behavior." *The Western Political Quarterly*, Vol.16, No.1.
Althaus, Scott L. 1998. "Information Effects in Collective Preferences." *American Political Science Review*, Vol.92, No.3.
Andersen, Robert A. and Anthony Heath. 2003. "Social Identities and Political Cleavages: The Role of Political Context." *Journal of the Royal Statistical Society*, Vol.166, No.3.
Bartels, Larry M. 1996. "Uninformed Votes: Information Effects in Presidential Elections." *American Journal of Political Science*, Vol.40, No.1.
______. 2000. "Partisanship and Voting Behavior, 1952~1996." *American Political Science Review*, Vol.44, No.1.
______. 2002. "Beyond the Running Tally: Partisan Bias in Political Perceptions." *Political Behavior*, Vol.24, No.2.

Bartolini, Stefano and Peter Mair. 1990. *Identity, Competition and Electoral Availability: The Stabilization of European Electorates 1885~1985.* New York: Cambridge University Press.

Barton, Allen H. 1979. "Paul Lazarsfeld and Applied Social Research: Invention of the University Applied Social Research Institute." *Social Science History*, Vol.3, No.3/4.

Belknap, George and Angus Campbell. 1952. "Political Identification and Attitudes Toward Foreign Policy." *Public Opinion Quarterly*, Vol.15, No.4.

Benett, W. Lance and Shanto Iyengar. 2010. "The Shifting Foundations of Political Communication: Responding to a Defense of the Media Effects Paradigm." *Journal of Communication*, Vol.60, No.1.

Berelson, Bernard R. 1952. "Democratic Theory and Public Opinion." *The Public Opinion Quarterly*, Vol.16, No.3.

Berelson, Bernard R., Paul F. Lazarsfeld and William N. McPhee. 1954. *Voting: A Study of Opinion Formation in a Presidential Campaign.* Chicago: University of Chicago Press.

Bianco, William T. 1998. "Different Paths to the Same Results: Rational Choice, Political Psychology, and Impression Formation in Campaigns." *American Journal of Political Science*, Vol.42, No.2.

Brody, Richard A. and Lawrence S. Rothenberg. 1988. "The Instability of Partisanship: An Analysis of the 1980 Presidential Election." *British Journal of Political Science*, Vol.18, No.4.

Campbell, Angus, Gerald Gurin and Warren E. Miller. 1954. *The Voter Decides.* Evanston: Row, Peterson and Co.

Campbell, Angus et al. 1960. *The American Voter.* Chicago: The University of Chicago Press.

______. 1976. *The American Voter.* Chicago: The University of Chicago Press.

Carmines, Edward and James Stimson. 1980. "The Two Faces of Issue Voting." *American Political Science Review*, Vol.74, No.1.

Chambers, William N. and Philip C. Davis. 1978. "Party, Competition, and Mass Participation: The Case of the Democratizing Party System, 1824~1852." in Joel H. Silbey, Allen G. Bogue and William H. Flanigan(eds.). *The History of American Electoral Behavior.* Princeton, NJ: Princeton University Press.

Choi, Jun Young, Jiyoon Kim and Jungho Roh. Forthcoming. "Cognitive and Partisan

Mobilization in New Democracies: The Case of South Korea." *Party Politics.*

Cobb, Michael D. and James H. Kuklinski. 1997. "Changing Minds: Political Arguments and Political Persuasion." *American Journal of Political Science*, Vol.41, No.1.

Commons, John R. 1961. *Institutional Economics.* Madison: University of Wisconsin Press.

Conover, Pamela J. and Stanley Feldman. 1984. "How People Organize the Political World: A Schematic Model." *American Journal of Political Science*, Vol.28, No.1.

Converse, Philip E. 1964. "The Nature of Belief Systems in Mass Publics." in David E. Apter(ed.). *Ideology and Discontent.* New York: Free Press.

______. 1969. "Of Time and Partisan Stability." *Comparative Political Studies*, Vol.2, No.2.

______. 1972. "Change in the American Electorate." in Angus Campbell and Philip E. Converse(eds.). *The Human Meaning of Social Change.* New York: Russell Sage Foundation.

Conway, Margaret M. 1991. *Political Participation in the United States.* Washington D.C.: CQ Press.

Cox, Gary W. 1997. *Making Votes Count: Strategic Coordination in the World's Electoral Systems.* New York: Cambridge University Press.

Cox, Gary W. and Keith T. Poole. 2002. "On Measuring Partisanship in Roll-Call Voting: The US House of Representatives, 1877~1999." *American Journal of Political Science*, Vol.46, No.3.

Cox, Gary W. and Michael C. Munger. 1989. "Closeness, Expenditures, and Turnout in the 1982 U.S. House Elections." *American Political Science Review*, Vol.83, No.1.

Dahl, Robert A. 1971. *Polyarchy: Participation and Opposition.* New Haven: Yale University Press.

Dalton, Russell J. 1984. "Cognitive Mobilization and Partisan Dealignment in Advanced Industrial Democracies." *Journal of Politics*, Vol.46, No.1.

______. 1988. *Citizen Politics in Western Democracies.* Chatham: Chatham House.

______. 2007. "Partisan Mobilization, Cognitive Mobilization and the Changing American Electorate." *Electoral Studies*, Vol.26, No.2.

______. 2012. "Apartisans and the Changing German Electorate." *Electoral Studies*, Vol.31, No.1.

______. 2013. *The Apartisan Americans: Dealignment and Changing Electoral Politics.* Los Angeles: Sage Publications, Inc.

Dalton, Russell. J. and Martin P. Wattenberg. 2002. *Parties without Partisans: Political Change in Advanced Industrial Democracies*. Oxford, N.Y.: Oxford University Press.

Davis, Otto and Melvin Hinich. 1966. "A Model of Policy Formation in Democratic Society." in Joseph Bernd(ed.). *Mathematical Applications in the Social Sciences*, Vol.II. Dallas: Southern Methodist University Press.

Delli Carpini, Michael and Scott Keeter. 1996. *What Americans Know about Politics and Why It Matters*. New Haven: Yale University Press.

Dennis, Jack. 1966. "Support for the Party System by the Mass Public." *American Political Science Review*, Vol.60, No.3.

______. 1988. "Political Independence in America, Part I: On Being an Independent Partisan Supporter." *British Journal of Political Science*, Vol.18, No.1.

de Swaan, Abram. 1973. *Coalition Theories and Cabinet Formations: A Study of Formal Theories of Coalition Formation Applied to Nine European Parliaments after 1918*. Amsterdam: Elsevier.

Downs, Anthony. 1957. *An Economic Theory of Democracy*. New York: Harper and Law.

Druckman, James N. 2004. "Political Preference Formation: Competition, Deliberation, and the (Ir)relevance of Framing Effects." *American Political Science Review*, Vol.98, No.4.

Duverger, Maurice. 1954. *Political Parties: Their Organization and Activity in the Modern State*. London: Methuen.

Enelow, James M. and Melvin J. Hinich. 1982. "Ideology, Issues, and the Spatial Theory of Elections." *American Political Science Review*, Vol.76, No.3.

______. 1984. *The Spatial Theory of Voting*. New York: Cambridge University Press.

Evans, Geoffrey and Robert Anderson. 2006. "The Political Conditioning of Economic Perceptions." *The Journal of Politics*, Vol.68, No.1.

Evans, Jocelyn A. J. 2004. *Voters & Voting: An Introduction*. London: Sage Publications.

Farrell, David M. 1997. *Comparing Electoral Systems*. New York: Prentice Hall.

Fazio, Russell H. 1986. "How Do Attitudes Guide Behavior?" in R. M. Sorrentino and E. T. Higgins(eds.). *The Handbook of Motivation and Cognition*. New York: Guilford.

Feldman, Stanley. 1982. "Economic Self-Interest and Political Behavior." *American Journal of Political Science*, Vol.26, No.3.

Ferejohn, John A. and Morris P. Fiorina. 1974. "The Paradox of Not Voting: A Decision Theoretic Analysis." *American Political Science Review*, Vol.68, No.2.

Finkel, Steven E. 1993. "Reexamining the 'Minimal Effects' Model in Recent Presidential Campaigns." *Journal of Politics*, Vol.55, No.1.

Fiorina, Morris P. 1981. *Retrospective Voting in American National Elections*. New Haven: Yale University Press.

Fiorina, Morris P. et al. 2007. *New American Democracy*. New York: Longman.

Flanigan, William H. and Nancy H. Zingale. 2010. *Political Behavior of the American Electorate*. Washington D.C.: CQ Press.

Fleisher, Richard and John R. Bond. 2004. "The Shrinking Middle in the US Congress." *British Journal of Political Science*, Vol.34, No.3.

Franklin, Charles H. 1984. "Issue Preferences, Socialization, and the Evolution of Party Identification." *American Journal of Political Science*, Vol.28, No.3.

______. 1992. "Measurement and the Dynamics of Party Identification." *Political Behavior*, Vol.14, No.3.

Franklin, Charles H. and John E. Jackson. 1983. "The Dynamics of Party Identification." *American Political Science Review*, Vol.77, No.4.

Franklin, Mark N. 2004. *Voter Turnout and the Dynamics of Electoral Competition in Established Democracies since 1945*. New York: Cambridge University Press.

Friedman, Milton. 1953. *Essays in Positive Economics*. Chicago: University of Chicago Press.

Garrett, R. Kelly. 2009. "Echo Chambers ONline? Politically Motivated Selective Exposure among Internet News User." *Journal of Computer-Mediated Communication*, Vol.14, No.2.

Gelman, Andrew and Gary King. 1993. "Why Are American Presidential Election Campaign Polls So Variable When Votes Are So Predictable?" *British Journal of Political Science*, Vol.23, No.1.

Gentzkow, Matthew and Jesse M. Shapiro. 2011. "Ideological Segregation Online and Offline." *Quarterly Journal of Economics*, Vol.126, No.4.

Gerber, Alan and Gregory Huber. 2010. "Partisanship, Political Control, and Economic Assessments." *American Journal of Political Science*, Vol.54, No.1.

Ginsberg, Benjamin and Martin Shefter. 1990. *Politics by Other Means: The Declining Importance of Elections in America*. New York: Basic Books.

Goren, Paul. 2002. "Character Weakness, Partisan Bias, and Presidential Evaluation." *American Journal of Political Science*, Vol.46, No.3.

Green, Donald Philip and Bradley Palmquist. 1990. "Of Artifacts and Partisan Instability."

American Journal of Political Science, Vol.34, No.3.
______. 1994. "How Stable Is Party Identification?" *Political Behavior*, Vol.16, No.4.
Green, Donald, Bradley Palmquist and Eric Schickler. 2002. *Partisan Hearts and Minds: Political Parties and the Social Identities of Voters*. New Haven: Yale University Press.
Greenstein, Fred. 1965. *Children and Politics*. New Haven: Yale University Press.
Grofman, Bernard. 1985. "The Neglected Role of the Status Quo in Models of Issue Voting." *Journal of Politics*, Vol.47, No.1.
Harrop, Martin and William L. Miller. 1987. *Elections and Voters: A Comparative Introduction*. London: Macmillan Education.
Helm, Charles J. 1979. "Party Identification As a Perceptual Screen." *Polity*, Vol.12, No.1.
Hess, Robert and Judith Torney. 1967. *The Development of Political Attitudes in Children*. Chicago: Aldinc.
Hill, David B. and Norman R. Luttbeg. 1980. *Trends in American Electoral Behavior*. Itasca: Peacock.
Hinich, Melvin J. and Michael C. Munger. 1994. *Ideology and the Theory of Political Choice*. Ann Arbor: University of Michigan Press.
Hinich, Melvin J. and Walker Pollard. 1981. "A New Approach to the Spatial Theory of Electoral Competition." *American Journal of Political Science*, Vol.25, No.2.
Hirschman, Alberto O. 1970. *Exit, Voice, and Loyalty*. Cambridge, MA: Harvard University press.
Holbert, R. Lance, R. Kelly Garrett and Laurel S. Gleason. 2010. "A New Era of Minimal Effects? A response to Bennett and Iyengar." *Journal of Communication*, Vol.60, No.1.
Holbrook, Thomas M. 1999. "Political Learning from Presidential Debates." *Political Behavior*, Vol.21, No.1.
Huber, John D. and Bingham Powell. 1994. "Congruence Between Citizens and Policymakers in Two-Visions of Liberal Democracy." *World Politics*, Vol.46, No.3.
Inglehart, Ronald. 1977. *The Silent Revolution: Changing Values and Political Styles Among Western Public*. Princeton: Princeton University Press.
______. 1987. "Value Change in Industrial Societies." *American Political Science Review*, Vol.81, No.4.
______. 1997. *Modernization and Post-Modernization*. Princeton: Princeton University

Press.

Iversen, Torben. 1994. "Political Leadership and Representation in the West European Democracies: A Test of Three Models of Voting." *American Journal of Political Science*, Vol.38, No.1.

Iyengar, Shanto and Donald R. Kinder. 1987. *News That Matters: Television and American Opinion*. Chicago: University of Chicago Press.

Iyengar, Shanto and KS. Hahn. 2009. "Red Media, Blue Media: Evidence of Ideological Selectivity in Media Use." *Journal of Communication*, Vol.59.

Iyengar, Shanto. 1990. "Shortcuts to Political Knowledge: The Role of Selective Attention and Accessibility." in John A. Ferejohn and James H. Kuklinski(eds.). *Information and Democratic Processes*. Urbana: University of Illinois Press.

Jackson, John E. 1975. "Issues, Party Choices, and Presidential Votes." *American Journal of Political Science*, Vol.19, No.2.

Jacoby, William. 1995. "The Structure of Ideological Thinking." *American Journal of Political Science*, Vol.39, No.2.

Jamieson, Kathleen Hall and Joseph N. Cappella. 2008. *Echo Chamber: Rush Limbaugh and the Conservative Media Establishment*. New York: Oxford University Press.

Janowitz, Morris and David R. Segal. 1967. "Social Cleavage and Party Affiliation: Germany, Great Britain, and the United States." *American Journal of Sociology*, Vol.72, No.6.

Jennings, M. Kent and Richard G. Niemi. 1981. *Generations and Politics*. Princeton: Princeton University Press.

Jacobson, Gary. 2007. *A Divider, Not a Uniter: George W. Bush and the American People*. New York: Pearson Longman.

Johnston, R. J. and C. J. Pattie. 2002. "Campaigning and Spilt-Ticket Voting in New Electoral Systems: The First MMP Elections in New Zealand, Scotland, and Wales." *Electoral Studies*, Vol.21, No.4.

Jones, David A., Kathleen Ferraiolo and Jennifer Byrne. 2011. "Selective Media Exposure and Partisan Differences about Sarah Palin's Candidacy." *Politics and Policy*, Vol.39, No.2.

Karp, Jeffery A. et al. 2002. "Strategic Voting, Party Activity, and Candidate Effects: Testing Explanations for Spilt Voting in New Zealand's New Mixed System." *Electoral Studies*, Vol.21, No.1.

Keith, Bruce et al. 1986. "The Partisan Attitudes of Independent 'Leaners'." *British Journal of*

Political Science, Vol.16, No.2.

______. 1992. *The Myth of the Independent Voter*. Berkeley: University of California Press.

Key, Jr. V. O. 1955. "A Theory of Critical Elections." *Journal of Politics*, Vol.17, No.1.

______. 1959a. *Politics, Parties, and Pressure Groups*. New York: Thomas Y. Crowell, Co.

______. 1959b. "Secular Realignment and the Party System." *Journal of Politics*, Vol.21, No.2.

______. 1966. *The Responsible Electorate: Rationality in Presidential Voting, 1936~1960*. Cambridge: Harvard University Press.

Kiewiet, D. Roderick. 1981. "Policy-Oriented Voting in Response to Economic Issues." *American Political Science Review*, Vol.75, No.2.

______. 1983. *Macroeconomics and Micropolitics*. Chicago: The University of Chicago Press.

Kim, Young Mie. 2009. "Issue Publics in the New Information Environment: Selectivity, Domain-specificity, and Extremity." *Communication Research*, Vol.36, No.2.

Kinder, Donald and D. Roderick Kiewiet. 1979. "Economic Discontent and Political Behavior: The Role of Personal Grievances and Collective Economic Judgments in Congressional Voting." *American Journal of Political Science*, Vol.23, No.3.

Kinder, Donald and Walter Mebane. 1983. "Politics and Economics in Everyday Life." in Kristine Monroe(ed.). *The Political Process and Economic Change*. New York: Agathon Press.

Kirchheimer, Otto. 1966. "The Transformation of the Western European Party Systems." Joseph LaPalombara and Myron Weiner(eds.). *Political Parties and Political Development*. Princeton: Princeton University Press.

Kleppner, Paul and Stephen Baker. 1980. "The Impact of Voter Registration Requirements on Electoral Turnout, 1900~16." *Journal of Political and Military Sociology*, Vol.8, No.2.

Knight, Jack. 1992. *Institutions and Social Conflict*. New York: Cambridge University Press.

Kohno, Masaru. 1997. "Voter Turnout and Strategic Ticket-Splitting under Japan's New Electoral Rules." *Asian Survey*, Vol.37, No.5.

Kuklinski, James H. and Paul J. Quirk. 2000. "Reconsidering the Rational Public: Cognition, Heuristics, and Mass Opinion." in Arthur Lupia, Mathew D. McCubbins and Samuel L. Popkin(eds.). *Elements of Reason: Cognition, Choice, and the Bounds of Rationality*. New York: Cambridge University Press.

Kuklinski, James H., Robert Luskin and J. Bolland. 1991. "Where Is the Schema? Going beyond the 'S' Word in Political Psychology." *American Political Science Review*, Vol.85, No.4.

Lakoff, George. 2004. *Don't Think of an Elephant!* White River Junction, VT: Chelsea Green Publishing Company.

Lau, Richard R. 1985. "Two Explanations for Negativity Effects in Political Behavior." *American Journal of Political Science*, Vol.29, No.1.

Lau, Richard R. and David P. Redlawsk. 1997. "Voting Correctly." *American Political Science Review*, Vol.91, No.3.

______. 2001. "Advantages and Disadvantages of Cognitive Heuristics in Political Decision Making." *American Journal of Political Science*, Vol.45, No.4.

Levendusky, Matthew S. 2013. "Why Do Partisan Media Polarize Viewers?" *American Journal of Political Science*, Vol.57, No.3.

Lewis-Beck, Michael et al. 2008. *The American Voter Revisited*. Ann Arbor: The University of Michigan Press.

Lazarsfeld, Paul F., Bernard R. Berelson and Helen Gaudet. 1944. *The People's Choice: How the Voter Makes Up His Mind in a Presidential Campaign*. New York: Columbia University Press.

______. 1968. *The People's Choice*, 3rd ed. Chicago: University of Chicago.

Lewis-Beck, Michael. 1988. *Economics and Elections*. Ann Arbor: The University of Michigan Press.

Lijphart, Arendt. 1984. *Democracies: Patterns of Majoritarian and Consensus Government in Twenty-One Countries*. New Haven: Yale University Press.

______. 1994. *Electoral Systems and Party Systems: A Study of Twenty-Seven Democracies 1945~1990*. New York: Oxford University Press.

______. 1997. "Unequal Participation: Democracy's Unresolved Dilemma." *American Political Science Review*, Vol.91, No.1.

Lipset, Seymour Martin. 1960. *Political Man: The Social Bases of Politics*. New York: Doubleday & Co.

______. 1970. "Political Cleavages in 'Developed' and 'Emerging' Polities." Erik Allardt and Stein Rokkan(eds.). *Mass Politics: Studies in Political Sociology*. New York: The Free Press.

Lipset, Seymour Martin and Stein Rokkan. 1967. "Cleavage Structure, Party Systems, and Voter

Alignments: An Introduction." Seymour Martin Lipset and Stein Rokkan(eds.). *Party Systems and Voter Alignments: Cross-National Perspectives*. New York: The Free Press.

Lodge, Milton and Ruth Hamill. 1986. "A Partisan Schema for Political Information Processing." *American Political Science Review*, Vol.80, No.2.

Lodge, Milton, Macro Steenbergen and Shawn Brau. 1995. "The Responsive Voter: Campaign Information and the Dynamics of Candidate Evaluation." *American Political Science Review*, Vol.89, No.2.

Lupia, Arthur and Mathew D. McCubbins. 1998. *The Democratic Dilemma: Can Citizens Learn What They Really Need to Know?* New York: Cambridge University Press

Luskin, Robert C., James S. Fishkin and Roger Jowell. 2002. "Considered Opinions: Deliberative Polling in Britain." *British Journal of Political Science*, Vol.32, No.3.

Macdonald, Stuart Elaine, Ola Listhaug and George Rabinowitz. 1991. "Issues and Party Support in Multiparty Systems." *American Political Science Review*, Vol.85, No.4.

Mair, Peter. 1997. *Party System Change: Approaches and Interpretations*. Oxford: Clarendon Press.

Maisel, L. Sandy. 2002. *Parties and Elections in America: The Electoral Process*, 3rd ed. Boulder and New York: Rowman & Littlefield Publishers, Inc.

March, James G. and Johan P. Olsen. 1984. "The New Institutionalism: Organizational Factors in Political Life." *American Political Science Review*, Vol.78, No.3.

______. 1989. *Rediscovering Institutions: The Organizational Basis of Politics*. New York: The Free Press.

Markus, Gregory B. 1988. "Impact of Personal and National Economic Conditions on the Presidential Vote: A Pooled Cross-sectional Analysis." *American Journal of Political Science*, Vol.32, No.1.

Markus, Gregory B. and Philip E. Converse. 1979. "A Dynamic Simultaneous Equation Model of Electoral Choice." *American Political Science Review*, Vol.73, No.1.

Matthews, Steven. 1979. "A Simple Direction Model of Electoral Competition." *Public Choice*, Vol.34, No.2.

McCarthy, John D. and Mayer N. Zald. 1997. "Resources Mobilization and Social Movement: A Partial Theory." *American Journal of Sociology*, Vol.86, No.6.

McCombs, M., E. Lopez-Escobar and J. P. Liamas. 2000. "Setting the Agenda of Attributes in the 1996 Spanish General Election." *Journal of Communication*, Vol.50, No.2.

McGraw, Kathleen M. 2000. "Contributions of the Cognitive Approach to Political Psychology." *Political Psychology*, Vol.21, No.4.

Merril, Samuel, III and Bernard Grofman. 1999. *A Unified Theory of Voting: Directional and Proximity Spatial Models*. New York: Cambridge University Press.

Messing, Solomon and Sean J. Westwood. 2012. "Selective Exposure in the Age of Social Mecia: Endorsements Trump Partisan Source Affiliation When Selecting News Online." *Communication Research* XX(X).

Miller, Arthur H. and Martin P. Wattenberg. 1985. "Throwing the Rascals Out: Policy and Performance Evaluations of Presidential Candidates, 1952~1980." *American Political Science Review*, Vol.79, No.2.

Miller, Arthur H., Martin P. Wattenberg and Oksana Malanchuk. 1986. "Schematic Assessments of Presidential Candidates." *American Political Science Review*, Vol.80, No.2.

Miller, Joanne M. and Jon A. Krosnick. 2000. "News Media Impact on the Ingredients of Presidential Evaluations: Politically Knowledgeable Citizens Are Guided by a Trusted Source." *American Journal of Political Science*, Vol.44, No.2.

Miller, Warren E. 1968. "The Political Behavior of the Electorate." Edward C. Dreyer and Walter A. Rosenbaum(eds.). *Political Opinion and Electoral Behavior: Essays and Studies*. Belmont, C.A.: Wadsworth Publishing Co.

Miller, William L. et al. 1990. *How Voters Change: The 1987 British Election Campaign in Perspective*. Oxford: Clarendon Press.

Mondak, Jeffery J. 1993. "Public Opinion and Heuristic Processing of Source Cues." *Political Behavior*, Vol.15, No.2.

Nie, Norman, Sidney Verba and John Petrocik. 1974. *The Changing American Voter*. Cambridge: Harvard University Press.

Niemi, Richard and Kent Jennings. 1991. "Issues and Inheritance in the Formation of Party Identification." *American Journal of Political Science*, Vol.35, No.4.

Niemi, Richard G. and Herbert F. Weisberg. 2001. *Controversies in Voting Behavior*, 4th ed. Washington D.C.: CQ Press.

Niemi, Richard G. and Herbert F. Weisberg(eds.). 1972. *Probability Models of Collective Decision Making*. Columbus, OH.: Charles E. Merrill.

Norris, Pippa. 2004. *Electoral Engineering: Voting Rules and Political Behavior*. New York and Cambridge: Cambridge University Press.

Ostrom, Elinor. 1998. "A Behavioral Approach to the Rational Choice Theory of Collective Action: Presidential Address, American Political Science Association, 1997." *American Political Science Review*, Vol.92, No.1.

Page, Benjamin I. and Calvin C. Jones. 1979. "Reciprocal Effects of Policy Preferences, Party Royalties, and the Vote." *American Political Science Review*, Vol.73, No.4.

Page, Benjamin I. and Richard Brody. 1972. "Policy Voting and the Electoral Process: The Vietnam War Issues." *American Political Science Review*, Vol.66, No.3.

Palfrey, Thomas R. and Howard Rosenthal. 1983. "A Strategic Claculus of Voting." *Public Choice*, Vol.41, No.1.

Patterson, Samuel C. and Gregory A. Caldeira. 1983. "Getting Out the Vote: Participation in Gubernatorial Elections." *American Political Science Review*, Vol.77, No.3.

Percheron, Annick and M. Kent Jennings. 1981. "Political Continuities in French Families: A New Perspective on an Old Controversy." *Comparative Politics*, Vol.13, No.4.

Petty, Richard E. and John T. Cacioppo. 1986. "The Elaboration Likelihood Model of Persuasion." *Advances in Experimental Social Psychology*, Vol.19.

Pomper, Gerald M. 1972a. *The Performance of American Government: Checks and Misuses*. New York: Free Press.

______. 1972b. "From Confusion to Clarity: Issues and American Voters, 1956~1968." *American Political Science Review*, Vol.66, No.2.

Popkin, Samuel L. 1991. *The Reasoning Voter: Communication and Persuasion in Presidential Campaigns*. Chicago: University of Chicago Press.

Powell, Jr. G. Bingham. 1986. "American Voter Turnout in Comparative Perspective." *American Political Science Review*, Vol.80, No.1.

Powell, Walter W. and Paul J. DiMaggio(eds.). 1991. *The New Institutionalism in Organizational Analysis*. Chicago: University of Chicago Press.

Prior, Markus. 2013. "Media and Political Polarization." *Annual Review of Political Science*, Vol.16.

Quattrone, Geroge A. and Amos Tversky. 1988. "Contrasting Rational and Psychological Analyses of Political Choice." *American Political Science Review*, Vol.82, No.3.

Rabinowitz, George and Stuart Elaine Macdonald. 1989. "A Directional Theory of Voting."

American Political Science Review, Vol.83, No.1.

Rae, Douglas W. and Michael Taylor. 1970. *The Analysis of Political Cleavage*. New Haven: Yale University Press.

Rahn, Wendy. 1993. "The Role of Partisan Stereotypes in Information Processing about Political Candidates." *American Journal of Political Science*, Vol.37, No.2.

Redlawsk, David P. 2001. "You Must Remember This: A Test of the On-Line Model of Voting." *Journal of Politics*, Vol.63, No.1.

Reynolds, Andrew, Ben Reilly and Andrew Ellis. 2005. *Electoral System Design: The New International IDEA Handbook*. Stockholm, Sweden: International Institute for Democracy and Electoral Assistance.

Riker, William H. and Peter C. Ordeshook. 1968. "A Theory of the Calculus of Voting." *American Political Science Review*, Vol.62, No.1.

______. 1973. *An Introduction to Positive Political Theory*. Englewood Cliffs, N.J.: Prentice-Hall.

Rokkan, Stein. 1966. "Electoral Mobilization, Party Organization, and National Integration." in Joseph LaPalombara and Myron Weiner(eds.). *Political Parties and Political Development*. Princeton: Princeton University Press.

Rosenstone, Steven J. and John M. Hansen. 1993. *Mobilization, Participation, and Democracy in America*. New York: MacNillan Publishing Company.

Rosenstone, Steven J. and Raymond E. Wolfinger. 1978. "The Effect of Registration Laws on Voter Turnout." *American Political Science Review*, Vol.72, No.1.

Rusk, Jerrold G. 1970. "The Effect of the Australian Ballot Reform on Split Ticket Voting: 1876~1908." *American Political Science Review*, Vol.64, No.4.

Salmore, Barbara G. and Stephen A. Salmore. 1989. *Candidates, Parties and Campaigns*. Washington, D.C.: Congressional Quarterly Press.

Sartori, Giovanni. 1976. *Parties and Party Systems: A Framework for Analysis*, Vol.I. New York: Cambridge University Press.

______. 1994. *Comparative Constitutional Engineering: An Inquiry into Structures, Incentives and Outcomes*. New York: New York University Press.

Selznick, Philip. 1996. "Institutionalism 'Old' and 'New'." *Administrative Science Quarterly*, Vol.41, No.2.

Settle, Jamie, Christopher Dawes and James Fowler. 2009. "The Heritability of Partisan

Attachment." *Political Research Quarterly*, Vol.62, No.3.

Shaffer, Stephen D. 1981. "A Multivariate Explanation of Decreasing Turnout in Presidential Elections, 1960~1976." *American Journal of Political Science*, Vol.25, No.1.

Shaw, Daron R. 1999. "A Study of Presidential Campaign Event Effects from 1952 to 1992." *Journal of Politics*, Vol.61, No.2.

Shepsle, Kenneth A. and Mark S. Bonchek. 1997. *Analyzing Politics: Rationality, Behavior, and Institutions*. New York: W.W. Norton & Company.

Shugart, Matthew Soberg and Martin P. Wattenberg(eds.). 2001. *Mixed-Member Electoral Systems: The Best of Both World?* New York. Oxford University Press.

Smith, Robert B. 2001. "A Legacy of Lazarsfeld: Cumulative Social Research on Voting." *International Journal of Public Opinion Research*, Vol.13, No.3.

Sniderman, Paul M., Richard A. Brody and Philip E. Tetlock. 1991. *Reasoning and Choice: Explorations in Political Psychology*. New York: Cambridge University Press.

Stinchcombe, Arthur L. 1997. "On the Virtues of the Old Institutionalism." *Annual Review of Sociology*, Vol.23, No.1.

Stokes, Donald E. 1966. "Some Dynamic Elements of Contests for the Presidency." *American Political Science Review*, Vol.60, No.1.

Stroh, Patrick K. 1995. "Voters as Pragmatic Cognitive Misers: The Accuracy- effort Trade-off in the Candidate Evaluation Process." in Milton Lodge and Kathleen M. McGraw(eds.). *Political Judgment: Structure and Process*. Ann Arbor: University of Michigan Press.

Stroud, Natalie Jomini. 2010. "Polarization and Partisan Selective Exposure." *Journal of Communication*, Vol.60, No.3.

______. 2011. "Media Effects, Selective Exposure, and Fahrenheit 9/11." *Political Communication*, Vol.24, No.4.

Sullivan, John, James Pierson and George Marcus. 1978. "Ideological Constraint in the Mass Public: A Methodological Critique and Some New Findings." *American Journal of Political Science*, Vol.22, No.2.

Sunstein, Cass R. 2009. *Going to Extremes: How Like Minds Unite and Divide*. Oxford: Oxford University Press.

Taagepera, Rein. 1999. "The Number of Parties As a Function of Heterogeneity and Electoral System." *Comparative Political Studies*, Vol.32, No.5.

Taagepera, Rein and Matthew Soberg Shugart. 1989. *Seats and Votes: The Effects and*

Determinants of Electoral Systems. New Haven: Yale University Press.

Taylor, Michael and Douglas W. Rae. 1969. "An Analysis of Crosscutting between Political Cleavages." *Comparative Politics*, Vol.1, No.4.

Thomassen, J. 1994. "Introduction: The Intellectual History of Election Studies." *European Journal of Political Research*, Vol.25, No.3.

Uhlaner, Carole J. 1989. "Rational Turnout: The Neglected Role of Groups." *American Journal of Political Science*, Vol.33, No.2.

Valentino, Nick, Vincent L. Hutchings and Ismail K. White. 2002. "Cues that Matter: How Political Ads Prime Racial Attitudes During Campaigns." *American Political Science Review*, Vol.96, No.1.

Verba, Sidney and Norman H. Nie. 1972. *Participation in America*. Chicago: University of Chicago Press.

Ware, Alan. 1996. *Political Parties and Party Systems*. New York: Oxford University Press.

Wattenberg, Martin P. 1990. *The Decline of American Political Parties, 1952~1988*. Cambridge, MA: Harvard University Press.

Westholm, Anders. 1997. "Distance versus Direction: The Illusory Defeat of the Proximity Theory of Electoral Choice." *American Political Science Review*, Vol.91, No.4.

Wolfinger, Raymond E. and Steven J. Rosenstone. 1980. *Who Votes?* New Haven: Yale University Press.

Zajonc, Robert B. 1998. "Emotions." in Daniel T. Gilbert, Susan T. Fiske and G. Gardner Lindzey(eds.). *The Handbook of Social Psychology*, 4th ed. New York: Oxford University Press.

Zaller, John R. 1992. *The Nature and Origins of Mass Opinion*. New York: Cambridge University Press.

찾아보기

저서

지은이

전용주 미국 캔자스 대학교(University of Kansas) 정치학 박사
동의대학교 공공인재학부 교수

임성학 미국 펜실베이니아 주립대학교(Pennsylvania State University) 정치학 박사
서울시립대학교 국제관계학과 교수

이동윤 연세대학교 정치학 박사
신라대학교 행정학과 교수

최준영 미국 플로리다 주립대학교(Florida State University) 정치학 박사
인하대학교 정치외교학과 교수

한정택 연세대학교 정치학 박사
부경대학교 지방분권발전연구소 연구원

엄기홍 미국 켄터키 대학교(University of Kentucky) 정치학 박사
경북대학교 정치외교학과 교수

이소영 미국 텍사스 대학교(University of Texas at Austin) 정치학 박사
대구대학교 국제관계학과 교수

조진만 연세대학교 정치학 박사
덕성여자대학교 정치외교학과 교수

조성대 미국 미주리 대학교(University of Missouri at Columbia) 정치학 박사
한신대학교 국제관계학과 교수

한울아카데미 1959

투표행태의 이해(개정판)

지은이 | 전용주·임성학·이동윤·최준영·한정택·엄기홍·이소영·조진만·조성대
펴낸이 | 김종수
펴낸곳 | 한울엠플러스(주)
편집책임 | 조인순

초판 1쇄 발행 | 2009년 2월 20일
개정판 1쇄 발행 | 2017년 2월 28일
개정판 2쇄 발행 | 2022년 6월 30일

주소 | 10881 경기도 파주시 광인사길 153 한울시소빌딩 3층
전화 | 031-955-0655
팩스 | 031-955-0656
홈페이지 | www.hanulmplus.kr
등록번호 | 제406-2015-000143호

Printed in Korea.
ISBN 978-89-460-6288-7 93340

※ 책값은 겉표지에 표시되어 있습니다.

빅데이터로 보는 한국정치 트렌드

정치, 빅데이터를 만나다

한국정치의 현재와 미래를 빅데이터로 분석한다

소셜미디어와 스마트폰이 일상화되면서 한 해 생성되는 데이터는 인류가 이전에 만든 모든 정보의 양을 넘어선다. 이 방대한 데이터를 활용해 자료에 숨은 의미를 밝히고 미래를 예측할 수 있다. 한국에서도 최근 빅데이터에 대한 관심이 폭발적으로 커졌다. 그렇다면 정치 영역에서는 빅데이터를 어떻게 활용할 수 있을까? 이 책은 그에 대한 답이다.

2016년 20대 총선은 정치 현상을 분석하는 방법으로서 빅데이터가 새롭게 주목받는 계기가 되었다. 여론조사가 선거 결과를 예측하지 못했다는 사실은 우리에게 다음과 같은 질문을 던진다. 빅데이터를 활용하면 여론을 좀 더 잘 파악할 수 있지 않을까? 빅데이터를 활용해 여론조사의 패러다임을 바꿀 방법은 없을까? 나아가 SNS와 같은 새로운 채널을 통해 복잡한 정치 현상을 분석한다면 좀 더 객관적이고 합리적인 정치적 대안들을 마련할 수 있지 않을까?

정치학자, 언론학자인 저자들은 빅데이터가 정치 영역에서 가지는 가능성에 주목했다. 경제 영역에서 소비패턴, 경기변동 예측 모델을 제시하는 데 탁월한 빅데이터를 정치에 적용해 소셜미디어가 추동하는 커뮤니케이션 형식의 변화와 여론의 형성, 정치과정과 선거 현상을 종합적으로 조망해 한국정치에 대한 새롭고 흥미로운 해석을 제시한다.

지은이
조화순
한규섭
김정연
장슬기

2016년 9월 5일 발행
국판
200면

시네마 폴리티카

영화로 읽는 정치적 삶과 세계

지은이
홍익표

2016년 7월 15일 발행
신국판
552면

“정치란 무엇이고 왜 중요한가”
인류의 정치학적 화두를 섭렵하는 블록버스터 ‘정치 상영회’

이 책은 영화사에 이름을 남긴 걸작 영화들을 통해서 정치적 삶과 세계를 탐구하는 신개념 정치 입문서이다. 정치학자인 저자 홍익표는 오늘날처럼 정치가 ‘실종’된 시대, 편협한 양당 정치와 특정 정치인들에 대한 실망이 정치 자체에 대한 멸시로 이어지는 사회에서 어떻게 정치를 복권시킬 수 있을지 고민했고, 그 강력한 매체로 ‘영화’를 선택했다.

“정치가 사라지고 있다.” 이 책은 이러한 확언으로 시작된다. 정치 관련 뉴스가 넘쳐나는 마당에 무슨 소리냐고 의아해할 일부 사람들에게 저자는 질문을 바꿔 재차 묻는다. “그렇다면 우리 사회를 지배하는 것은 무엇인가?” 저자는 정치와 개인의 삶이 절대로 무관할 수 없다는 것, 정치에 무관심한 채로는 ‘좋은 삶’은 물론이고 기본적인 생존조차 담보될 수 없다는 것을 강조한다.

이 책이 분석 대상으로 삼은 것은 저자가 그 나름의 ‘정치적 삶과 정치적 세계’를 보여준다고 판단한 영화들이다. 저자는 영화를 미처 보지 못했거나 봤더라도 깊이 있게 이해하지 못한 이들에게 영화의 주제와 플롯을 설명하고, 이를 정치학적 시각에서 분석한다.